A ÚLTIMA CHANCE

SEM
ANISTIA! SEM
SEM ANISTIA!

ANISTIA! SEM
SEM ANISTIA!
ANISTIA!
IA!

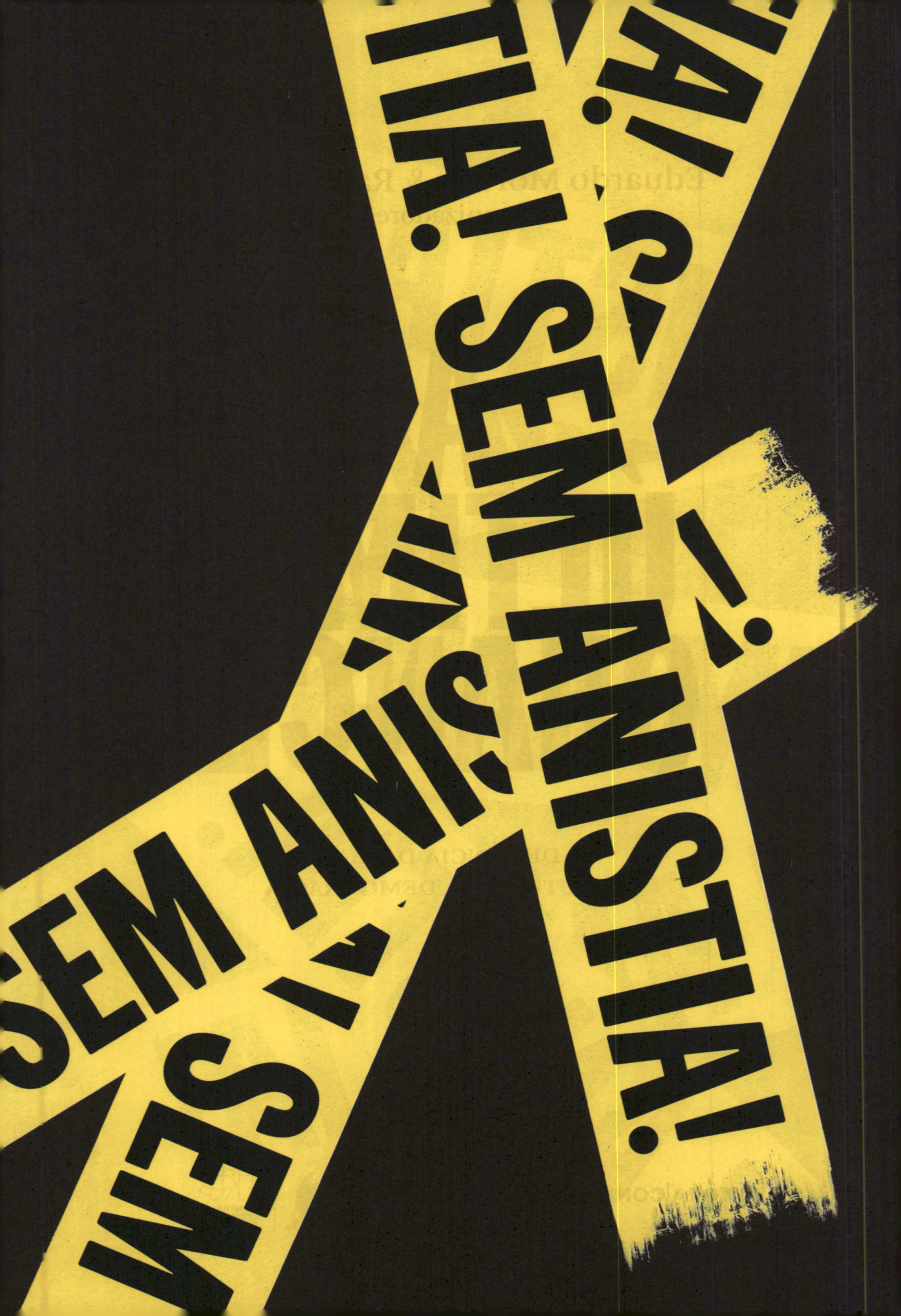
SEM ANISTIA!
SEM ANISTIA!

Eduardo Moreira & Rafael Valim
(organizadores)

A ÚLTIMA CHANCE

A DENÚNCIA DA PGR E O FUTURO DA DEMOCRACIA

São Paulo
2025

EDITORA CONHECIMENTO LIBERTA

CONTRA CORRENTE 10 ANOS

Travessa Vergílio de Araújo Valim, 167
Avaré – SP – Brasil | CEP 18707 815
www.editoracontracorrente.com.br
contato@editoracontracorrente.com.br

Rua Capitão Cavalcanti, 79 | Vila Mariana
São Paulo/SP | CEP 04017-000
TEL: (11) 94172-8439
contato@institutoliberta.com.br

A Última chance : a denúncia da PGR e o futuro da democracia / organização Eduardo Moreira, Rafael Valim. -- 1. ed. -- Avaré, SP : Editora Contracorrente : Editora Conhecimento Liberta, 2025.

Vários autores.
Bibliografia.
ISBN 978-65-5396-266-8 (Editora Contracorrente)
ISBN 978-65-85030-26-7 (Editora Conhecimento Liberta)

1. Bolsonaro, Jair Messias, 1955- 2. Brasil - Política e governo 3. Democracia - Brasil 4. Política - Brasil I. Moreira, Eduardo. II. Valim, Rafael.

25-262392 CDD-320.981

Índices para catálogo sistemático:
1. Brasil : Democracia : Ciências políticas 320.981
Aline Graziele Benitez - Bibliotecária - CRB-1/3129

@editoracontracorrente
Editora Contracorrente
@ContraEditora
Editora Contracorrente
@icl
@InstitutoConhecimentoLiberta

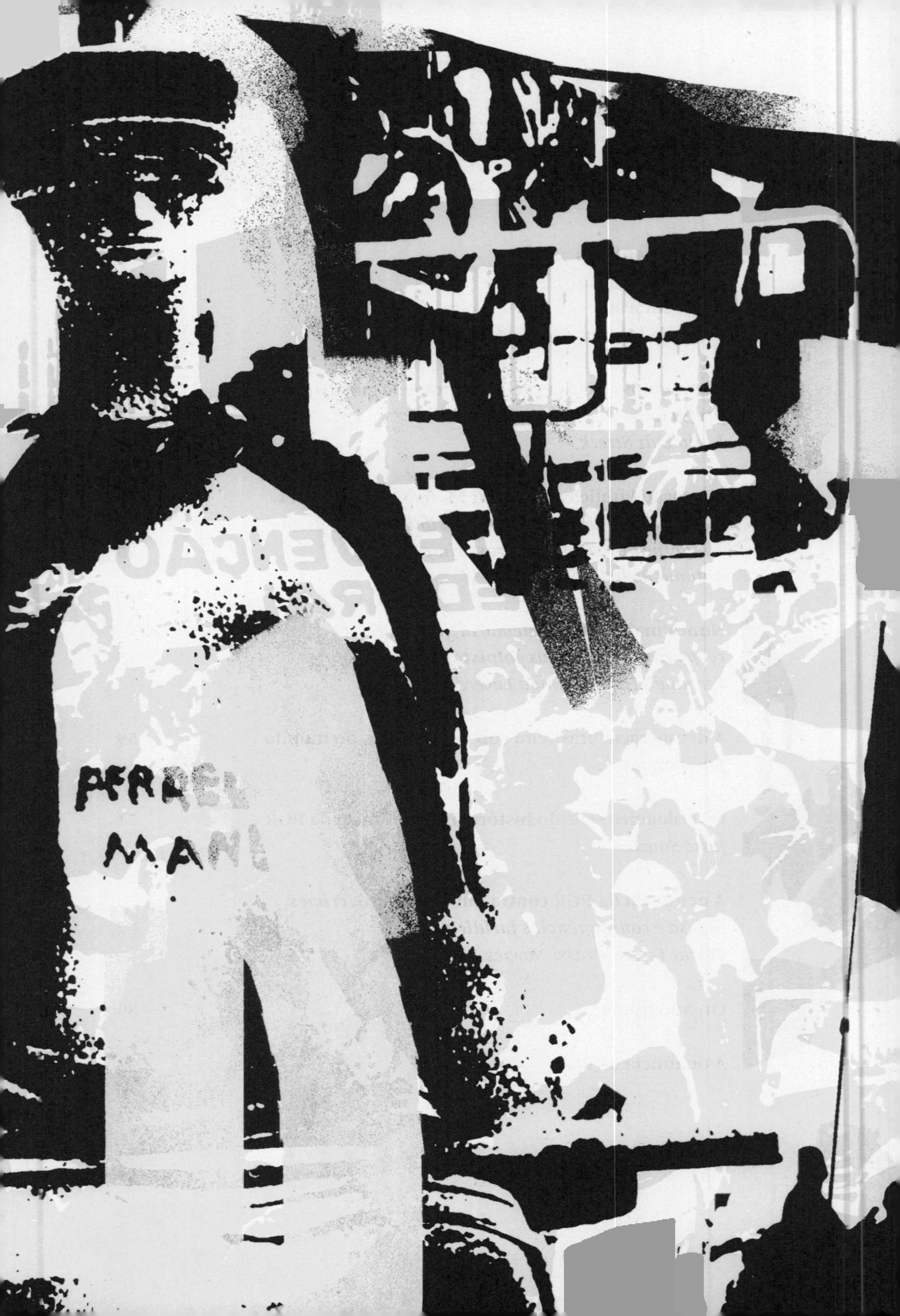

Sobre os autores

ANTONIO PEDRO MELCHIOR
Advogado criminal. Doutor em Direito (UFRJ). Presidente do Instituto Brasileiro de Ciências Criminais – IBCCrim (2025/2026).

FERNANDO IOCHIDA HIDEO LACERDA
Advogado criminal. Doutor e Mestre em Direito (PUC-SP). Professor de Direito Penal na Faculdade de Direito de São Bernardo do Campo e na Escola Paulista de Direito.

JAMIL CHADE
Colunista internacional: percorreu mais de 70 países para escrever reportagens e participar de eventos. Jornalista e escritor. Um dos pesquisadores da Comissão Nacional da Verdade. Conselheiro do Instituto Vladimir Herzog. Membro do Grupo de Trabalho sobre Memória, Verdade e Justiça do IEA-USP. Membro da Comissão de Liberdade de Expressão da OEA-SP. Vencedor de prêmios por sua atuação pela democracia. Três vezes finalista do Prêmio Jabuti.

JESSÉ SOUZA
Doutor em Sociologia pela Universidade de Heidelberg, Alemanha. Pós-Doutor pela Universidade de Bremen, Alemanha, e pela New School for Social Research, em Nova York. Livre-Docente pela Universität Flensburg, Alemanha. Foi Presidente do IPEA entre 2015 e 2016.

MARIA TEREZA GRASSI NOVAES
Advogada criminalista. Mestra em Direito Penal Econômico pela Fundação Getúlio Vargas.

APRESENTAÇÃO

Eduardo Moreira
Rafael Valim

A obra que a leitora e o leitor têm em mãos é um documento histórico da mais alta importância e que pode se converter num marco das democracias latino-americanas.

O julgamento de um ex-Presidente da República, de seus assessores imediatos e de militares pertencentes à cúpula das Forças Armadas por crimes cometidos contra o Estado Democrático de Direito é um basta decisivo para a ressignificação do nosso passado autoritário e para a construção de um futuro de liberdade.

Depois de tantos anos imersos em ditaduras sangrentas, que calaram, torturaram e espoliaram nossos povos, não podemos permitir anistia nem amnésia. Todos aqueles que atentaram contra as instituições democráticas no fatídico dia 8 de janeiro de 2023 devem ser submetidos a um julgamento imparcial, dentro dos limites do devido processo legal, e responsabilizados pelos crimes que comprovadamente cometeram.

Como nos ensina Elizabeth Jelin,

> a memória não é o passado, senão a maneira como os sujeitos constroem um sentido do passado, um passado que se atualiza em seu enlace com o presente e também com um futuro desejado no ato de rememorar, esquecer e silenciar.[1]

Este livro se insere exatamente nesse processo de disputa pela memória coletiva latino-americana. Responsabilizemos os golpistas e recordemos todos os dias as consequências de desafiar a higidez democrática.

Aos ilustres autores dos artigos que acompanham o texto integral da denúncia escrita pelo Procurador-Geral da República, Paulo Gustavo Gonet Branco, prestamos as nossas homenagens e rendemos os mais sinceros agradecimentos. Antonio Pedro Melchior, Fernando Hideo Lacerda, Jamil Chade, Jessé Souza e Maria Tereza Grassi Novaes produziram um conteúdo de altíssima qualidade em um

1 JELIN, Elizabeth. La lucha por el pasado: cómo construimos la memoria social. Buenos Aires: Siglo XXI, 2017.

tempo recorde, a partir do qual se pode compreender o significado e o alcance jurídico, social e político do processo deflagrado pela Procuradoria-Geral da República.

Registramos também nossa admiração e os nossos agradecimentos ao Professor Lenio Streck, autor do belo prefácio que inaugura o livro.

Boa leitura!

EDUARDO MOREIRA
RAFAEL VALIM

CHAMEMOS AS COISAS PELO SEU NOME:

À GUISA DE PREFÁCIO

Lenio Luiz Streck

Na obra *Takeover: Hitler's final rise to power*,[1] escrita pelo aclamado Timothy W. Riback e ainda sem edição brasileira, o autor descreve em detalhes as "oportunidades" que oficiais do governo e do Parlamento alemão tiveram de impor freios à ascensão de Hitler ao poder. A obra nos encanta pelo seu ritmo de *thriller*, no qual nos pegamos torcendo por um desfecho diferente do que já sabemos que ocorreu, dadas as chances claras que os diversos atores históricos envolvidos tiveram.

Uma obra análoga certamente haverá de ser escrita no futuro sobre o final de 2022 e o início de 2023 no Brasil. Tal obra hipotética, contudo, pode ser contada de algumas formas, a depender de como as instituições irão tratar a tentativa de golpe por elas sofrida nos próximos meses e anos. Notem: digo *por elas*, pois foram as instituições democráticas as vítimas. Curiosamente, está na mão delas impor uma responsabilização ou não.

Como as instituições irão reagir? A ver. Um primeiro passo já foi dado: a denúncia da Procuradoria-Geral da República, representada pelo PGR Paulo Gonet, um constitucionalista. Apresentou uma peça técnica. São 34 envolvidos, dos quais um é Bolsonaro, com a acusação de cinco crimes, dois deles inéditos no Brasil: tentativa de golpe de Estado e de abolição violenta do Estado Democrático.

Com mais de 250 páginas, como um romance em cadeia, termo técnico criado por um dos mais famosos teóricos do Direito do século XX, Ronald Dworkin, a peça contém início, meio e fim, com os capítulos formando um todo coerente. Para isso, o Procurador-Geral faz uma autêntica anamnese do golpe, tendo, como norte, o bem jurídico "democracia". Para explicar: no furto, o bem protegido é a propriedade; na tentativa de golpe, é a democracia. Por isso, Gonet parte do ovo da serpente: os acontecimentos de 2021 que – nitidamente – visavam ao esfarelamento democrático. O sentido da metáfora do romance em cadeia é o da coerência; as coisas não se dão em fatias.

Temos, assim, revelações oriundas de inquérito e delação premiada que contêm um conjunto de elementos que, segundo Paulo Gonet, demonstram o cometimento dos crimes de organização criminosa,

1 RIBACK, Timothy W. Takeover: Hitler's final rise to power. Nova York: Knopf, 2024.

dano patrimonial, deterioração, tentativas de golpe e de abolição. Há minutas do golpe, as reuniões de Bolsonaro com Ministros de Estado e comandantes das Forças Armadas para falar sobre golpe, a participação dos "kids pretos" no 8 de janeiro, a disseminação articulada sobre fraude nas eleições, o monitoramento e o plano para matar o Presidente eleito, o Vice e Ministro do STF.

Sobre a tomografia dos atos que culminaram no 8 de janeiro – vejam a expressão "culminaram", porque já possuíam existência jurídica própria independentemente do 8 de janeiro –, a denúncia mostra que a organização criminosa seguiu todos os passos necessários para depor o governo eleito, objetivo que, buscado com todo o empenho e as realizações de atos concretos em seu benefício, não foi, contudo, alcançado. Ao que se percebe, tecnicamente, Gonet usa a teoria objetiva do plano do autor, que é dominante e se encaixa bem no caso, afirmando o início de execução não por um ato isolado, mas pelo conjunto dos fatos vinculados ao objetivo final.

Se a denúncia prosperar, a hipotética obra da qual agora falo tende a ter um efeito inverso à de Riback: o leitor ficará impressionado em ver como as instituições *conseguiram*, contra todas as probabilidades, *evitar* um golpe. O leitor dessa obra hipotética ficará impressionado, pois foram tantas as frentes e investidas. Mas um ponto ficará claro: a aceitação da denúncia da PGR por unanimidade pela Primeira Turma do Supremo Tribunal Federal e o eventual julgamento dos golpistas estarão como um capítulo determinante desse *romance*.

Mas há alguma chance de tudo isso dar errado? Há alguma chance de o livro hipotético relatar uma derrocada da democracia? Mesmo com o aceite da denúncia pela Suprema Corte? Infelizmente, sim. A frase atribuída ao ex-Ministro Pedro Malan, a de que no Brasil até o passado é incerto, é correta, pois evidencia justamente nossa curta memória e a manipulação dela para atender a determinados interesses. Afinal, a quem interessa a recuperação da memória? A quem interessa apagá-la? Quem nos garante que o livro hipotético do qual falo não será escrito com memórias sobre como tínhamos tudo para dar um ponto final na sanha golpista e virar a página de nossa história como nação, mas desperdiçamos a oportunidade?

Há esse *perigo na esquina*, pois já se nota uma retórica de minimização do movimento golpista. Há uma retórica que aponta na direção de tentativa de aprovação de projetos de anistia e um discurso geral – encampado até mesmo por parte considerável da grande mídia e de autoridades juspolíticas – de que as penas impostas nas condenações dos golpistas do 8 de janeiro foram "desproporcionais". Não digo aqui, notem, que o Supremo não possa alterar o que faz e fez, mas a questão que deve(ria) preocupar a todos é a dimensão simbólica dessa retórica e o que ela significa. Quando se reduz um atentado à democracia (um golpe) a um mero crime de lesa-patrimônio (vandalismo), perde-se a dimensão do que realmente aconteceu: uma tentativa de golpe de Estado. Lamentável que, por exemplo, uma das acusadas venha se tornando uma espécie de "celebridade *fake news*", ao ser alcunhada de "pichadora de batom", como se os crimes a ela imputados pudessem ser, estranhamente, reduzidos a esse ato. Ora, trata-se de um crime de empreendimento. Nenhum ato é isolado. Caso contrário, o que dizer do olheiro do tráfico? Ou do motorista que carrega os assaltantes de um banco?

Por isso que é também e tão perigosa quanto a retórica que afirma que a *tentativa* não se igualaria ao crime de golpe *consumado*. Se alguém planeja assaltar um banco, compra material, faz um plano e desiste, nem tentou assaltar, porque foram só atos preparatórios, não puníveis. Correto. Porém, esse raciocínio não pode ser aplicado ao crime de tentativa de golpe. No senso comum, os atos de planejamento, campana, mapeamento etc., em não tendo havido o golpe, são vistos, equivocadamente, como "o caso do assalto ao banco". Portanto, não deveriam ser punidos.

Pois é aqui que o senso comum precisa da ciência jurídica: a isso se chama de "crimes de empreendimento". O "tentar" já é o "consumar". Só pensar em fazer um golpe não é crime; porém, começar a fazer qualquer coisa para "tentar" o golpe já incrimina o agente.

Essa dificuldade de compreensão faz surgir "lendas" que vitaminam a negação do golpe. Muitas das condutas, tomadas individualmente, constituem "ações neutras", mas, no conjunto, constituem início de execução de "tentar derrubar o governo eleito". Há um conjunto "da obra". Em outras palavras, não se trata *apenas* de vilipendiar um patrimônio pichando-o com batom, como referi alhures.

Mas, há mais. O fato de não precisarmos esperar o golpe para dizer "isso foi golpe" é uma questão de lógica. No Direito, em alguns casos, se antecipam as barreiras da punição, porque, de antemão, já se consideram condutas perigosas para o bem jurídico, isto é, tanto faz que a pessoa realize todo o caminho do crime para que ocorra a punibilidade. Por isso, a lógica: só se pune a tentativa. Como crime consumado.

"Lendas" não surgem do nada. Há sempre alguém que produz substrato para a sua efervescência, como se viu na fala do Presidente da Câmara, Hugo Mota, ao negar que o 8 de janeiro foi tentativa de golpe. Isso alimenta o faminto senso comum. E o que dizer da criminosa hermenêutica do art. 142-CF, pelo qual as Forças Armadas seriam "poder moderador"? Vitamina para o golpismo. Assim como a nota de 11 de novembro dos comandantes militares, feita, segundo Gonet, a mando de Bolsonaro, em que defendiam os manifestantes que pediam golpe.

Com efeito, o 8 de janeiro é produto de relativismos e niilismos de todos os tipos, mas sobretudo da relativização dos limites da hermenêutica jurídica. Aqui sempre é bom se lembrar do livro premiado de Bernd Rüthers, *Die Unbegrenzte Auslegung* (*Uma Interpretação sem limites*), em que mostra como o Direito não foi contido, não foi constrangido à época da ascensão do nazismo. Veja-se a ligação do tema abordado no livro de Rüthers, *Takeover: Hitler's final rise to power*, referido na abertura deste prefácio.

Limites: eis a palavra-chave na democracia. Vejam-se as patacoadas do art. 142 e a nota de 11 de novembro. O Direito e a democracia existem porque há limites. E, uma vez que deixamos esses limites serem relativizados, o preço pode ser alto.

Como se demonstram fatos? Esse é o grande desafio contra o senso comum. Chamar as coisas pelos nomes certos. Como se "prova" que quem invade Poderes da República – e quem incentiva, e quem arquiteta, e quem financia – tentou dar um golpe? Tem vídeo, cadernos, planos impressos, áudios. Responderemos à altura? Qual história escreveremos em nossa obra hipotética: a de salvação ou a de derrocada da democracia?

É para dar uma chance aos autores do futuro de escreverem uma obra ao modo da primeira hipótese que supus – e não da segunda –, que iniciativas como a deste livro, o qual honradamente prefacio a convite do organizador e editor Rafael Valim, mostram-se valiosas. Um livro como este serve de documento histórico: divulga na íntegra, em bela edição para o grande público, um documento que normalmente é acessado apenas por juristas, acadêmicos e jornalistas: a denúncia da PGR.

E o livro vem acompanhado de belos textos que ilustram essa memória – para que ela não seja manipulada por negacionismos históricos. A escrita é a garantia contra o fracasso da memória. Nunca devemos esquecer coisas como o golpe de 1964 e a tentativa de 2023. Pois o conjunto de autores escolhidos pela Contracorrente finca com firmeza as palavras que nos lembrarão do dia da infâmia: 8 de janeiro de 2023.

Na obra, há textos como o do criminalista e professor de Direito Penal Fernando Hideo I. de Lacerda, que faz uma anamnese de todos os capítulos que compuseram a trajetória do golpe e recupera um argumento importante, que coaduno: o de que é preciso julgar e punir golpistas, sempre com devido processo, para que se possa dizer a frase *nunca mais*. O texto "Nunca mais é agora: memória, justiça e responsabilização dos golpistas" é um ótimo prélio em favor desse argumento.

Ainda sobre o significado histórico da denúncia contra os golpistas, o provocativo texto de Jessé Souza, "O verdadeiro sentido histórico da denúncia da PGR", ilustra como a eventual condenação de quem atenta contra a democracia brasileira pode ter um significado mais profundo do que aparenta. Há, para o sociólogo, um fator social evidente dentro desse processo, pois a denúncia contra Bolsonaro é também uma denúncia contra a ganância de parte das elites que pretendem, com o apoio do Estado, *estratificar* toda e qualquer coisa pública. Afinal de contas, este é o projeto bolsonarista: destruir a coisa pública para reconstruir um ambiente priva(tiza)do, onde instituições e a boa burocracia ficam totalmente à mercê das vontades econômicas dominantes.

Já dentro de um olhar mais técnico-jurídico ao caso, o livro nos oferece duas análises lapidares: a primeira é assinada pelo Presidente do Instituto Brasileiro de Ciências Criminais – IBCCrim, Antonio Pedro Merchior, e se intitula "Acusação pública contra Jair M. Bolsonaro:

razões fáticas e jurídicas para a admissibilidade da denúncia por golpe de Estado e outros crimes". O texto tem como foco a análise dos crimes imputados especificamente no caso do ex-Presidente e impressionará o leitor pela capacidade de conciliar rigor técnico com didática. A segunda, subscrita pela criminalista Maria Tereza Grassi Novaes, também com muito zelo técnico e didático, explica aspectos legais relevantes que podem ajudar o leitor a decifrar quais são os possíveis próximos capítulos dessa trama sobre a qual nos debruçamos neste livro.

Agora no plano internacional, o jornalista internacional Jamil Chade também descreve, no texto "A democracia brasileira sob os holofotes do mundo", os últimos meses da transição de governos e de como os olhos do mundo se voltaram para o Brasil durante aquele processo. O valor do texto de Chade, contudo, reside no paralelo feito pelo jornalista com o período atual, quando o mundo assiste, atônito, ao desenrolar do mandato de Donald Trump – e como o Brasil, com a denúncia da PGR, se vê com a oportunidade de dar o freio necessário que os Estados Unidos não conseguiram dar como país à escalada autoritária que resta evidenciada com o segundo mandato de Trump.

A divulgação da denúncia e seus textos com comentários que a acompanham podem, assim, servir de apoio e mecanismo em favor da memória nestes tempos de instantaneidades. Iniciativas assim são mais do que importantes: elas têm consequências reais. Vimos agora recentemente a consequência real que teve o filme *Ainda estou aqui*. O longa trouxe de volta a rediscussão da inconstitucionalidade da Lei de Anistia – e com ela, a luta contra esta "nova" anistia. Tudo está interligado, evidentemente. Precisamos recuperar a memória. Precisamos dar às coisas os nomes que elas têm. Precisamos deixar que o texto nos diga algo, como nos alertava Gadamer. E história é texto. E textos são eventos. A palavra golpe tem um sentido. E o fato que ocorreu se encaixa no sentido da palavra.

Numa ilustração final, recorro ao cinema. No filme *Negação*, de 2016, adaptado da obra de Deborah Lipstadt, o historiador David Irving processa a autora por difamação por ela o ter acusado de negar o Holocausto. Por circunstâncias do sistema inglês, Lipstadt precisa demonstrar que o Holocausto realmente aconteceu e que Irving é um negacionista. A certa altura, a professora, entre angústia e sarcasmo, pergunta aos seus advogados: “e se não conseguirmos provar o Holocausto?” A professora processada, em certo momento, sentiu-se abandonada pelo Direito. E um detalhe é relevante: a defesa da professora ficou com medo de que o júri fosse manipulado pelos negacionistas. Porque o negacionismo pode ser um fenômeno coletivo. Na época do livro, 22% dos americanos duvidavam do Holocausto. No Brasil, em dezembro de 2024, para o Datafolha, 68% acreditam no golpe; mas 32%, não.

O filme trata do embate entre negacionismo e evidência e a consequente luta contra a desinformação. Contra isso, a comunidade jurídica produz consensos que perfazem as certezas mínimas do que se deve saber sobre algo. Consensos, no entanto, esbarram em desacordos. Por isso, esses desacordos devem ser razoáveis. O Holocausto existiu. O homem pousou na Lua. 1964 foi golpe. Vacinas não causam autismo. Assim, não é razoável negar esses fatos. Ou inventá-los.

O presente livro nos ajuda a construir o consenso de que houve, sim, uma tentativa de golpe de Estado no Brasil. E nos ajuda a impedir que ela se repita.

Boa leitura!

LENIO LUIZ STRECK
De Porto Alegre a São Paulo, no início do outono de 2025.

Acusação Pública contra Jair M. Bolsonaro:

razões fáticas e jurídicas para a admissibilidade da denúncia por golpe de Estado e outros crimes

Antonio Pedro Melchior

1 Advertências

O artigo se propõe a analisar a higidez da acusação criminal formulada pela Procuradoria-Geral da República contra Jair M. Bolsonaro na Petição n. 12.100. Esta análise se restringe aos aspectos formais e materiais da denúncia e não antecipa conclusões acerca do mérito das imputações, em especial, porque se trata de uma análise parcial, focada numa peça de acusação e que não contempla os argumentos das defesas dos imputados.[1] O objetivo da exposição restringe-se a verificar se a peça que inaugura o processo criminal contra Jair M. Bolsonaro é apta a autorizar a admissibilidade da acusação. Em português claro, trata-se de saber se Bolsonaro pode virar réu, ou seja, se a acusação contra ele foi deduzida corretamente e se possui elementos mínimos de prova. Essa verificação impõe o exame de determinados pressupostos que, no

---

1 Tampouco integram o objeto da reflexão as discussões em torno da competência do Supremo Tribunal Federal, dos limites da atuação do Ministro Alexandre de Moraes, da legalidade da colaboração premiada de Mauro Cesar Barbosa Cid e outras matérias levantadas por advogados (e publicadas na imprensa), a exemplo do eventual bis in idem entre as imputações relativas aos crimes de tentativa de abolição violenta do Estado Democrático de Direito (art. 359-L, do CP) e golpe de Estado (art. 359-M, CP). Estes e outros argumentos, a exemplo das alegações de cerceamento de defesa, são relevantes à legalidade e legitimidade da persecução, devendo ser criteriosamente valorados pelo Supremo Tribunal Federal.

caso deste artigo, estão adstritos à análise da narrativa acusatória que, nos termos da lei processual penal, impõe a presença de elementos mínimos de prova, bem como a descrição adequada dos fatos e suas circunstâncias, a permitir que os acusados se defendam de maneira ampla e efetiva.

2 Exigência de justa causa e de exposição objetiva e clara do fato criminoso

A Procuradoria-Geral da República acusou Jair M. Bolsonaro dos crimes de liderança de organização criminosa armada, tentativa de abolição violenta do Estado Democrático de Direito, golpe de Estado e dano qualificado pela violência e grave ameaça contra o patrimônio público da União, em concurso material.[2]

Na fase da admissibilidade da acusação, o que importa é a demonstração, pelo titular da ação penal, da existência de uma causa provável, sustentada em elementos mínimos de prova e formulada por meio de denúncia não inepta.[3]

Uma imputação pode ser definida como a atribuição de um fato (ou fatos) a uma pessoa, mas não qualquer um, apenas aquele que se subsome a um tipo penal e que possa ser considerado ilícito e culpável. A imputação criminal – atribuição de fatos penalmente relevantes a alguém – é realizada por meio de uma petição inicial dirigida ao Poder Judiciário, a que a lei chama de denúncia ou queixa, conforme o titular da ação penal seja, respectivamente, o Ministério Público ou um simples cidadão envolvido no conflito.[4]

---

2 Isso significa, em linguagem jurídica, que cada crime foi cometido com desígnio autônomo, de maneira que as penas devem ser somadas (em caso de condenação).

3 As provas a respeito da responsabilidade criminal dos réus, inclusive, do ex-chefe de Estado, deverão ser produzidas (ou submetidas a contraditório) no âmbito da instrução processual. Após a instrução, estaremos em condições de avaliar se os elementos indicados na denúncia confirmaram a hipótese acusatória deduzida na denúncia.

4 Grosso modo, há, no processo penal brasileiro, uma distinção entre ações penais de natureza pública (por exemplo, homicídio, golpe de Estado etc.) e as de iniciativa privada (por exemplo, crimes contra a honra).

Não basta, no entanto, reproduzir a literalidade do dispositivo na denúncia. O acusador deve descrever o fato com todas as circunstâncias relevantes a ele relacionadas (realidade histórica). É o que diz o Código de Processo Penal brasileiro, de 1941, quando afirma que a denúncia ou a queixa deve conter a exposição do fato criminoso, com todas as suas circunstâncias, a qualificação do acusado, a classificação do crime e, quando necessário, o rol das testemunhas.[5] Essas exigências decorrem do devido processo legal e estão materialmente associadas aos princípios da ampla defesa e do contraditório, garantias fundamentais de todos os acusados.

A denúncia será considerada inepta quando contenha uma narração incongruente dos fatos, dificultando o exercício da defesa. É inepta, por exemplo, a denúncia genérica que não descreve elementares essenciais dos tipos penais imputados ou que não aponte, de maneira circunstanciada, todas as dimensões relevantes do fato imputado. A deficiência na descrição clara e objetiva do fato criminoso configura constrangimento ilegal e deve conduzir à rejeição liminar da denúncia.[6]

3 Regularidade da denúncia em face de Jair M. Bolsonaro: motivos para o recebimento da acusação

A denúncia oferecida pela Procuradoria-Geral da República em face de Jair M. Bolsonaro e mais sete pessoas não possui defeitos que justifiquem a sua rejeição por inépcia ou ausência de justa causa.[7] No que

---

5 Art. 41, CPP: "A denúncia ou queixa conterá a exposição do fato criminoso, com todas as suas circunstâncias, a qualificação do acusado ou esclarecimentos pelos quais se possa identificá-lo, a classificação do crime e, quando necessário, o rol das testemunhas". Embora o artigo 41 imponha que o acusado seja qualificado, a denúncia ou queixa pode ser proposta com a descrição de elementos que permitam identificar o acusado. No que diz respeito à classificação do delito, o entendimento majoritário é de que a errônea capitulação do crime na denúncia, com excesso na classificação, não a torna inepta, pois se trata de irregularidade sanável até a sentença.

6 Art. 395, I e III, CPP: "A denúncia ou queixa será rejeitada quando: I – for manifestamente inepta; III – faltar justa causa para o exercício da ação penal".

7 Não é o foco do artigo examinar todos os elementos de prova que, na visão da PGR,

se refere ao ex-Presidente da República, foram imputados os crimes de liderar organização criminosa armada (art. 2º da Lei n. 12.850/2013) cujo objetivo era impedir o regular funcionamento dos Poderes da República (art. 359-L, CP) e depor um governo legitimamente eleito (art. 359-M, CP). Além disso, foi imputada a conduta de concorrer, mediante auxílio moral e material, para destruição, inutilização e deterioração de patrimônio da União, isto é, concorrer para o dano qualificado pela violência e grave ameaça, com considerável prejuízo à vítima, e deterioração de patrimônio tombado (art. 163, parágrafo único, I, III e IV, CP).

O conceito de organização criminosa, para ser aplicado, exige uma situação fática que indique a associação de quatro ou mais pessoas, de forma estruturalmente ordenada e caracterizada pela divisão de tarefas. Tal organização deve ter sido constituída, ainda que informalmente, com o objetivo de obter, direta ou indiretamente, vantagem de qualquer natureza, mediante a prática de infrações penais cujas penas máximas sejam superiores a quatro anos, ou que sejam de caráter transnacional.[8] O pertencimento à organização, isto é, a conduta de promovê-la, financiá-la ou integrá-la, recebe maior reprovabilidade quando houver emprego de arma de fogo, bem como em relação àquele que exerce o comando, individual ou coletivo, da organização criminosa, ainda que não pratique pessoalmente atos de execução.

A denúncia descreve todos esses elementos. Segundo a PGR, a organização criminosa foi constituída pelo menos desde o dia 29.06.2021 e operou até o dia 08.01.2023. A vantagem visada pela organização

---

subsidiam a existência de justa causa da denúncia. A menção a tais elementos, no contexto da análise proposta, está relacionada à demonstração da aptidão da denúncia. Em outras palavras, havendo elementos mínimos de prova (como existem), a acusação consegue – com maior facilidade – descrever as condutas e circunstâncias associadas aos fatos imputados. As folhas mencionadas neste artigo correspondem à numeração constante da própria denúncia e que se encontra disponível em: https://agenciabrasil.ebc.com.br/sites/default/files/atoms/files/finalpet12100-denancia-versaofinal_nucleo11.pdf. Acessado em: 15.03.2025.

8 §1º, art. 1º, da Lei n. 12.850/2013.

era a manutenção de Jair Bolsonaro no poder, por meio de condutas dirigidas a impedir que o vencedor do pleito eleitoral tomasse posse da Presidência da República, ou, não sendo viável, sua deposição violenta, ou, ainda, sua neutralização. As infrações penais praticadas para alcançar esse objetivo – com pena máxima superior a 4 anos – são os crimes de abolição violenta do Estado de Direito, golpe de Estado e dano qualificado.

A hipótese acusatória é que, desde 2021, foi colocada em marcha uma trama conspiratória contra as instituições democráticas, mediante a prática de condutas que se desenrolaram em cadeia e de progressiva violência. O primeiro conjunto de ações envolveu a "*construção da mensagem*" atinente à suposta falta de higidez do sistema eleitoral brasileiro. Tais ações foram praticadas com o objetivo de criar condições objetivas à impugnação da vitória eleitoral ou à deposição do adversário político de Jair Bolsonaro. A denúncia apresenta uma série de manuscritos, arquivos digitais, planilhas e trocas de mensagem dirigidas a *estabelecer um discurso sobre urnas eletrônicas e votações*,[9] construído com o fim deliberado de deslegitimar o resultado eleitoral desfavorável

---

9 A denúncia narra a existência de manuscritos, em agenda apreendida com o Chefe do Gabinete de Segurança Institucional, General Augusto Heleno, relacionados ao planejamento prévio de fabricação do discurso contrario às urnas eletrônicas (fl. 34). Além destes, a denúncia aponta a apreensão do "Relatório de Análise de Urna Eletrônica (2016)" e "Relatório de Inspeção de Códigos Fontes do Sistema Brasileiro de Votação Eletrônica, edição 2020", todos eles contendo falsos subsídios para sustentar a insegurança das urnas. Na posse de Alexandre Ramagem, por exemplo, foi localizado o documento Presidente TSE informa.docx, com argumentos contrários às urnas eletrônicas e que foram reproduzidos em falas públicas de Jair Bolsonaro (fls. 38 e ss.). Com Alexandre Ramagem, foram apreendidos diversos documentos, dentre eles o Bom dia Presidente.docx, em que se relata a criação de um grupo técnico para desacreditar as urnas eletrônicas (fl. 39). No documento do tipo "nota", intitulado PR Presidente, constavam anotações contrárias às urnas eletrônicas e favoráveis à intervenção militar (fl. 41). Outros documentos apreendidos com Augusto Heleno e Alexandre Ramagem contêm sugestões de uso de instituições públicas para sustentar a ilegalidade de decisões do Supremo Tribunal Federal e subsidiar o descumprimento das ordens judiciais (fls. 44/45).

ao então Presidente. As condutas imputadas a Jair Bolsonaro foram descritas de forma objetiva e clara, logo, sem prejuízo à defesa técnica:

(i) Em *live* ocorrida em 29.07.2021, o acusado afirmou que as urnas eletrônicas não possuíam segurança, que Ministros do Supremo Tribunal Federal e do Tribunal Superior Eleitoral iriam interferir no resultado das eleições e, finalmente, incitou publicamente a intervenção das Forças Armadas.[10]

(ii) Em 03.08.2021, o acusado, em entrevista, insinuou a tomada de medidas de força contra o Judiciário e afirmou que seria "*um último recado para que eles entendam o que está acontecendo*"; no dia seguinte, em 04.08.2021, voltou a desacreditar o sistema eleitoral em uma *live*, afirmando, de maneira deliberadamente falsa, que o código-fonte das urnas eletrônicas, em 2018, teria sido acessado por um *hacker*.

(iii) No dia 07.09.2021, na Esplanada dos Ministérios, em Brasília, e na Avenida Paulista, em São Paulo, o acusado insuflou seus apoiadores contra membros do Tribunal Superior Eleitoral e do Supremo Tribunal Federal. Nessa ocasião, afirmou que só sairia do poder "*preso, morto ou com vitória. Quero dizer aos canalhas que eu nunca serei preso*".[11]

(iv) Em 05.07.2022, conforme gravação de uma reunião ocorrida no Palácio do Planalto, Jair Bolsonaro cobrou do alto escalão do governo a multiplicação dos ataques às urnas eletrônicas e ao processo eleitoral; afirmou que o dinheiro do narcotráfico teria financiado o seu adversário político.[12]

(v) No dia 18.07.2022, o acusado afirmou aos mais altos agentes diplomáticos estrangeiros acreditados no país que o sistema eletrônico

---

10 Fls. 31 e ss.

11 Fls. 50/51.

12 Fl. 64. Nessa reunião, o Ministro da Defesa Paulo Sérgio Nogueira de Oliveira instigou a ideia da intervenção das Forças Armadas no processo eleitoral (fl. 69). A denúncia descreve a manifestação de outros denunciados na mesma reunião, concluindo, também a partir desses elementos, a unidade de desígnios da organização criminosa.

de votação brasileiro não era confiável, lançando dúvidas falsas sobre a apuração do Tribunal Superior Eleitoral.[13]

Além dos comportamentos praticados por Jair M. Bolsonaro nesse primeiro conjunto de fatos (construção da mensagem/criação das condições para o golpe), a denúncia descreve ações de subordinados próximos e diretos, reforçando a ideia de divisão de tarefas entre os membros da organização criminosa. O Chefe do Gabinete de Segurança Institucional, General Augusto Heleno, e o então Diretor Geral da Agência Brasileira de Inteligência – ABIN, Alexandre Ramagem, por exemplo, segundo a acusação, tinham a posse de documentos voltados à fabricação do discurso contrário às instituições e ao sistema eleitoral, alguns deles utilizados em falas públicas de Jair Bolsonaro.[14]

Na hipótese acusatória, a difusão de informações falsas sobre o sistema eleitoral corresponde apenas à primeira fase da execução dos crimes de abolição violenta do Estado de Direito e de golpe de Estado.[15] Após a derrota no 1º Turno das Eleições Gerais de 2022, a organização criminosa teria ampliado o uso da máquina pública, a fim de assegurar a permanência de Jair Bolsonaro no poder, a exemplo do emprego da estrutura da Polícia Rodoviária Federal para obstruir

---

13 Fls. 71 e ss.

14 Na visão da PGR, os arquivos pessoais de Augusto Heleno e Alexandre Ramagem, coincidentes com pronunciamentos de Jair Bolsonaro, reforçam o vínculo subjetivo entre os denunciados e a participação de todos eles no direcionamento estratégico da organização criminosa.

15 A produção massiva de desinformação contra opositores de Jair Bolsonaro, mediante a utilização da estrutura de inteligência do Estado brasileiro (ABIN), aparece como eixo fundamental da narrativa acusatória, uma vez que reforça a ciência e o controle das ações pelo então Presidente da República, a quem os desvios beneficiavam. Na concepção da PGR, as ações ilícitas realizadas pela denominada "ABIN Paralela" consistem em atos executórios relevantes do plano de crimes contra as instituições democráticas, por potencializarem a animosidade social contra as instituições, enfraquecendo-as e restringindo-lhes o exercício (fl. 62). A respeito do uso de sistemas ilegítimos para ocultar rastros e expedientes impróprios, conferir fls. 53 e ss. da denúncia.

a chegada de eleitores em locais de votação pretensamente favoráveis ao adversário político.[16]

Nova fase se inaugura com o resultado das eleições em 30.10.2022. Uma vez que as ações de interferência no resultado eleitoral não foram suficientes, a organização criminosa buscou a cooptação de comandantes militares à insurreição. Essa etapa está marcada, na narrativa da denúncia, pela intensificação de demandas por ações militares e pela disseminação de notícias e estudos falsos sobre a vulnerabilidade das urnas eletrônicas.[17]

A Procuradoria-Geral da República sustenta que, no dia 09.11.2022, além de perenizar a narrativa de fraude eleitoral, o grupo liderado por Jair Bolsonaro deu início à fase mais violenta das ações em curso. Nessa data teria sido criado e impresso, nas dependências do Palácio do Planalto, o plano denominado "Punhal Verde e Amarelo".[18]

No que se refere ao primeiro aspecto, disseminação de fraude eleitoral, a denúncia imputa a Jair Bolsonaro a específica conduta de ordenar a não publicização do Relatório de Fiscalização do Sistema Eletrônico de Votação do Ministério da Defesa (acerca do 1º Turno das Eleições Gerais),[19] que concluiu pela ausência de vulnerabilidade nas urnas eletrônicas. Nas palavras da PGR, a ordem emitida por Jair Bolsonaro

---

16 A denúncia narra, de forma minudente, as condutas atribuídas à Diretora de Inteligência do Ministério da Justiça e Segurança Pública Marília Ferreira Alencar na elaboração de um projeto de business intelligence voltado a mapear os resultados eleitorais em seções do país. Os meios de prova, salvo melhor juízo, são fartos e apontam para mensagens, depoimentos, dentre outros (fls. 78 e ss.).

17 Fl. 92.

18 Fls. 109 e ss.

19 Fl. 110. A acusação está lastreada, por exemplo, nos depoimentos de Baptista Junior (fl. 113) e Freire Gomes (fl. 114), portanto, há elementos de prova independentes da palavra do colaborador Mauro Cid (fl. 114). A denúncia descreve o envolvimento de Reginaldo Vieira de Abreu na tentativa de manipulação do Relatório cuja publicação, antes do segundo turno, Jair Bolsonaro teria impedido (fl. 114).

> torna indubitável o dolo da organização criminosa. O conhecimento da inexistência de fraude eleitoral revela que o objetivo do grupo, ao postergar a divulgação do relatório, era o de propiciar condições políticas para o atentado em curso contra a ordem constitucional.[20]

O denominado "Punhal Verde Amarelo" corresponde ao documento contendo a formalização de plano para "neutralizar autoridades públicas",[21] em específico, o Ministro Alexandre de Moraes e os candidatos eleitos Luiz Inácio Lula da Silva e Geraldo Alckmin Filho. Os elementos probatórios a respeito das ações levadas a efeito para atentar contra a liberdade e a vida dessas pessoas estão indicados na denúncia de forma minuciosa e objetiva.[22] Em face de Jair M. Bolsonaro pesa negativamente o fato de que o plano para assassinar autoridades tenha sido identificado em dispositivo eletrônico vinculado a Mário Fernandes, à época, Secretário-Executivo da Secretária-Geral da Presidência da República, e, ainda, impresso dentro do Palácio do Planalto.[23] Além disso, a denúncia afirma que, após a impressão, o documento foi levado ao Palácio do Alvorada "para tratativas com Jair Bolsonaro". A acusação sustenta, portanto, que o acusado, Jair Bolsonaro, sabia do plano e concordou com ele. Para tanto, indica a existência de diálogos comprobatórios de que ele acompanhou a evolução do esquema e a possível data da sua execução integral, a exemplo de um em que Mario Fernandes relata a Mauro Cid ter estado pessoalmente com Jair Bolsonaro e debatido o momento ideal de serem ultimadas as ações tramadas.[24]

---

20 Fl. 113.

21 O plano foi identificado com o nome Fox_2017.docx75.

22 Fls. 121 e ss.

23 Conclusão alcançada pela investigação policial a partir da análise dos logs das impressoras do Palácio do Planalto e do Palácio da Alvorada em 2022.

24 "Durante a conversa que eu tive com o presidente, ele citou que o dia 12, pela diplomação do vagabundo, não seria uma restrição, que isso pode, que qualquer ação nossa pode acontecer até 31 de dezembro e tudo. Mas (...) aí na hora eu disse, pô, presidente, mas o quanto antes, a gente já perdeu tantas oportunidades" (fl. 127).

A afirmação de que o ex-Presidente conhecia o plano para matar um Ministro do Supremo Tribunal Federal e o candidato eleito integra o conjunto de imputações contra ele, e deverá ser objeto da sua defesa. Além do "Punhal Verde Amarelo", a denúncia descreve a existência de outros planejamentos estratégicos, apreendidos em poder dos denunciados, relativos ao objetivo de implementação do golpe de Estado. A Planilha com o nome de "Desenho Op Luneta", apreendida com o Tenente-Coronel Hélio Ferreira Lima, continha detalhado planejamento para o golpe, divido em cinco etapas, sete linhas de operações, dentre as quais a meta de "neutralizar a capacidade de atuação do Min AM". Na mesa ocupada pelo Coronel Flávio Botelho, então assessor de Walter Braga Neto, foi encontrada a pasta "memórias importantes", que continha o esboço da denominada "Operação 142", com estratégias similares à "Operação Luneta", ao prever ofensivas contra o Supremo Tribunal Federal e a assinatura de um Decreto presidencial.

O envolvimento objetivo e subjetivo de Jair Bolsonaro com a elaboração de planejamentos relativos ao golpe de Estado, nos termos da acusação, estaria igualmente demonstrado pela apreensão de um outro documento em sua própria sala, localizada na sede do Partido Liberal. Esse material, igualmente extraído do aparelho celular de Mauro Cid, consistiria num texto sobre declaração de "estado de sítio" e decretação de "Operação de Garantia da Lei e da Ordem", a ser utilizado no momento da efetivação do golpe de Estado.[25]

Concomitante à formalização dos planos de subversão do Estado de Direito, a denúncia imputa a Jair Bolsonaro determinar a Mauro Cid que providenciasse uma nota aos Comandantes da Três Forças com o objetivo de manter seus apoiadores mobilizados. No que se refere à reunião ocorrida na residência do General Braga Netto, em 12.11.2022, a PGR afirma que estavam presentes os denominados "kids pretos" (forças especiais do Exército brasileiro) e que nela se debateram ações

---

25 Conclusão da PGR: "o discurso encontrado na sala de Jair Bolsonaro reforça o domínio que este possuía sobre as ações da organização criminosa, especialmente sobre qual seria o desfecho dos planos traçados – a sua permanência autoritária no poder, mediante o uso da força" (fl. 137).

clandestinas sob o nome "Copa 2022", destinadas a assassinar o Ministro Alexandre de Moraes, nos moldes do "Punhal Verde Amarelo".[26] Além disso, também teria sido discutida a necessidade de promover uma ação de forte impacto social para justificar a assinatura de um Decreto por Jair Bolsonaro.[27]

A participação do acusado na criação e nos ajustes em documentos que visavam declarar o estado de exceção no país constitui mais uma das condutas a ele atribuídas. A imputação foi exposta de maneira clara, e os elementos de prova foram apresentados. Jair Bolsonaro deverá se defender dos seguintes comportamentos:

(i) Ter se encontrado com Filipe Garcia Martins Pereira em 18.11.2022, no Palácio do Alvorada, com o objetivo de debater a elaboração do Decreto golpista;[28]

(ii) Ter sido informado e aquiescido com a ação de denunciados no sentido de pressionar o Alto Comando do Exército a aderir ao plano, por meio da elaboração de uma carta de Oficiais Superiores da Ativa do Exército Brasileiro;[29]

---

26 Fl. 141. Sobre o início das ações de monitoramento, cf. fl. 146.

27 Fl. 143. Os diálogos extraídos dos aparelhos celulares dos envolvidos, por outro lado, comprovariam a existência da reunião e a aprovação, inclusive financeira, do plano por Braga Netto (fl. 164).

28 Afirmação baseada nos registros de entrada fornecidos pelo Gabinete de Segurança Institucional da Presidência da República e que, segundo o MPF, corroboram a colaboração de Mauro Cid.

29 Perícia no telefone celular de Mauro Cid confirmou a preparação prévia do documento. A ciência de Jair Bolsonaro, na argumentação da PGR, está lastreada no depoimento de Sérgio Ricardo Cavaliere de Medeiros à Polícia Federal: "INDAGADO por qual motivo após o declarante falar com o Coronel de Infantaria ANDERSON LIMA DE MOURA perguntou: 'o 01 sabe disso?', respondeu QUE '01' era uma referência ao Presidente da República (JAIR MESSIAS BOLSONARO) (...)" (fl. 169). Em diálogo extraído do aparelho de Sérgio Cavaliere (com Mauro Cid), a ciência de Bolsonaro fica evidente: "Espero que o PR não se esqueça dos que estão indo para o sacrifício". Em resposta,

(iii) Reunir-se com Filipe Garcia Martins no dia 06.12.2022, a fim de receber a minuta de Decreto em que decretava, ao final, a realização de novas eleições e impunha a prisão de autoridades, entre elas os Ministros do Supremo Tribunal Federal Alexandre de Moraes e Gilmar Mendes e o Presidente do Senado Rodrigo Pacheco; realizar ajustes na minuta do Decreto, com objetivo de facilitar a sua execução;[30]

(iv) Convocar militares de alta patente para lhes apresentar o Decreto golpista e tentar convencê-los a fornecer o suporte necessário, a exemplo do ocorrido na manhã do dia 07.12.2022, em reunião com representantes das Forças Armadas no Palácio da Alvorada;[31]

Mauro Cid confirmou o endosso do então Presidente da República à iniciativa: "Cara, ele mesmo sabe o que é isso, né. Ele tomou vinte dias de cadeia quando era Capitão, porque escreveu carta à Veja. Foi pra Conselho de Justificação porque botaram na conta dele aquela, aquela operação pra, pra explodir Guandu, né. Se fodeu a vida toda. Então, ele sabe o que que é" (fl. 179).

30 Salvo melhor juízo, a afirmação de que Jair Bolsonaro fez ajustes na minuta, restringindo a prisão ao Ministro Alexandre de Moraes e limitando-se à realização de novas eleições, nos termos da denúncia, baseia-se na palavra do colaborador Mauro Cid (fl. 182). Há, no entanto, mensagens extraídas do seu celular, logo, independentes da delação, em que ele afirma que Jair Bolsonaro teria enxugado o texto (fl. 190).

31 Comprovado pelos registros de entrada e saída do portão principal do Palácio do Alvorada. A reunião também foi comprovada pelo General Freire Gomes que, em depoimento, afirmou ter sido convocado por Jair Bolsonaro, por intermédio do Ministro da Defesa. Os dados armazenados no serviço de nuvem pertencente ao General Mario Fernandes, segundo a PGR, também provam a existência da reunião (fls. 183/184). No dispositivo eletrônico de Mauro Cid, foram encontrados registros fotográficos do Decreto golpista (fl. 185). Segundo depoimento de Freire Gomes – que ratificou ter sido lido o mesmo Decreto encontrado no aparelho de Mauro Cid –, Felipe Garcia se retirou da sala após a leitura do texto e a reunião prosseguiu apenas com Jair Bolsonaro, momento em que o Comandante do Exército teria ressaltado que sempre deixou evidenciado que o Exército não participaria na implementação desses institutos jurídicos visando reverter o processo eleitoral (fl. 189).

(v) Reunir-se com Marcelo Câmara, Felipe Garcia Martins Pereira e Braga Netto no Palácio do Alvorada, a fim de dar seguimento ao plano golpista;[32]

(vi) Promover ações para buscar apoio junto a outros integrantes do Alto Comando do Exército, a exemplo da convocação do General Estevam Cals Theophilo Gaspar de Oliveira ao Palácio da Alvorada;[33]

(vii) Afirmar, em 09.12.2022, perante apoiadores que se deslocaram até a residência oficial, que, com o apoio das Forças Armadas, tomaria providências para reverter o resultado do processo eleitoral.[34]

A conduta consistente em pressionar comandantes do Alto Comando a aderirem ao golpe reforça os elementos de prova que, nos termos da acusação pública, indiciam o controle e liderança da organização criminosa por Jair Bolsonaro. As informações, obtidas de maneira independente à delação de Mauro Cid, demonstram que o General Estevam Cals Theophilo estaria disposto a recrudescer o movimento, desde que o então Presidente assinasse a decretação do "estado de sítio".[35] A PGR apresentou indícios concretos de que foram promovidos uma série de encontros de oficiais militares com subordinados diretos do

---

32 A afirmação está baseada nos registros de entrada e saída do Palácio do Alvorada, não havendo, smj, descrição dos elementos de prova quanto ao que teria sido tratado na reunião.

33 A denúncia afirma que em 09.12.2022, às 11h11min, Correa Netto enviou para Mauro Cid o contato do Coronel Cleverson Ney Magalhães, assistente do General Estavam Cals Theophilo Gaspar de Oliveira, para que fosse marcada a reunião. Segundo a PGR, o Coronel Cleverson Ney Magalhães estava ciente das ações que estavam sendo realizadas para concretizar a ruptura institucional almejada pela organização criminosa, tendo participado da reunião ocorrida no dia 28.11.2022, em Brasília.

34 Fl. 192.

35 Em mensagem trocada com Correa Netto, Mauro Cid confirma tal afirmação (fl. 194).

ex-Presidente, dentre eles o então Ministro da Justiça, Anderson Torres, que, conforme a denúncia, apresentava fundamentos jurídicos para adoção das medidas de exceção, se houvesse a assinatura do Decreto.

Em reunião realizada em 14.12.2022, por exemplo, uma nova versão do decreto teria sido apresentada pelo Ministro da Defesa de Jair Bolsonaro aos comandantes das três Forças Armadas. Essa reunião foi confirmada pelo Tenente-Brigadeiro Baptista Junior, Comandante da Aeronáutica, em depoimento à Polícia Federal. Ele afirma que o assunto – não assunção do cargo pelo novo Presidente eleito – foi expressamente tratado e que foi assertivo em dizer que a Aeronáutica não admitiria um golpe de Estado. Baptista Junior acrescentou que o General Freire Gomes também se recusou a analisar o conteúdo da minuta, o que foi ratificado em seu próprio depoimento.[36]

A denúncia sustenta ainda que, enquanto buscavam a cooptação das Forças Armadas, a organização executava as ações previstas na operação "Copa 2022", que, como mencionado, ambicionava a morte do Ministro Alexandre de Moraes e a deposição do Presidente eleito, Luiz Inacio Lula da Silva. Em 06.12.2022, outras três cópias do plano "Punhal Verde Amarelo" foram impressas por Mário Fernandes no Palácio do Planalto, local em que Jair Bolsonaro também se encontrava.[37] Dois dias depois, segundo a Procuradoria-Geral da República, Mario Fernandes enviou um áudio a Mauro Cid em que explicitava a pauta da conversa

---

36 Fls. 196/197. A denúncia argumenta que "as previsões de intervenção na sede do Tribunal Superior Eleitoral e a criação da 'Comissão de Regularidade Eleitoral' coincidiam com o planejamento traçado no arquivo 'Desenho Op Luneta'". A narrativa acusatória indica que, por se manifestarem contra o golpe, Baptista Junior e Freire Gomes foram alvo de investidas da organização criminosa, afirmação lastreada em mensagens trocadas entre seus membros em datas posteriores à reunião do dia 14.12.2022. Cf. fls. 205 e ss.

37 Assim como Mauro Cid e Rafael Martins de Oliveira. A presença de Jair Bolsonaro no local, segundo a PGR, foi confirmada pelo grupo de WhatsApp denominado "Acompanhamento", composto pelos ajudantes de ordens do então Presidente, que informavam diariamente a sua localização. Em 6.12.2022, Diniz Coelho, Ajudante de Ordens, comunicou, às 17h56: "PR no Planalto" e, somente às 18h31, relatou "PR no Alvorada" (fl. 211).

tida com Jair Bolsonaro. O diálogo indicaria que o ex-Presidente tinha pleno conhecimento das ações em andamento e esperava a execução dos atos finais da operação ainda no mês de dezembro.[38]

A acusação pública sustenta que, após a reunião com Jair Bolsonaro – e a determinação de que as ações fossem concluídas até 31 de dezembro –, foram intensificados os monitoramentos do Ministro Alexandre de Moraes[39] e a adoção de medidas para a etapa final da operação "Copa 2022". A descrição das etapas relativas à execução do plano de assassiná-lo é clara e minuciosa. O cancelamento da operação, conforme a denúncia, coincide com o momento da confirmação de que o Comando do Exército não havia aderido ao golpe de Estado.[40]

Na hipótese acusatória, a trama conspiratória – com origem na criação da mensagem de fraude nas eleições – terminará em 08.01.2023, com a insuflação de manifestantes, então acampados em frente aos quarteis, com cujas lideranças o governo de Jair Bolsonaro mantinha vínculos estreitos. Para sustentar a justa causa dessa imputação, a PGR descreve uma série de mensagens em que Mario Fernandes, então Chefe Substituto da Secretaria-Geral da Presidência da República, orienta manifestantes acampados em Brasília.[41]

---

38 Mario Fernandes em áudio para Mauro Cid: "durante a conversa que eu tive com o presidente, ele citou que o dia 12, pela diplomação do vagabundo, não seria uma restrição, que isso pode, que qualquer ação nossa pode acontecer até 31 de dezembro e tudo. Mas (...) aí na hora eu disse, pô, presidente, mas o quanto antes, a gente já perdeu tantas oportunidades" (fl. 212).

39 A denúncia imputa a Jair Bolsonaro a ordem para monitorar o Ministro Alexandre de Moraes. A afirmação, salvo melhor juízo, tem fundamento na colaboração de Mauro Cid (fl. 223).

40 A PGR sublinha que a ação foi programada para o dia imediatamente posterior à reunião ocorrida no Ministério da Defesa, em 14.12.2022, quando foi apresentada a última versão do Decreto aos Comandantes do Exército, da Marinha e da Aeronáutica.

41 A acusação indica diversas comunicações entre Mário Fernandes e o caminhoneiro Lucas Rottilli Durlo que revelaram o suporte moral e material fornecido pelo governo às manifestações antidemocráticas. Em alguns casos, o manifestante chega a pedir que

Para a acusação, após não obter o apoio desejado de todos os comandantes militares, Jair Bolsonaro – diretamente e por meio de subordinados – reforçou o estímulo à expectativa da população de reversão do resultado eleitoral, a fim de provocar uma ação que justificasse a intervenção das Forças Armadas. A tese é que os discursos de Jair Bolsonaro insuflando a população contra os poderes constituídos, mesmo depois de encerradas as eleições, visavam incitar os movimentos populares à violência, criando as condições ideias à decretação do golpe (sob a forma jurídica do "estado de sítio").[42]

A Procuradoria-Geral da República sustenta que a destruição, a inutilização e a deterioração das sedes dos três Poderes da República, em 08.01.2023, constituem o último ato da organização criminosa que se dedicou, desde 2021, a incitar a intervenção militar no país, disseminar o ataque aos poderes constitucionais e difundir a falsa narrativa do emprego do sistema eletrônico de votação para prejudicar Jair Bolsonaro.[43] A imputação, no que se refere a tais eventos, é de que o ex-Presidente deixou o país para criar a falsa impressão de afastamento dos atos de violência, embora estivesse ciente de que os acampados em frente aos quartéis haviam recebido a mensagem de rebelar-se contra os

---

Mário Fernandes pergunte ao Presidente qual seria a orientação (fl. 242). A inicial indica diálogos de Fernandes também com o Tenente-Coronel José Luiz Sávio Costa Filho, outra liderança das manifestações (fl. 243). Em áudio enviado em 23.11.2022, José Luiz Sávio afirma que a "ordem é para recrudescer". Mauro Cid, conforme o MPF, atuou na interlocução entre o governo e os financiadores das manifestações antidemocráticas.

42 Nas palavras de Mauro Cid, reproduzidas na denúncia, o "então Presidente sempre dava esperanças que algo fosse acontecer para convencer as Forças Armadas a concretizarem o golpe. O colaborador inclusive afirma que esse foi um dos motivos pelos quais o então Presidente Jair Bolsonaro não desmobilizou as pessoas que ficavam na frente dos quarteis" (fl. 248).

43 Para conferir justa causa à afirmação, a denúncia reproduz mensagens extraídas do celular de Mauro Cid nas quais, em conversa com a sua esposa, teria afirmado que "se o EB sair dos quartéis... é para aderir" (fl. 249).

Poderes constituídos, buscando, pela desordem instaurada, mantê-lo ilicitamente no poder.[44]

Considerações finais

A persecução criminal constitui a mais violenta forma de exercício do poder do Estado. Este poder deve ser controlado, razão pela qual as acusações públicas devem passar por severo escrutínio para serem admitidas, pouco importa a gravidade dos fatos atribuídos pelo acusador. A denúncia promovida pela Procuradoria-Geral da República contra Jair Messias Bolsonaro e mais sete pessoas, subordinados próximos e diretos nomeados por ele para exercer cargos de confiança no Governo Federal, atende aos critérios normativos. Em que pese a sua extensão – de lamentável tradição no sistema judiciário brasileiro –, é possível identificar, com clareza e objetividade, os fatos imputados aos acusados, em especial, a Jair M. Bolsonaro. A regularidade da denúncia permite que ele se defenda de maneira adequada e efetiva. As condutas imputadas a Jair Bolsonaro estão descritas em detalhes, incluindo datas, locais e pessoas envolvidas. Diversos elementos concretos de prova, aparentemente obtidos de forma legal, foram apresentados para sustentar a legalidade das imputações.

---

44 Nas palavras da denúncia: "as condutas de Anderson Gustavo Torres, Fernando de Sousa Oliveira e Marília Ferreira de Alencar, no contexto da derradeira tentativa de golpe em favor de Jair Bolsonaro, revelaram descumprimento deliberado do dever que se lhes impunha, no âmbito das suas responsabilidades na segurança pública, de prevenir exatamente as barbaridades ocorridas" (fl. 253). O liame subjetivo entre essas pessoas e Jair Bolsonaro fica evidente na narrativa da denúncia pelo fato de que os três já haviam aderido aos planos da organização criminosa, pelo menos desde o pleito eleitoral de 2022, quando coordenaram a atuação indevida da estrutura da Polícia Rodoviária Federal. A denúncia ratifica, finalmente, que Anderson Torres participou da elaboração do Decreto do golpe, o que robustece a hipótese de que as autoridades se omitiram dolosamente, embora fossem garantidores da ordem pública no Distrito Federal.

Em suma: estão reunidas as condições para o regular exercício da persecução penal, dentre elas a presença de justa causa e inexistência de inépcia na formulação da denúncia. A acusação pública contra Jair Messias Bolsonaro deve ser admitida, processando-se o feito que, por dever de justiça, memória e verdade, exige-se que seja definitivamente julgado.

Nunca mais é agora:

memória, justiça e responsabilização dos golpistas

Fernando Hideo Iochida Lacerda

A denúncia apresentada pela Procuradoria-Geral da República é um marco histórico que inaugura o processo criminal mais importante para o futuro da democracia brasileira. Não há democracia sem memória, justiça e verdade: apenas quando os crimes contra o Estado Democrático de Direito são enfrentados com rigor jurídico e coragem institucional é que se torna possível proteger a história contra o esquecimento e a repetição. Nas palavras inaugurais da própria peça acusatória, cuida-se de responsabilizar criminalmente um ex-Presidente da República por ter liderado, ao lado de civis e militares, uma organização criminosa articulada com o objetivo de impedir que se concretizasse a vontade popular manifestada nas urnas em 2022, visando perpetuar-se no poder sem o assentimento regular do sufrágio universal.

O oferecimento da denúncia só foi possível graças ao trabalho minucioso e tecnicamente irrepreensível da Polícia Federal, que conduziu uma das mais complexas investigações da história brasileira. A partir da análise criteriosa de manuscritos, agendas pessoais, arquivos digitais, planilhas, trocas de mensagens, registros de geolocalização, gravações de reuniões, testemunhos e minutas de atos destinados a formalizar a quebra da ordem constitucional, foi possível reconstruir, passo a passo, a arquitetura do plano golpista. Não se tratou de ilações, narrativas frágeis ou ilusionismos retóricos: a investigação expôs, com rigor, as engrenagens de uma tentativa de ruptura institucional real, concreta, dolosa e meticulosamente posta em execução que só não se consumou por circunstâncias alheias à vontade dos golpistas.

A solidez da investigação contrasta com os métodos adotados na Operação Lava Jato, cujas práticas foram marcadas por espetacularização midiática, vazamentos seletivos, prisões preventivas abusivas e acordos de colaboração premiada construídos sob evidente coação. Na presente apuração, a Polícia Federal inverteu essa lógica: em vez de delações orientarem a produção de provas, foram as provas materiais que sustentaram o contexto e, eventualmente, confirmaram colaborações. A investigação não foi guiada por uma narrativa previamente construída, mas por elementos concretos de informação – obtidos legalmente e organizados com precisão técnica – que permitiram compreender a atuação de uma organização criminosa no interior do Estado, respeitando o devido processo legal e o direito à ampla defesa dos investigados. Comparar os dois casos é não apenas metodologicamente equivocado, mas intelectualmente desonesto: enquanto a Lava Jato operava sob o impulso de uma cruzada moral travestida de justiça, o presente caso se ancora em fatos, documentos e provas que revelam a tentativa real de subversão da ordem democrática.

No plano jurídico, a peça apresentada pela Procuradoria-Geral da República configura uma denúncia penal formal, nos termos do artigo 41 do Código de Processo Penal. Trata-se do ato inaugural da persecução criminal em juízo, por meio do qual o Ministério Público, com base em elementos probatórios suficientes de autoria e materialidade, imputa a alguém a prática de infrações penais, dando início ao processo penal propriamente dito. Nesse caso específico, contudo, a denúncia assume um papel que transcende sua função técnico-processual: por meio dela, o Estado brasileiro afirma, de modo solene e formal, que não tolerará tentativas de ruptura institucional – e que responderá aos ataques contra a democracia dentro das regras da própria democracia.

Fato é que nenhum regime autoritário se impõe de súbito: ele se insinua, rasteja pelos corredores do poder, solapa as instituições, contamina consciências e, quando finalmente se revela, já não há resistência suficiente para contê-lo. Nesse cenário, a denúncia promove a correta e detalhada reconstrução histórica dos fatos, revelando que os ataques de 8 de janeiro ao Supremo Tribunal Federal se ergueram como triste corolário de um projeto contínuo de deslegitimação das instituições democráticas. Na tensão crescente, onde os ecos da insubordinação e do autoritarismo ainda reverberam, o processo criminal inaugurado pela denúncia emerge como marco crucial para o futuro da democracia.

Narra a denúncia que a tentativa de golpe não se inicia com tanques nas ruas ou discursos abertamente sediciosos. O plano golpista começa, de forma sorrateira, em uma transmissão ao vivo, no dia 29.07.2021, diretamente do Palácio do Planalto, quando Jair Bolsonaro, então Presidente da República, inaugura uma ofensiva institucional contra o sistema eleitoral brasileiro. Com base em argumentos técnicos já desmentidos por especialistas e por relatórios oficiais, Bolsonaro promoveu uma sequência de ataques infundados às urnas eletrônicas, colocando em dúvida, de forma deliberada, a integridade do processo eleitoral. A construção do golpe não nasce de um rompante, mas da corrosão gradual da confiança pública no voto como expressão legítima da soberania popular. A denúncia demonstra que essa *live* não foi um ato isolado, mas o ponto inaugural de uma narrativa cuidadosamente elaborada para deslegitimar, com aparência de legalidade e sob o manto da liberdade de expressão, o único meio constitucional de acesso ao poder no Estado Democrático de Direito.

A *live* de julho de 2021 inaugurou o que a denúncia denominou de "construção das mensagens", etapa inicial do plano golpista em que se buscou, de forma coordenada, corroer a credibilidade do processo eleitoral e fomentar um estado de desconfiança permanente nas instituições democráticas. Essa estratégia retórica foi sistematicamente adotada com o apoio de membros do alto escalão do governo, em especial do então Ministro do Gabinete de Segurança Institucional, General Augusto Heleno, a quem cabia o papel de catalisar, entre os militares, a narrativa de que o sistema de votação era vulnerável e que uma "reação" institucional seria legítima diante da suposta ameaça. A apreensão, em sua residência, de uma agenda com timbre da Caixa Econômica Federal, contendo anotações manuscritas que mencionavam abertamente "estado de sítio", "convencer comandantes" e "desacreditar sistema", revela que a estratégia não era retórica improvisada, mas parte de um plano meticulosamente elaborado dentro da própria estrutura do Estado. Não se tratava apenas de propaganda ideológica, mas de ações operacionais coordenadas por figuras centrais do governo federal, com o objetivo de produzir as condições subjetivas e objetivas para a ruptura da ordem constitucional.

O processo de corrosão institucional prosseguiu com ritmo calculado. No dia 03.08.2021, Jair Bolsonaro, em entrevista, voltou a atacar o processo eleitoral, antecipando que poderia não aceitar o resultado das urnas. No dia seguinte, em nova *live*, reforçou as acusações infundadas contra o Tribunal Superior Eleitoral, já rebatidas por especialistas e por auditorias técnicas, e anunciou, com efeito performático, que "sem voto impresso, não haverá eleição", sinalizando à sua base que a ruptura institucional estava em curso. Um marco simbólico da escalada autoritária se deu no dia 07.09.2021, quando o Presidente da República, em praça pública, diante de milhares de apoiadores, afirmou que não mais cumpriria decisões judiciais proferidas pelo Supremo Tribunal Federal. Foi a primeira vez, desde a redemocratização, que um chefe de Estado brasileiro assumiu publicamente a intenção de descumprir ordens do Poder Judiciário. Não se tratava mais de semear dúvidas: era a abertura explícita do caminho à insubordinação, um teste de limites às instituições da República, como prelúdio do que viria adiante.

A essa altura, o plano golpista já contava com uma estrutura clandestina de inteligência montada no coração do Estado brasileiro. A chamada "ABIN paralela", operada por auxiliares diretos do então Presidente, funcionava como central de contrainteligência do grupo criminoso, voltada à obtenção e manipulação de dados sensíveis, com desvio de finalidade e clara intenção de instrumentalizar informações estratégicas em benefício da empreitada golpista. Essa estrutura foi potencializada por meio de sucessivas reuniões ministeriais, como a de 05.07.2022, em que Bolsonaro convocou seus ministros a difundir, de forma coordenada, a desinformação sobre supostas vulnerabilidades das urnas eletrônicas. O ápice da ofensiva retórica foi a reunião com embaixadores estrangeiros, realizada no Palácio da Alvorada em 18.07.2022, quando, em ato inédito na história diplomática brasileira, o Presidente da República expôs falsas denúncias contra o sistema eleitoral nacional diante do corpo diplomático, com o nítido objetivo de criar uma aparência de legitimidade internacional para a ruptura que se desenhava. O golpismo deixava, assim, o campo interno e buscava respaldo externo, ao mesmo tempo que, nos bastidores, os conspiradores preparavam a captura de órgãos estratégicos do Estado para impedir a vitória eleitoral de seu principal adversário.

A tentativa de manipular o resultado das eleições de 2022 não se limitou ao discurso. A Polícia Rodoviária Federal foi mobilizada, sob o comando do então Diretor-Geral Silvinei Vasques, para impedir o livre exercício do direito de voto justamente nas regiões onde Luiz Inácio Lula da Silva havia obtido maior votação no primeiro turno. A denúncia revela que, nos dias que antecederam o segundo turno, agentes da PRF foram instruídos a realizar operações ostensivas de fiscalização e bloqueio de tráfego em municípios do Norte e do Nordeste, com o claro objetivo de atrasar ou dificultar a chegada de eleitores às suas seções eleitorais. A prática, absolutamente incompatível com o dever de neutralidade das instituições públicas, foi articulada a partir do próprio Ministério da Justiça e contou com a participação direta da Delegada Marília Ferreira Alencar, então Subsecretária de Inteligência da Secretaria de Segurança Pública do Distrito Federal. Cabia a ela o papel de repassar dados sensíveis e informações estratégicas extraídas do TSE para que as operações fossem direcionadas com precisão cirúrgica às zonas eleitorais mais favoráveis à oposição. As ações não apenas configuram desvio de finalidade e abuso de poder, mas integram a lógica de um plano mais amplo: o uso das estruturas estatais para frustrar a alternância no poder e manter Jair Bolsonaro na Presidência da República a qualquer custo, em flagrante violação à vontade popular.

No interior da organização criminosa, um grupo formado por militares com histórico em operações especiais – os chamados "kids pretos" – assumiu papel estratégico no esforço de ruptura institucional. Detentores de treinamento avançado em inteligência, infiltração e combate não convencional, esses agentes foram mobilizados para pressionar o Alto Comando do Exército a aderir ao golpe em preparação. Segundo a denúncia, não se limitaram ao apoio retórico ou ideológico: reuniram-se, elaboraram documentos de convocação à sublevação e atuaram para convencer comandantes militares a alinharem-se ao plano golpista. O grau de sofisticação tática e o nível de articulação entre quadros altamente especializados das Forças Armadas revelam que o projeto autoritário em curso contava com braços operacionais treinados, dispostos a executar missões de convencimento, sabotagem e eventual confronto interno para viabilizar a abolição violenta do Estado Democrático de Direito.

A sofisticação do plano golpista aparece com ainda mais nitidez no material apreendido com os próprios investigados. A denúncia revela a existência de um discurso redigido por escrito que seria recitado por Jair Bolsonaro no momento da efetivação da ruptura institucional. Esse documento previa a decretação de estado de sítio e a deflagração de uma operação de Garantia da Lei e da Ordem (GLO), em flagrante violação da ordem constitucional. Nele, o ex-Presidente afirmava que "a legalidade nem sempre é suficiente" para preservar a democracia – revelando a lógica perversa de instrumentalização retórica do Direito para justificar um golpe de Estado. A peça acusatória destaca que esse discurso foi encontrado tanto na sede do Partido Liberal quanto no celular de Mauro Cid, configurando não apenas uma intenção abstrata, mas a existência de um roteiro previamente delineado para anunciar a deposição violenta do governo democraticamente eleito. A tentativa de ruptura institucional não era apenas planejada: ela tinha enredo, *timing* e palavras previamente escolhidas para travestir de legitimidade o mais grave crime político previsto na ordem jurídica brasileira.

A denúncia também expõe a existência de um grupo de militares e civis golpistas organizados em um canal de mensagens intitulado "Copa 2022", no qual os participantes adotavam codinomes de países para ocultar suas identidades. O grupo funcionava como célula conspiratória e centro de articulação estratégica, voltado à construção e execução do plano de ruptura institucional. Ali eram discutidas hipóteses de decretação de estado de sítio, prisão de autoridades, cancelamento das eleições e adesão das Forças Armadas à ruptura democrática. O conteúdo dos diálogos revela que os conspiradores agiam com senso de missão e espírito de corpo, estruturando um plano de ação com divisão de tarefas, metas e prazos. A sofisticação e o nível de organização do grupo revelam que o golpe não era fruto de improviso, mas produto de planejamento meticuloso, com base ideológica definida, linguagem cifrada e tentativa deliberada de insular a conspiração em estruturas fora do radar institucional.

O momento de transição e não retorno entre os atos preparatórios e a tentativa de golpe – seu momento de execução direta – ocorreu quando Jair Bolsonaro, de posse de uma minuta de decreto que previa a prisão de ministros do Supremo Tribunal Federal e do Tribunal

Superior Eleitoral, apresentou pessoalmente o plano aos três comandantes das Forças Armadas. O texto determinava, entre outras medidas, a prisão dos Ministros Alexandre de Moraes, Luís Roberto Barroso e Gilmar Mendes, a realização de novas eleições sob supervisão das Forças Armadas, a decretação do estado de sítio e a instalação de uma "Comissão de Regularidade Eleitoral" com poderes para revisar e anular os resultados das urnas. Esse ato marca a transição entre o discurso golpista e a prática delituosa: não mais a preparação ou a propaganda, mas a execução iniciada. O comandante da Marinha, Almir Garnier, manifestou expressamente sua adesão ao plano, prometendo colocar as tropas à disposição de Bolsonaro para garantir a ruptura institucional. Por essa razão, figura entre os denunciados.

Já o então comandante do Exército, general Marco Antônio Freire Gomes, e o então comandante da Aeronáutica, Tenente-Brigadeiro do Ar Carlos Baptista Junior, recusaram a adesão ao projeto – e foi unicamente essa resistência que impediu a consumação do golpe. Ambos, portanto, assumem o papel de testemunhas centrais da tentativa de insurreição. Não apenas tomaram conhecimento direto da proposta golpista pela pessoa do próprio Presidente da República, mas foi a recusa de ambos o fator determinante para que a tentativa de golpe não se consumasse. Seus depoimentos confirmam que houve, de forma inequívoca, o início da execução de um plano voltado à abolição violenta do Estado Democrático de Direito.

O caráter criminoso da conduta de Jair Bolsonaro e seus comparsas é incontornável: quando o chefe do Poder Executivo, autoridade suprema das Forças Armadas nos termos do artigo 142 da Constituição, convoca os comandantes militares para lhes apresentar uma minuta de estado de sítio fraudulento, com o objetivo de invalidar o resultado das eleições e prender os Presidentes de outros Poderes, não se está diante de especulação retórica, mas da materialização concreta de uma tentativa de ruptura da ordem constitucional.

A tentativa de golpe não cessou após a recusa dos comandantes do Exército e da Aeronáutica em aderir ao plano apresentado por Bolsonaro. Com o fracasso da ruptura pelas vias institucionais, a conspiração migrou para os acampamentos golpistas organizados em frente aos quartéis-generais do Exército, especialmente em Brasília. Tais espaços não surgiram de forma espontânea ou orgânica: foram articulados, mantidos e financiados por integrantes da organização criminosa, com o objetivo de pressionar as Forças Armadas a romperem com o regime constitucional. A denúncia demonstra que houve logística, repasses de recursos, fornecimento de alimentos, transporte e discursos mobilizadores constantes, num ambiente de radicalização controlada, alimentado por autoridades públicas, militares da reserva e setores da extrema-direita que se recusavam a aceitar o resultado das urnas.

O ápice dessa articulação se deu no dia 08.01.2023, quando milhares de manifestantes, previamente organizados e incitados, marcharam até a Praça dos Três Poderes e promoveram a invasão e depredação das sedes do Supremo Tribunal Federal, do Congresso Nacional e do Palácio do Planalto. A omissão dos responsáveis pela segurança pública do Distrito Federal não foi fruto de ineficiência, mas de conivência dolosa. Muitos dos denunciados ocupavam, à época, posições estratégicas na Secretaria de Segurança e não apenas deixaram de reprimir os atos criminosos como facilitaram o deslocamento e a permanência dos golpistas na área. Não se tratou de surpresa, mas de prévia ciência e tolerância deliberada, em mais uma tentativa de criar o ambiente de instabilidade necessário à decretação de medidas de exceção.

A denúncia revela que os principais articuladores da segurança institucional participavam de grupos de WhatsApp nos quais se compartilhavam, em tempo real, as movimentações e intenções dos manifestantes. Entre eles, destacam-se Anderson Torres, então Secretário de Segurança Pública do Distrito Federal, Marília Ferreira Alencar, Subsecretária de Inteligência, e outros agentes com acesso direto às informações da Agência Brasileira de Inteligência e dos órgãos de segurança federais. Nada do que ocorreu no 8 de janeiro foi imprevisto ou desconhecido: havia monitoramento detalhado, relatórios de inteligência e alertas reiterados. Mesmo assim, deliberadamente, optou-se por não agir. A expectativa era clara: que a violência simbólica e material praticada contra os Poderes da República criasse um clima de caos suficiente para justificar a intervenção das Forças Armadas, como último ato de uma tentativa golpista que, novamente, não se consumou por razões alheias à vontade de seus idealizadores.

Esses dois episódios – a apresentação da minuta de golpe aos comandantes das Forças Armadas e o incentivo seguido da omissão deliberada que permitiu os ataques do dia 8 de janeiro – constituem os clímax da denúncia oferecida pela Procuradoria-Geral da República. Ambos são marcos incontestáveis da tentativa de golpe de Estado, porque materializam a passagem do plano à sua execução concreta. Não se trata de conjectura, desejo ou retórica: houve ato de execução iniciado, com estrutura organizada, objetivos definidos e mobilização de recursos humanos e institucionais. A consumação não ocorreu unicamente por circunstâncias alheias à vontade dos golpistas – seja pela recusa dos comandantes do Exército e da Aeronáutica, seja pela resistência institucional que sobreviveu ao ataque. Bolsonaro e seus aliados fizeram tudo o que estava ao seu alcance para romper a ordem constitucional. A tentativa está caracterizada em seus termos mais clássicos: dolo inequívoco, início da execução e fracasso apenas por fatores externos à vontade dos agentes.

O trecho mais sombrio da denúncia – e aquele que revela, com crueza, até onde estavam dispostos a ir – trata do plano batizado como "Punhal Verde e Amarelo". Embora os crimes de homicídio não tenham ingressado na fase de execução, o que se identificou foi um planejamento avançado e detalhado para a eliminação física do Presidente eleito Luiz Inácio Lula da Silva, de seu vice Geraldo Alckmin e do Ministro Alexandre de Moraes. O grupo criminoso chegou a montar uma operação de vigilância sobre as autoridades, utilizando celulares descartáveis, estratégias de geolocalização e informações internas para monitorar suas rotinas e deslocamentos. Cogitou-se o uso de explosivos, veneno e armas de fogo. A frieza do plano demonstra que, diante do fracasso da adesão militar formal, optou-se por explorar a via mais extrema: a supressão violenta da liderança institucional que impedia o êxito da ruptura.

O grau de planejamento e o nível de articulação envolvido deixam claro que os conspiradores estavam dispostos a tudo para impedir a posse do Presidente eleito e consumar o intento golpista por qualquer meio necessário. Não se tratava mais de um plano político, mas de uma organização criminosa armada, com células distintas atuando em frentes convergentes: desinformação, sabotagem institucional, articulação militar e eliminação física de adversários. Ainda que o plano de homicídio não tenha ultrapassado a linha da preparação, seu conteúdo e sofisticação evidenciam o grau de periculosidade do grupo, cuja adesão ao golpismo não conhecia limites éticos, jurídicos ou morais. O "Punhal Verde e Amarelo" é o retrato fiel da fase final de um projeto de poder que já havia rompido completamente com a legalidade democrática.

A reunião desses elementos – a apresentação da minuta aos comandantes militares, a instrumentalização da PRF para interferir nas eleições, o financiamento dos acampamentos, a omissão deliberada no 8 de janeiro e o planejamento de assassinatos políticos – não deixa margem para dúvidas quanto à configuração dos crimes previstos nos artigos 359-L e 359-M do Código Penal. Houve tentativa de abolição violenta do Estado Democrático de Direito e tentativa de golpe de Estado, consumadas em sua fase executória, frustradas apenas por circunstâncias alheias à vontade dos autores. A abolição violenta do Estado Democrático não exige êxito, mas sim o emprego de violência ou grave ameaça com o fim de impedir ou restringir o exercício dos Poderes constitucionais. O golpe de Estado, por sua vez, não se define pelo sucesso da ruptura, mas pelo início de atos voltados à deposição do governo legitimamente eleito. Ambos os tipos penais foram preenchidos com precisão: houve plano, dolo, estrutura organizada e execução em curso. A resposta penal, portanto, não é apenas possível – é juridicamente necessária para a preservação da ordem constitucional.

Além dos delitos de tentativa de abolição violenta do Estado Democrático de Direito (art. 359-L do Código Penal) e tentativa de golpe de Estado (art. 359-M do Código Penal), a peça acusatória imputa a Jair Bolsonaro a prática de outras condutas típicas, com base em elementos de prova concretos. No plano estrutural, o ex-Presidente é apontado como líder de organização criminosa armada, nos termos do *caput* e dos §§2º, 3º e 4º, inciso II, do artigo 2º da Lei n. 12.850/2013, em razão de sua posição de comando e da utilização de armamento, recursos humanos e logísticos para fins de ruptura institucional. Imputa-se-lhe, ainda, a prática do crime de dano qualificado (art. 163, parágrafo único, incisos I, III e IV, do Código Penal), tendo em vista a destruição do patrimônio da União mediante violência e grave ameaça, com considerável prejuízo à vítima, durante os atos do dia 8 de janeiro. Soma-se, por fim, a acusação de deterioração de patrimônio tombado (art. 62, inciso I, da Lei n. 9.605/1998), em virtude dos ataques deliberados a bens protegidos pelo Instituto do Patrimônio Histórico e Artístico Nacional. Todas essas infrações são apuradas sob a lógica do concurso de pessoas (art. 29, *caput*, do CP) e do concurso material de crimes (art. 69, *caput*, do CP), compondo um mosaico delitivo que revela a abrangência e a gravidade da conduta imputada. Não se trata, portanto, de um episódio isolado ou de natureza meramente simbólica: a denúncia descreve um conjunto concatenado de crimes dolosos, praticados de forma organizada, com divisão de tarefas e finalidade política ilícita, em frontal ofensa à ordem constitucional vigente.

A denúncia oferecida pela Procuradoria-Geral da República inaugura não apenas mais um processo penal, mas o julgamento histórico sobre os limites e a capacidade de autodefesa da democracia brasileira. Os fatos narrados na peça acusatória não deixam dúvidas: houve um projeto golpista em marcha, articulado a partir do próprio Palácio do Planalto, com o apoio de setores civis e militares, que buscou subverter o resultado das urnas e perpetuar no poder um governo derrotado eleitoralmente. Diante da robustez dos elementos informativos reunidos, o processo que ora se inicia não é apenas um rito jurídico, mas uma afirmação institucional de que a Constituição permanece em vigor – e de que os que ousam afrontá-la devem responder com o rigor da lei.

Vale esclarecer que este artigo está sendo escrito no mesmo dia em que a Primeira Turma do Supremo Tribunal Federal, por unanimidade, recebeu integralmente a denúncia oferecida pela Procuradoria-Geral da República. A decisão da Corte reafirmou a existência de justa causa para a instauração do processo penal contra Jair Bolsonaro e seus aliados, reconhecendo que os elementos probatórios reunidos são suficientes para submeter os acusados a julgamento. Nas defesas apresentadas, nenhum dos réus negou a existência do plano golpista – limitaram-se a tentar dissociar sua participação pessoal na empreitada. Ninguém negou a trama golpista de ruptura institucional, mas apenas buscou escapar da imputação individual, numa estratégia que evidencia o isolamento retórico diante da força do conjunto probatório.

É sempre mais fácil fazer uma autópsia do que uma biópsia: interpretar eventos passados com a distância do tempo é uma tarefa menos arriscada do que analisar, com precisão, um processo em pleno curso. Ainda assim, é possível antever, com razoável grau de segurança, o desfecho do caso. Considerando os prazos processuais, o número de réus, a divisão do processo em núcleos e o ritmo habitual de tramitação no Supremo Tribunal Federal, é plausível projetar que o julgamento será concluído entre o final de 2025 e o início de 2026. E, diante da consistência do acervo probatório já reunido, é previsível que os principais membros do núcleo de liderança da organização criminosa – inclusive o ex-Presidente da República – sejam condenados. A gravidade concreta das condutas, o alto grau de organização e o risco institucional provocado pela tentativa de ruptura constitucional impelem, dentro dos marcos legais, a fixação de penas próximas ao máximo legal cominado. É provável, portanto, que as sanções ultrapassem a marca dos 20 anos de reclusão, representando uma resposta penal proporcional à magnitude do crime cometido contra a democracia.

Não por outra razão, muito se tem especulado, nos círculos políticos e midiáticos, que, diante da robustez jurídica da acusação e da gravidade dos fatos imputados, restaria aos réus e seus aliados apenas uma saída: intensificar a campanha por uma anistia ampla que neutralizasse os efeitos penais do processo em curso. Tal movimento, entretanto, é incompatível com os fundamentos éticos e históricos da justiça de transição e afronta frontalmente o dever de memória que uma sociedade democrática deve cultivar. A anistia, quando concebida como instrumento de esquecimento e impunidade, não pacifica – apenas adia o conflito e fragiliza a crença coletiva na eficácia do Estado de Direito. Perdoar sem responsabilizar é romper, mais uma vez, o pacto constitucional. A história recente da América Latina demonstra, com clareza dolorosa, que democracias que abdicam da memória tendem a repetir seus traumas. A justiça, nesse caso, é não apenas um imperativo jurídico, mas uma exigência moral de quem não está disposto a reviver os fantasmas da exceção.

Pela primeira vez em sua história, o Brasil tem a chance de romper com a tradição de impunidade que blindou os autores de rupturas institucionais: diferentemente da redemocratização, que selou um pacto de silêncio e anistia aos militares golpistas, agora o Estado Democrático de Direito se vê diante do imperativo de responsabilizar criminalmente aqueles que atentaram contra sua própria existência. A democracia não se preserva apenas com normas constitucionais abstratas – ela exige memória, verdade e responsabilização. Não basta reconhecer a tentativa de golpe como episódio lamentável do passado: é preciso estabelecer, com firmeza, que aqueles que conspiraram contra a ordem constitucional devem ser submetidos ao devido processo legal e, uma vez individualizada a conduta e comprovada a culpa, punidos rigorosamente. A impunidade dos que atacam a democracia equivale à autorização tácita para que atentem de novo, em outro tempo, por outros rostos, com outros meios, mas com o mesmo propósito tirânico. A justiça, nesse caso, não deve ser enxergada como vingança, mas como compromisso com o futuro. O julgamento de Jair Bolsonaro e seus aliados é a afirmação de que o Brasil não tolera rupturas institucionais, que a soberania popular é inviolável e que o Estado de Direito não se curva à vontade dos que se julgam acima da Constituição. É, enfim, reiterar que não há poder legítimo sem respeito às regras do jogo democrático – e que o crime contra a democracia é, por sua própria natureza, um crime contra todos nós.

A democracia brasileira sob os holofotes do mundo

Jamil Chade

Nos círculos acadêmicos, clubes de livros e encontros entre artistas e escritores, um novo fenômeno ganhou força nos EUA nos últimos anos: a leitura coletiva da obra de Sinclair Lewis, *It Can't Happen Here* (*Não vai acontecer aqui* na edição em português), um roteiro dos anos 1930 sobre o risco de o fascismo desembarcar nos EUA.

O livro conta a história de como um "homem comum", o Senador Buzz Windrip, vence a eleição presidencial de 1936 e transforma os EUA em uma ditadura fascista. Antes da eleição, a maioria dos americanos assume complacentemente que o fascismo não tinha como ser instaurado no país.

Num de seus trechos, um dos personagens descarta o risco do autoritarismo nos EUA, como se a alma de um país fosse seu escudo contra a tirania. "Isso não poderia acontecer aqui na América, de jeito nenhum! Somos um país de homens livres", afirmou.

Mas, com a eleição vencida, já é tarde demais para impedir que a tirania seja uma realidade. A obra, assim, relata como Doremus Jessup, um pequeno editor de jornal de Vermont, se deparou com uma situação inesperada. Em questão de meses, todos os que falam, escrevem ou protestam contra o governo começam a desaparecer, deixando Jessup para decidir como ele e seu jornal, o *Daily Informer*, seriam parte da luta pela sobrevivência da democracia.

Cem anos depois de ter sido escrita, a obra se transformou num sinal do temor de que o colapso da democracia não é mais algo a ser completamente descartado. Nem nos EUA, nem nas principais capitais do Ocidente.

Impensável, o colapso da democracia é uma ameaça real diante do avanço de movimentos que, deliberadamente, trabalham de forma sofisticada, permanente e sem limites por seu desmonte.

Ao longo do ano de 2024, ficou evidenciado como o sistema político americano esteve profundamente ameaçado. Como uma sátira distópica, comícios para as eleições flertaram com ideias supremacistas e declarações que, em outros momentos, entrariam na classificação do fascismo.

Nas periferias pobres do país ou nas reuniões de partidos, pessoas traduziam em ódio a frustração de seus corações partidos e promessas não cumpridas, esperanças e sonhos adiados.

Os EUA já enfrentaram divisões antes – e não apenas sobreviveram a elas, mas prosperaram. Mas, desta vez, é diferente. A mentira venceu e o processo eleitoral terminou com uma sociedade ainda mais rachada. Um tecido social ainda mais dilacerado diante do ódio estabelecido.

Divididos, os americanos ouviram de líderes republicanos apelos ao autoritarismo e à xenofobia, sempre regado à demagogia.

De outro lado, democratas tentaram convencer de que representavam a opção pela civilização, pela liberdade e pelos direitos fundamentais. Mas não conseguiram convencer uma sociedade que vive a pior situação social entre os países desenvolvidos. Hoje, são 40 milhões de americanos vivendo abaixo da linha da pobreza e outros tantos sem a possibilidade de sonhar em dar aos filhos uma vida melhor.

Nos EUA, a pobreza é uma decisão política. Não faltam recursos. Nas ruas de Nova York, no dia da eleição de Trump, me deparei com uma pessoa em situação de rua. Com o frio já dando seus primeiros sinais, sua opção foi por se deitar no local por onde sai o ar quente do metrô. Ele provavelmente não votou. A culpa pelo tremor que sentia não era do frio. Mas de um sistema que o abandonou.

Esse sistema vive uma encruzilhada, enquanto um país inteiro se pergunta por quanto tempo ainda dura a hegemonia de uma nação que exportou sonhos e tortura, ditou regras e destinos e hoje atravessa um de seus maiores testes.

A América de Trump não é a única que vive esse momento crítico. Na Alemanha, 80 anos depois da derrota do nazismo, um partido de extrema-direita e herdeiro de sangue da cúpula que acompanhou Adolf Hitler chegou em segundo lugar nas eleições de 2025, com um quinto dos votos. Na Espanha, os netos do franquismo desfilam orgulhosos.

Na França, Holanda, Áustria, Portugal e em tantos outros países, a extrema-direita afirma abertamente que tem ambições de poder.

E é neste momento crítico para a história política do mundo que o Brasil passa a ser um dos focos de atenção. Dessa vez, porém, não mais como um foco de instabilidade. Mas como um potencial exemplo sobre de que maneira uma sociedade pode dar respostas ao autoritarismo e ao hackeamento da democracia. Uma resposta por meio de suas instituições, com os instrumentos do Estado de Direito.

A peça de denúncia da Procuradoria-Geral da República contra o ex-Presidente Jair Bolsonaro e outras 33 pessoas por golpe de Estado e crime contra a democracia, portanto, não é apenas um documento de relevância nacional. Ele nasceu com seu lugar na história já assegurado. Traz, com detalhes, provas, documentos e conversas sobre como se organizou a tentativa de promover uma ruptura no país.

A eleição de 2022 não foi apenas mais uma escolha de quem ocuparia a presidência da maior economia da América Latina. Para democracias e movimentos de extrema-direita de todo o mundo, aquele era um momento chave. Se Bolsonaro vencesse, grupos radicais pelo mundo sairiam fortalecidos. Se ele fosse derrotado, o temor era de que não aceitasse o resultado e ensaiasse uma ruptura. A pergunta, naquele momento, era saber se o Brasil resistiria.

Os suspeitos de promoverem uma tentativa de golpe de Estado ainda sabiam que precisavam da chancela internacional. O general Augusto Heleno, por exemplo, tinha pressa. Muita pressa. Ele admitiu que o reconhecimento internacional dos resultados da eleição de 2022 seria decisivo para sacramentar o processo democrático no Brasil, sugerindo que isso impediria que houvesse qualquer golpe de Estado no país depois da divulgação dos resultados.

Durante a reunião gravada entre a cúpula do governo, na qual ministros, o então Presidente Jair Bolsonaro e aliados do governo falavam abertamente em 2022 sobre a possibilidade de um golpe, coube ao militar alertar que qualquer ação para impedir a vitória da oposição na eleição teria de vir antes do processo eleitoral.

Mas, durante sua defesa de uma ação concreta, ele faz um alerta a todos na sala sobre o papel do reconhecimento internacional.

"O que tiver de ser feito tem de ser feito antes das eleições. Se tiver de dar soco, virar a mesa, terá de ser feito antes das eleições. Depois, será muito difícil que tenhamos nova perspectiva", alertou.

Ele lembrou de um encontro entre o Ministro Edson Fachin e embaixadores, para dar garantias sobre o processo eleitoral brasileiro. "Essa conversa com Fachin foi exatamente com os embaixadores para que se eliminem as possibilidades do VAR", disse. "No dia seguinte, todo mundo reconhece [o resultado das eleições], e fim de papo", alertou o general.

Em maio de 2022, o então Presidente do Tribunal Superior Eleitoral (TSE), Edson Fachin, apelou aos diplomatas estrangeiros para que a "comunidade internacional esteja alerta contra acusações levianas" nas eleições. "Convido o corpo diplomático sediado em Brasília a buscar informações sérias e verdadeiras sobre a tecnologia eleitoral brasileira, não somente aqui no TSE, mas junto a especialistas nacionais e internacionais, de modo a contribuir para que a comunidade internacional esteja em alerta contra acusações levianas", disse.

Em outro momento da reunião da cúpula do governo, foi o próprio Bolsonaro quem deixou claro que o foco internacional era uma de suas prioridades. "Vou começar a ser (contundente) com os embaixadores, porque se aparecer o Lula com 51% no dia 2 de outubro, acabou. Até reagir, vai ser um caos, vai pegar fogo, o Brasil", disse.

Dias depois, Bolsonaro convocou os embaixadores estrangeiros em Brasília para uma reunião na qual denunciou o sistema eleitoral brasileiro. Ali, em 18.07.2022, o ex-Presidente atuou para tentar convencer a comunidade internacional a adotar uma postura de "tolerância" diante do que seria um golpe de Estado no Brasil.

Segundo a denúncia da PGR, o encontro seria "conduzido para verbalizar as conhecidas e desmentidas acusações sobre fraudes, por meio de truques informáticos, em vias de serem cometidas".

"O que parecia, à época, um lance eleitoreiro, em si mesmo ilícito e causador de sanções eleitorais, mostrou-se, a partir da trama desvendada no inquérito policial, um passo a mais de execução do plano de solapar o resultado previsto e temido do sufrágio a acontecer logo adiante", afirmou a Procuradoria.

"O descrédito do sistema de eleição e as palavras acrimoniosas de suspeitas sobre Ministros do STF e do TSE, temário do discurso do Presidente da República aos representantes diplomáticos em Brasília, representavam um passo a mais na execução do plano de permanência no poder, independentemente do resultado das urnas", constatou.

"Ganham significado contundente estas frases pronunciadas pelo Presidente da República no evento: 'estamos tentando antecipar um problema que interessa para todo mundo. O mundo todo quer estabilidade democrática no Brasil'".

Na avaliação da Procuradoria, "preparava-se a comunidade internacional para o desrespeito à vontade popular apurada nas eleições de outubro".

"O grupo sabia da importância da tolerância dos países para com o golpe. Evidência disso está no documento apreendido em que se recomendava, para a ação de ruptura, 'a exploração da base legal nos cenários interno e externo e a exploração global dos indícios de fraude'".

"À época, interpretou-se o evento como instrumento indevido de manobra eleitoreira. Apesar do inegável impacto eleitoral do evento, as investigações da Polícia Federal revelaram a faceta de interesse também penal do evento", disse.

Segundo a PGR, o discurso promovido na ocasião, examinado em conjunto com as demais ações narradas na acusação, encaixa-se na estratégia maior de enfraquecimento do Estado Democrático de Direito, "no âmbito nacional e internacional".

Para a PGR, a reunião de Bolsonaro com os embaixadores aconteceu "exclusivamente para que fossem ouvidas palavras de desconfiança e descrédito com relação ao sistema eleitoral eletrônico gerido pelo Tribunal Superior Eleitoral, com sugestões desmerecedoras lançadas a integrantes da Corte".

"O propósito se mostra enfim o de incutir na sociedade o sentimento de insubordinação aos poderes constituídos", diz. "Objetivava-se que a comunidade internacional, por meio de representantes diplomáticos, e os cidadãos brasileiros, por meio da divulgação por televisão e pela internet do evento, fossem expostos a alegações inverídicas, agrupadas para afetar a confiança no sistema de votação vigente", disse.

"A circunstância de essas palavras haverem sido vertidas com solenidade, pelo chefe de Estado, perante a comunidade dos representantes diplomáticos estrangeiros, induzia o cidadão a conferir ainda maior verossimilhança às acusações infundadas, em prejuízo da clareza da verdade. O discurso, que reiterava outros tantos, reforçou a estratégia da organização criminosa de perturbar a tranquilidade social que deveria ambientar as eleições no sistema democrático", completou.

A resistência

Enquanto Bolsonaro e Augusto Heleno defendiam uma ação internacional, antes que o mundo reconhecesse a eleição, a realidade era que uma operação envolvendo ministros do STF, sociedade civil, partidos políticos e personalidades brasileiras no exterior se engajou em montar uma estratégia para alertar as principais potências sobre a necessidade de que houvesse um apoio ao processo eleitoral brasileiro.

E foi exatamente isso que ocorreu. Em julho de 2022, uma reunião entre os chefes da pasta de Defesa do Brasil e dos EUA sinalizou aos militares em Brasília que eles não teriam o respaldo de Washington, caso optassem por uma aventura golpista.

De um lado da mesa, estavam Laura Jane Richardson, General quatro estrelas do Exército dos EUA e comandante do Comando Sul, e Lloyd Austin, Secretário de Defesa norte-americano. De outro, o General Paulo Sérgio Nogueira de Oliveira, Ministro da Defesa do Brasil e ex-comandante do Exército Brasileiro.

Fontes que estiveram naquela sala relembram como o tom usado pelos americanos foi claro: as instituições democráticas brasileiras eram sólidas. Ou seja, não haveria qualquer tipo de apoio a uma ofensiva por parte dos militares brasileiros em relação ao questionamento contra a democracia no país.

O recado sutil foi entendido por todos que estavam naquele local. O governo ainda receberia uma série de visitas do mais alto escalão do governo americano, incluindo o chefe da CIA (agência de inteligência dos EUA) e a cúpula da Segurança Nacional.

Assim, a pressão discreta por parte dos EUA ajudou a mandar um recado aos militares brasileiros de que um processo golpista não encontraria respaldo pelo mundo. Pesou, ainda, uma carta de senadores americanos pedindo que o Presidente Joe Biden suspendesse qualquer acordo militar com o Brasil, caso uma ruptura institucional ocorresse. O recado era simples: um golpe poderia até ocorrer. Mas o dia seguinte do novo regime traria custos elevados para aqueles no poder.

Sem o apoio de membros da Otan (Organização do Tratado do Atlântico Norte), restaria ao eventual novo governo golpista apenas alianças com párias internacionais e regimes isolados dispostos a usar o Brasil para fortalecer posições contra os EUA.

Se a ação americana deu resultados, a iniciativa não ocorreu por acaso, nem se limitou aos EUA. Desde 2021, forças políticas nacionais, ministros do STF, grupos de ativistas, embaixadores e entidades de direitos humanos começaram a identificar que o cenário de um eventual golpe poderia ocorrer no Brasil, repetindo a invasão do Capitólio nos EUA ou criando dificuldades e instabilidade para o novo governo.

A ofensiva brasileira tinha como objetivo criar uma situação na qual o custo de um golpe fosse insuportável aos seus apoiadores, desde militares até operadores do sistema financeiro. Para isso, precisavam que o mundo impusesse esse custo.

Em sigilo, conversas começaram a ser realizadas para alertar países de que era necessária uma reação para ajudar a blindar a democracia brasileira. A estratégia contou com vários atores, de diversos Poderes.

Um deles foi o uso deliberado do TSE (Tribunal Superior Eleitoral) em uma ofensiva para convencer embaixadas estrangeiras em Brasília de que as urnas eram confiáveis e que o sistema era sólido.

Ainda em 2022, uma visita organizada pelo Judiciário aos delegados de vários países causou uma profunda irritação em Bolsonaro, já que desmentia a própria narrativa do então Presidente.

Em Washington e em capitais europeias, grupos de ativistas brasileiros foram recebidos por governos, deputados e autoridades justamente para tratar da ameaça que a eleição no final daquele ano representava.

Embaixadores aposentados e dissidências dentro do Itamaraty também agiram para fazer soar o alerta em diversas capitais pelo mundo. "O recado era de que existia uma chance real de que o governo Bolsonaro repetiria o comportamento de Trump e não aceitaria o resultado da eleição", relembra um embaixador brasileiro, na condição de anonimato.

Nos EUA, o embaixador Thomas Shannon também foi um importante interlocutor entre o gabinete de Joe Biden e aqueles que alertaram para o risco de um golpe.

O reforço da blindagem internacional viria ainda na ampliação de observadores internacionais, algo que Bolsonaro tentou bloquear. O TSE, porém, se apressou para fechar acordos e garantir a presença estrangeira durante a eleição.

O primeiro teste dessa articulação seria a eleição de 2022. Durante a apuração, no segundo turno, embaixadas estrangeiras enviaram mensagens de apoio ao processo eleitoral e de confiança em relação às urnas. Imediatamente após o anúncio dos resultados, governos se apressaram em felicitar Luiz Inácio Lula da Silva. Ali, o que estava em jogo não era o candidato do PT. Mas a capacidade de que, nas urnas, a extrema-direita fosse derrotada.

"Naquela noite, o mundo olhava para o Brasil como se a democracia estivesse em jogo em nossas próprias casas", afirmou um diplomata francês. A tese era a de que, se um país da dimensão do Brasil e com suas instituições fosse alvo de um ataque desestabilizador, outros poderiam ser incentivados a seguir o mesmo caminho. "Todos queríamos saber até que ponto a extrema-direita mundial seria capaz de causar um terremoto", confessou outro diplomata.

Não por acaso, assim que o resultado do TSE foi divulgado, dezenas de governos emitiram comunicados comemorando e chancelando a vitória de Lula. Em menos de 48 horas, mais de cem países tinham reconhecido a derrota de Bolsonaro.

O segundo teste seria a posse de Lula. Para serviços de inteligência de diversos governos, os sinais eram de que os mesmos modelos de atentados ocorridos e promovidos pela extrema-direita americana poderiam se repetir no Brasil. A constatação era de que esse movimento é globalizado e que, portanto, os golpistas no país teriam "inspiração" e orientação do exterior.

Uma vez mais, governos de todo o mundo enviaram seus representantes para Brasília. Não se tratava de uma chancela ao Presidente

Lula. Mas uma demonstração de força contra a extrema-direita e uma tentativa de blindar qualquer tipo de ação.

Augusto Heleno tinha razão. O reconhecimento internacional seria decisivo. O resultado da mobilização pelo mundo para a defesa da democracia brasileira foi uma posse com mais de 70 delegações estrangeiras, um recorde.

O terceiro ato da defesa da democracia seria a reação aos ataques de 08.01.2023 na Praça dos Três Poderes. Uma das ações do governo de Lula foi a de se apressar em dizer a parceiros internacionais que a democracia no Brasil não estava ameaçada e que as instituições dariam respostas. O Palácio do Planalto havia tomado a decisão de não pedir ajuda estrangeira e de usar a situação para demonstrar que tinha instrumentos e estabilidade suficiente para lidar com a crise.

Na OEA, o Brasil chegou a rejeitar a aprovação de uma resolução que conclamaria a região a defender a democracia no país. O objetivo era sempre o mesmo: o Brasil não queria dar sinais de vulnerabilidade.

Naqueles dias críticos de 2023, o Secretário-Geral da ONU, António Guterres, adotou a linha estabelecida por Lula. Ele condenou os atos na Praça dos Três Poderes. Mas deixou claro que seria o Brasil quem daria uma resposta e que as instituições nacionais eram suficientemente sólidas para resistir.

E é essa resistência que passou a ser traduzida numa investigação sólida, usando o Estado de Direito como único guia.

Pelo mundo, a resposta do país foi reconhecida como uma vitória da democracia. O Brasil havia tomado a decisão de não optar por uma anistia silenciosa em troca de uma suposta estabilidade política.

Assim, o Brasil passou a ser acompanhado por muitos no exterior, justamente como um campo de testes sobre como lidar com a extrema-direita e elementos claramente autoritários.

Dois anos depois, a capacidade de o país organizar uma eleição municipal sob intensa pressão, a mobilização social para a defesa da democracia e, agora, a atuação da Justiça para investigar e levar à prisão os suspeitos por uma tentativa de golpe de Estado e disseminação de desinformação começam a construir a imagem externa do Brasil como um eventual exemplo a ser seguido no dilema sobre como enfrentar a extrema-direita.

A resposta do país contra o golpismo, portanto, não se limita à denúncia da Procuradoria-Geral da República. O documento histórico é, na realidade, o resultado de uma ação coerente das forças da República por rejeitar a ideia de um novo período de trevas.

A denúncia é um ato de resistência. Não uma resistência ideológica. Mas uma resposta ao mundo pós-fato. Uma resistência construída com investigação, apuração e dados. Resistir usando as únicas armas toleradas: o Estado de Direito e a Constituição.

Em quase 300 páginas, ela desenha de forma pedagógica como morrem as democracias. Um documento que serve à insurreição das mentes capaz de neutralizar a manipulação das massas. Só essa insurreição combaterá a desinformação estrategicamente proliferada com fins políticos, o que se dá o nome de *fake news*.

A democracia morre no escuro e em plena luz do dia. Ela morre e pode ser assassinada. Num beco de uma rua, na rachadura de uma barragem, num barulho de uma serra numa floresta, na falta de um leito, num envelope com dinheiro ou no medo de andar de mãos dadas com quem optarmos por amar. E é nosso papel permitir sua sobrevivência. Todos os dias.

O Brasil, portanto, tem hoje a chance e os instrumentos de entrar para a história das democracias como tendo resistido aos abalos sísmicos de movimentos autoritários, em seu novo modelo tecno-digital do século XXI.

Parafraseando a cineasta Petra Costa, somos de uma geração que pensava que democracia está na certidão de nascimento. Não estava. Teremos de fazê-la nascer todos os dias.

O verdadeiro sentido histórico da denúncia da PGR

Jessé Souza

A denúncia da PGR, que acusa o ex-Presidente Bolsonaro de ter liderado a estratégia golpista de 08.01.2023, tem um sentido histórico muito mais amplo e importante que não se restringe a achar os culpados pelo 8 de janeiro. Ao contrário, esse julgamento se dirige contra toda a cultura de golpes de Estado criada no nosso país desde a perseguição da elite e de sua imprensa venal contra Getúlio Vargas.

Durante quase cem anos, testemunhamos, repetidas vezes, o mesmo cenário e os mesmos objetivos toda vez que líderes populares chegaram ao poder de Estado pelo voto popular. A elite do saque de curto prazo sempre teve um sério problema com o sufrágio universal e o voto dos pobres. Na República Velha, essa mesma elite, que nunca se transformou, não precisava temer nada que a afastasse da galinha de ovos de ouro que o controle do Estado e de seu orçamento possibilitava.

Cerca de apenas 2% da população tinha direito a voto e, ainda assim, se fosse conveniente, as eleições eram fraudadas "a bico de pena". Tudo para que 1% da população explorasse e humilhasse os 99% restantes. A elite de proprietários do campo e da cidade sempre precisou do Estado – de seus Poderes, de sua polícia, de suas empresas e de seu orçamento – para organizar o saque generalizado de sua população reduzida à pobreza.

O advento irresistível do sufrágio universal muda tudo de uma hora para outra. Agora é necessário que a elite "convença" o povo de que o saque contínuo que sofre é para seu próprio bem. Tarefa muito complicada e difícil, a qual, no entanto, foi resolvida com extraordinária e maligna inteligência. Sérgio Buarque, o intelectual brasileiro mais influente do século XX, recriou a história do Brasil, com ajuda de gente como Raymundo Faoro, e construiu a "identidade nacional" que nos marca até hoje. Ele recria a história ao inventar uma "herança maligna portuguesa" da corrupção só na política e no Estado como a base cultural mais importante de toda a vida brasileira.

Assim, constrói uma nova "identidade nacional" baseada na corrupção e na desonestidade inata do povo brasileiro. Todos os grandes temas da grande imprensa venal que monopolizavam o debate público irão, agora, bombardear a sociedade com uma concepção arbitrária e ridícula que joga o povo na mesma lata de lixo que o racismo explícito possibilitava antes de 1930. Do mesmo modo que na República Velha, os negros, que eram a maioria absoluta dos pobres, não podiam votar porque eram percebidos como inferiores e sub-humanos, agora, esse mesmo voto não vale porque o mesmo povo negro e pobre foi desmoralizado e criminalizado pela acusação falsa e vira-lata de desonestidade e corrupção.

A pecha do eleitor corrupto que vota em corruptos serve para revivificar o racismo racial sob a forma de um "racismo cultural". Se o voto do preto e do pobre não valia antes por conta de sua inferioridade racial presumida, agora, ele também não vale porque o povo foi criminalizado e desumanizado. Como a moralidade é a dimensão mais alta do espírito humano, quem supostamente não a possui é desumanizado e animalizado de modo inapelável.

E a pecha de corrupto vai ser, não por acaso, com a decadência paulatina do "racismo científico", a forma como também as culturas do Norte Global legitimam seu saque ao Sul Global. Todas as grandes teorias sociais metropolitanas – não nos esqueçamos de que são as universidades que formam todas as elites de todas as áreas sociais – dizem que a corrupção seria endêmica e abrangeria a todos no Sul, enquanto seria mero deslize individual na Europa e nos EUA. Se a América Latina, a África e a Ásia são corruptas, então, o saque metropolitano dos "povos honestos" já está legitimado de antemão. As elites nativas, como a nossa, aplicaram o mesmo princípio contra seu próprio povo, para legitimar seu saque e desmoralizar a participação política popular. A pecha de corrupto é o substituto direto do racismo racial anterior aqui e no planeta inteiro. Além da acusação absurda de "povo corrupto" – que foi admirada por literalmente todos os intelectuais importantes como "crítica social corajosa e ousada" –, Buarque inventou também a ideia de que a corrupção popular desagua no Estado supostamente "patrimonial" e, portanto, também corrupto. Assim, não apenas o voto popular, mas a própria política é criminalizada, e basta que a imprensa canalha, propriedade dessa mesma elite do saque, acuse de corrupção, normalmente com provas falsas, qualquer tentativa de inclusão popular para termos um golpe de Estado legitimado agora não mais racialmente, mas pela "moralidade pública".

Para os que não compreendem a importância das ideias dominantes e hegemônicas na vida social – que não é apenas o público leigo, mas a esmagadora maioria dos intelectuais –, é necessário perceber que nenhum jornalista tira da própria cabeça as ideias que utiliza. Ele as retira, como aliás todo mundo, do tesouro de ideias criadas pelos grandes intelectuais. São essas ideias, quando ligadas a interesses concretos e palpáveis de uma elite dominante, que irão estar na cabeça de todo mundo pela ação de toda a grande imprensa e de uma indústria cultural a serviço do dinheiro e não da pedagogia do público.

É isso que faz com que um país rico como o nosso tenha uma população de 80% de pobres. Qualquer inclusão social e apoio ao povo é maldito pelos endinheirados e pela classe média inculta e servil. Para isso, seu grande aliado foi uma imprensa de propriedade exclusiva dessa mesma elite. É impossível existir democracia verdadeira com imprensa venal comandada pelo dinheiro. Sem uma imprensa com função pedagógica, o que temos é a criação de uma realidade virtual criada para que a população jamais perceba as causas de sua miséria e pobreza.

A denúncia da PGR é fundamental e histórica porque esse esquema da "cultura de golpes de Estado" elitistas, apoiados pela imprensa comprada e pelos militares e que jamais foram sequer compreendidos enquanto tal pela população, agora pode ser exposto ao público. Não é apenas Bolsonaro, até porque ele representa apenas a ditadura militar na sua feição mais podre, cínica e cruel. O julgamento de militares de alta patente juntamente com Bolsonaro é também, nesse sentido, único e histórico e representa uma chance de aprendizado coletivo como jamais aconteceu no nosso país.

Mas esse ainda não é o aspecto mais importante da denúncia. Sabemos que esse, assim como todos os outros golpes de Estado, foi financiado pela elite de assassinos e ladrões de terra do campo e, hoje, também pelos especuladores do saque financeiro da população. O aspecto mais decisivo e importante que essa denúncia da PGR pode nos trazer é, portanto, tornar possível que a população compreenda quem é seu real inimigo.

Este não é o preto pobre, nem os gays, nem muito menos as mulheres e os nordestinos, como dizem a extrema-direita e a pregação evangélica, mas uma elite disposta a tudo para assaltar e roubar todo mundo impunemente. No caso de Bolsonaro, muito especialmente o agronegócio parece ter sido não só um apoiador em dinheiro, mas o incentivador maior do golpe.

Nunca na história brasileira, tivemos a oportunidade de pôr no banco dos réus não apenas militares ou políticos abertamente canalhas como Bolsonaro, mas também os que financiam, aplaudem e incentivam os golpes de Estado criados para que tudo continue como no passado escravocrata: uma elite de proprietários que fica com toda a riqueza produzida socialmente e um povo explorado e humilhado na sua vulnerabilidade sem direito à participação política.

Tomara que esse contexto maior seja compreendido pelos que estão com a "mão na massa" nesse processo. Nunca houve melhor ocasião para fazer aquilo que jamais fizemos: fazer com que o povo entenda quem é, na realidade, seu verdadeiro e maior inimigo. Foi apenas porque jamais fizemos qualquer autocrítica enquanto sociedade que os Bolsonaros da vida, uma escória ressentida e podre, puderam chegar ao poder e ao cargo máximo da nação. E não são apenas os militares o alvo aqui. Os militares são, na verdade, meros "paus-mandados" dessa mesma elite. É necessário que a denúncia da PGR denuncie também o inimigo maior, o algoz real por trás de tudo que acontece: a elite do saque inimiga da população.

Se isso acontecer, mesmo que apenas parcialmente, já teremos tido o maior processo de aprendizado coletivo que este país já viveu. Essa denúncia é potencialmente revolucionária e cabe a nós levá-la a cabo em todos os seus elos causais. Revolução real jamais foi conseguida com a violência. Toda revolução efetiva só acontece pelo processo de aprendizado coletivo e social. Apenas as novas ideias que podem surgir desse embate são verdadeiramente revolucionárias. Ideias que reconstruam a nossa identidade nacional, ou seja, a forma pela qual o público leigo se compreende e compreende a sociedade em que vive. Depois de 500 anos de dominação covarde e espúria, seria a primeira vez que isso aconteceria entre nós.

A denúncia da PGR contra Jair Bolsonaro:

crimes, defesa e consequências jurídicas

Maria Tereza Grassi Novaes

Introdução

O processo movido contra Jair Bolsonaro pela Procuradoria-Geral da República (PGR) representa um dos episódios mais emblemáticos da recente história política e jurídica do Brasil. A acusação contra o ex-Presidente envolve crimes de extrema gravidade, com alegações de que ele teria atuado para desacreditar o sistema eleitoral e instigar uma ruptura democrática. A denúncia baseia-se em um conjunto de provas, incluindo colaboração premiada, mensagens e registros de reuniões, e levanta debates cruciais sobre os limites da liberdade de expressão, a responsabilidade de líderes políticos e a proteção das instituições republicanas.

Diante da complexidade do caso, este artigo busca examinar, de forma objetiva e acessível, os fundamentos da denúncia, as principais teses de defesa apresentadas e os possíveis desdobramentos jurídicos e políticos para o ex-Presidente. Além disso, pretende-se discutir a relevância desse julgamento para a consolidação do Estado Democrático de Direito no Brasil e o papel do Supremo Tribunal Federal (STF) na defesa das instituições democráticas.

1 Contexto histórico

O Brasil atravessou um período de significativa instabilidade política após as eleições presidenciais de 2022, caracterizado por uma intensa polarização e episódios de ataques institucionais. O ápice dessa crise ocorreu em 08.01.2023, quando deterioraram o Congresso Nacional, o

STF e o Palácio do Planalto, em uma tentativa de invalidar o resultado das eleições e fomentar uma intervenção militar. Nesse contexto, a PGR ofereceu denúncia contra Jair Bolsonaro e outras 33 pessoas, incluindo integrantes do ex-governo e das Forças Armadas, imputando-lhes crimes contra o Estado Democrático de Direito, formação de organização criminosa e danos ao patrimônio público.

Segundo o órgão acusatório, Bolsonaro não apenas estimulou esse movimento, mas também buscou apoio de autoridades militares para impedir a posse do Presidente eleito à época. Situações desse tipo têm precedentes históricos em diversos países nos quais tentativas de subversão da ordem democrática frequentemente envolveram articulações que resultaram graves crises institucionais. No Brasil, as investigações demonstram que o movimento antidemocrático foi fomentado ao longo de meses – a mesma dinâmica observada em outros episódios arquitetados contra a democracia –, o que reforça a gravidade das acusações.

2 Síntese dos crimes imputados a Bolsonaro

A denúncia oferecida pela PGR acusa o ex-Presidente de liderar uma organização criminosa com o objetivo de impedir a alternância democrática no poder, deslegitimando o processo eleitoral e promovendo um golpe de Estado. Segundo a acusação, Bolsonaro e seus aliados de alto escalão, incluindo militares das Forças Armadas e ex-ministros, teriam articulado um plano para desacreditar as urnas eletrônicas, utilizando-se de *fake news*[1] e pressões institucionais, além de incentivar manifestações golpistas.[2]

Entre os crimes imputados ao ex-Presidente estão:

---

1 Informações falsas transmitidas ou publicadas como notícia e motivadas por razões políticas ou para fins fraudulentos.

2 STF, Pet. n. 12.100/DF, rel. Min. Alexandre de Moraes.

(i) Formação de organização criminosa, previsto no art. 2º da Lei n. 12.850/2013,[3] por estruturar e liderar um grupo voltado à prática de atos contra o regime democrático. Esse crime é caracterizado pela reunião estruturada entre pessoas e com divisão de tarefas entre elas para a prática exclusiva de crimes.

(ii) Tentativa de abolição do Estado Democrático de Direito, previsto no art. 359-L do Código Penal,[4] por fomentar medidas destinadas a impedir a posse do Presidente eleito. Esse tipo penal é recente no ordenamento jurídico brasileiro, tendo sido introduzido pela Lei n. 14.197/2021.[5]

(iii) Tentativa de golpe de Estado, previsto no art. 359-M do Código Penal,[6] por tentar depor um governo legitimamente eleito mediante ações institucionais e populares.

(iv) Dano qualificado contra o patrimônio público, disposto no art. 163, parágrafo único, incisos I, III e IV, do Código Penal,[7] em razão

---

3 "Art. 2º. Promover, constituir, financiar ou integrar, pessoalmente ou por interposta pessoa, organização criminosa: Pena – reclusão, de 3 (três) a 8 (oito) anos, e multa, sem prejuízo das penas correspondentes às demais infrações penais praticadas".

4 "Art. 359-L. Tentar, com emprego de violência ou grave ameaça, abolir o Estado Democrático de Direito, impedindo ou restringindo o exercício dos Poderes constitucionais: Pena – reclusão, de 4 (quatro) a 8 (oito) anos, além da pena correspondente à violência".

5 A Lei n. 14.197/2021 revogou a antiga Lei de Segurança Nacional (Lei n. 7.173/1983), resquício da ditadura militar, e incluiu no Código Penal diversos crimes contra o Estado Democrático de Direito, como golpe de Estado e violência política (arts. 359-M e 359-P). Criada em meio a tensões políticas e ataques às instituições, buscou modernizar a legislação e coibir ameaças à democracia durante o governo Bolsonaro.

6 "Art. 359-M. Tentar depor, por meio de violência ou grave ameaça, o governo legitimamente constituído: Pena – reclusão, de 4 (quatro) a 12 (doze) anos, além da pena correspondente à violência".

7 "Art. 163. Destruir, inutilizar ou deteriorar coisa alheia: Pena – detenção, de um a seis meses, ou multa. Parágrafo único – Se o crime é cometido: I – com violência à pessoa ou grave ameaça; (...) III – contra o patrimônio da União, de Estado, do Distrito Federal, de Município ou de autarquia, fundação pública, empresa pública, sociedade de

da depredação das sedes dos Três Poderes. O dano foi estimado em 16 milhões de reais e incluiu a destruição de patrimônio histórico.

(v) Deterioração de patrimônio tombado, previsto no art. 62, inciso I, da Lei n. 9.605/1998,[8] em virtude dos danos causados a bens históricos, incluindo obras de arte e documentos.

A denúncia descreve um conjunto de ações e omissões que teriam sido praticadas pelo ex-Presidente com o objetivo de minar a confiança no processo eleitoral, preparar um terreno para um golpe de Estado e incentivar atos violentos contra as instituições democráticas. Dentre elas e de forma resumida, está a disseminação de *fake news* sobre as eleições, com ataques às urnas eletrônicas em transmissões ao vivo, discursos públicos, bem como *lives* com informações falsas sobre votos e reunião com embaixadores para desacreditar o sistema eleitoral.

Consta também que Bolsonaro pressionou militares para viabilizar um golpe de Estado, participando de reuniões com generais na tentativa de convencê-los a aderir ao plano golpista, chegando inclusive a elaborar um decreto para anular as eleições. A PGR também narra o uso da Polícia Rodoviária Federal para interferir no segundo turno das eleições, criando obstáculos a votações em regiões favoráveis ao adversário político, especialmente no Nordeste do Brasil. Por fim, aponta a sua omissão diante dos atos golpistas de 08.01.2023, interpretada como incentivo indireto, bem como sua inércia diante dos ataques planejados e o seu vínculo com organizadores das manifestações violentas.

Em relação às provas apresentadas pela PGR, encontram-se discursos públicos, registros de reuniões, mensagens eletrônicas e termos de colaboração premiada, que, na visão do órgão ministerial, corroboram a existência de uma tentativa coordenada de subverter a ordem democrática.

---

economia mista ou empresa concessionária de serviços públicos; (...) IV – por motivo egoístico ou com prejuízo considerável para a vítima".

8 "Art. 62. Destruir, inutilizar ou deteriorar: I – bem especialmente protegido por lei, ato administrativo ou decisão judicial; Pena – reclusão, de um a três anos, e multa".

3 Das principais teses de defesa de Bolsonaro

A defesa do ex-Presidente é composta por três bancas de advocacia e, em 06.03.2025, apresentou sua Resposta Preliminar. Nessa fase inicial, além de arrolar 13 testemunhas,[9] os advogados trouxeram os seguintes argumentos:

(i) Falta de acesso integral às provas – A defesa argumenta que a Polícia Federal e a PGR disponibilizaram apenas trechos selecionados das provas, sem fornecer a íntegra das mídias apreendidas. Alega que essa limitação comprometeria, em tese, o direito ao contraditório e à ampla defesa, uma vez que eventuais diálogos ou documentos omitidos poderiam enfraquecer a acusação.

(ii) Violação ao juiz natural – Defende que, de acordo com a Constituição e o Regimento Interno do STF, o julgamento deveria ocorrer no Plenário e não em uma de suas Turmas. Sustenta que essa condução viola a imparcialidade do julgamento.

(iii) Aplicação do juízo de garantias – Questiona a ausência do juízo de garantias, alegando que a investigação foi conduzida de forma unilateral pelo relator, sem a participação efetiva da PGR em alguns momentos.

(iv) Atuação monocrática do relator – Sustenta que o Ministro Relator, Alexandre de Moraes, tomou decisões relevantes, como autorização de buscas e apreensões, quebras de sigilo e prisões, sem submeter as questões ao colegiado da Suprema Corte. Afirma que essa atuação compromete a imparcialidade do processo.

(v) Falta de justa causa para a ação penal – Sustenta que a denúncia se baseia em presunções e ilações, sem apresentar provas concretas da

---

9 São elas: 1. Amaury Feres Saad; 2. Coronel Wagner Oliveira da Silva; 3. Renato de Lima França; 4. General Eduardo Pazuello; 5. Senador Rogério Marinho; 6. General Hamilton Mourão; 7. Senador Ciro Nogueira; 8. Governador Tarcísio Gomes de Freitas; 9. Senador Gilson Machado; 10. General Marco Antônio Freire Gomes; 11. Brigadeiro Carlos de Almeida Batista Júnior; 12. General Júlio César de Arruda; 13. Jonathas Assunção Salvador Nery de Castro.

participação direta de Bolsonaro nos crimes imputados. Argumenta que o ex-Presidente não comandou os atos de 8 de janeiro e que não há registros que comprovem sua anuência ao planejamento de um golpe de Estado.

(vi) Criminalização da atividade política e da liberdade de expressão – Alega que Bolsonaro está sendo processado por manifestações políticas legítimas e que sua posição sobre o sistema eleitoral e suas reuniões com militares não podem ser criminalizadas.

(vii) Uso seletivo da colaboração premiada de Mauro Cid – Critica a forma como a colaboração do então ajudante de ordens foi utilizada, destacando que partes do depoimento que poderiam favorecer Bolsonaro foram ignoradas pela PGR.

(viii) Falta de correlação entre as provas e a denúncia – Argumenta que muitos trechos de mensagens e documentos utilizados pela PGR são de terceiros e não comprovam que Bolsonaro tenha planejado ou ordenado qualquer ação criminosa.

Todas essas teses visam questionar a legalidade do processo e a consistência das provas, buscando a anulação dos atos contestados e a rejeição da denúncia ofertada em desfavor de Bolsonaro.

Além disso, para além da Resposta Preliminar, a defesa do ex-Presidente também argumenta, via a oposição de exceções, a incompetência da Primeira Turma para o julgamento da ação penal contra o ex-Presidente,[10] bem como a imparcialidade dos Ministros Cristiano Zanin[11] e Flávio Dino para julgarem o caso.[12] As duas últimas exceções foram rejeitadas por ampla maioria em 20.03.2025, dia em que o julgamento virtual da matéria foi encerrado. O único voto contrário à manutenção dos Ministros Zanin e Dino no julgamento foi do Ministro André Mendonça.

---

10 STF, EI n. 30/DF, rel. Min. Alexandre de Moraes.

11 STF, Aimp n. 179/DF, rel. Min. Luís Roberto Barroso.

12 STF, Aimp n. 178/DF, rel. Min. Luís Roberto Barroso.

4 Do procedimento das ações originárias no STF e do momento processual

Bolsonaro será julgado diretamente pelo STF, pois, como ex-Presidente da República denunciado por crimes supostamente praticados durante o seu mandato, tem foro por prerrogativa de função, também conhecido como foro privilegiado. No Brasil, essa prerrogativa garante que autoridades como Presidente da República, Ministros de Estado e parlamentares federais sejam julgados diretamente por tribunais superiores, ao invés de instâncias ordinárias. O objetivo é tanto proteger o exercício das funções públicas quanto garantir a independência dos Poderes.

Muitos questionam se o fato de Bolsonaro não ter vencido as eleições de 2022 e ter consequentemente deixado o cargo de Presidente não faria com que o seu processo fosse transferido para as instâncias ordinárias. A resposta é negativa. Isso porque o STF, que antes tinha o entendimento de que o foro privilegiado se aplicava apenas aos crimes cometidos durante o exercício do cargo e relacionados às funções desempenhadas, mudou o seu posicionamento.

Em decisão recente, concluída em 11.03.2025,[13] a Corte, por maioria, ampliou o alcance dessa prerrogativa. Por 7 votos a 4,[14] decidiu que, mesmo após as autoridades deixarem o cargo, o processo poderá continuar sendo julgado pela Corte superior, desde que os crimes tenham sido cometidos durante o mandato e em razão das funções desempenhadas.[15] Essa mudança de entendimento visa evitar a

---

13 STF, HC n. 232627/DF, Tribunal Pleno, rel. Min. Gilmar Mendes, j. 11.03.2025.

14 Foram vencidos os Ministros André Mendonça, Edson Fachin, Cármen Lúcia e Luiz Fux.

15 STF, Informativo n. 1.168: "Foro por prerrogativa de função: competência para julgamento de crimes funcionais após a cessação do cargo. Tese fixada: 'A prerrogativa de foro para julgamento de crimes praticados no cargo e em razão das funções subsiste mesmo após o afastamento do cargo, ainda que o inquérito ou a ação penal sejam iniciados depois de cessado seu exercício'. Resumo: O STF fixou posição mais abrangente sobre a competência dos tribunais para julgar os crimes funcionais praticados

transferência de processos entre diferentes instâncias judiciais devido à alteração de cargo, renúncia, ou término de mandato, garantindo maior estabilidade e eficiência ao sistema de justiça.

O processo de Bolsonaro, devido ao seu foro privilegiado e ao fato de a denúncia relatar crimes supostamente cometidos durante seu mandato e em razão de suas funções, deve seguir um procedimento específico para ações penais originárias no STF. Embora semelhante ao de uma ação penal comum, esse rito possui algumas particularidades previstas na Lei n. 8.038/1990.

O procedimento tem a seguinte forma: inicia-se com a denúncia ou queixa apresentada diretamente ao STF e, na sequência, é sorteado um entre os onze ministros para ser o relator do caso. O denunciado é intimado para apresentar sua Defesa Preliminar, e o relator pede então ao Tribunal que designe uma data de julgamento para que delibere sobre o recebimento, a rejeição da denúncia ou a improcedência da acusação, caso a decisão não dependa de outras provas.

Nesse julgamento, é facultada a sustentação oral pelo prazo de 15 minutos, primeiro à acusação, depois à defesa, e uma vez encerrados os debates, o Tribunal delibera. Sendo recebida a denúncia ou a queixa, o relator designará dia e hora para a instrução processual, com a oitiva das testemunhas e o interrogatório do réu, seguindo os princípios do contraditório e da ampla defesa. Após a fase instrutória, o relator deve intimar as partes para apresentarem suas alegações finais. Concluída essa etapa, o relator apresenta o voto, e o Tribunal, então, decide sobre a absolvição ou condenação do réu.

No caso de Bolsonaro, a denúncia foi oferecida pela PGR em 18.02.2025, tendo sido o Ministro Alexandre de Moraes, pertencente à Primeira Turma do STF, sorteado como relator do caso. Feita a intimação pelo relator, a defesa apresentou sua Resposta Preliminar em 06.03.2025 e,

---

por autoridades com prerrogativa de foro ('foro privilegiado'), no sentido de mantê-la mesmo após o término do exercício das respectivas funções. Aprimorou-se a orientação vigente com o intuito de assegurar a imparcialidade, a independência do julgamento e inibir os deslocamentos que resultam em lentidão, ineficiência e até mesmo prescrição das ações penais".

após pedido do relator, foi designado para o dia 25.03.2025 o julgamento pela Primeira Turma – composta pelos Ministros Cristiano Zanin (Presidente), Cármen Lúcia, Luiz Fux, Flávio Dino e Moraes – sobre o recebimento ou rejeição da denúncia. Caso seja aceita, Bolsonaro se tornará réu, e o processo avançará para a fase de instrução processual mencionada.

Finda a instrução, a PGR e a defesa de Bolsonaro apresentam as suas alegações finais. Analisadas estas, a Primeira Turma então proferirá decisão, podendo condenar ou absolver o ex-Presidente. Nesse ponto, é importante mencionar que, em razão de o STF ser a última instância, o manejo de recursos é mais limitado, podendo a defesa apenas se utilizar de embargos de declaração, embargos infringentes e de agravos regimentais.

5 Afinal, Bolsonaro pode mesmo ser preso?

Somados, os crimes imputados pela PGR na denúncia podem resultar em penas de até 34 anos de prisão.

Analisando individualmente as sanções penais mínimas e máximas de cada delito mencionado, tem-se:

- Formação de organização criminosa (art. 2º, Lei n. 12.850/2013): pena de reclusão de 3 a 8 anos e multa;
- Tentativa de abolição do Estado Democrático de Direito (art. 359-L, Código Penal): pena de reclusão de 4 a 8 anos;
- Tentativa de golpe de Estado (art. 359-M, Código Penal): pena de reclusão de 4 a 12 anos;
- Dano qualificado contra o patrimônio público (art. 163, parágrafo único, Código Penal): pena de detenção de 6 meses a 3 anos e multa;
- Deterioração de patrimônio tombado (art. 62, Lei n. 9.605/1998): pena de reclusão de 1 a 3 anos e multa.

No que se refere aos regimes de cumprimento de pena no ordenamento jurídico brasileiro, a pena de reclusão pode ser cumprida em regime fechado, semiaberto ou aberto, a depender da totalidade das sanções impostas em um decreto condenatório.

Nos termos do art. 33 do Código Penal, se condenado a pena igual ou inferior a 4 anos, o regime será aberto; pena superior a 4 anos e até 8 anos, será semiaberto; e pena superior a 8 anos, será fechado.

O regime aberto possui uma particularidade. Deve ser cumprido em "casas de albergado", porém estas são praticamente inexistentes no Brasil, o que permite que o apenado cumpra a pena em recolhimento domiciliar sob determinadas condições impostas (comparecimento em juízo, não se ausentar da comarca em que reside, recolher-se no período noturno etc.).

Os regimes fechado e semiaberto, por sua vez, comportam o cumprimento de pena em penitenciárias administradas pelo governo estadual ou federal, considerando a natureza do delito.

No presente caso, portanto, Bolsonaro poderia ser efetivamente preso se condenado pelo Supremo a um ou mais crimes acima mencionados, desde que a sua pena ou o somatório delas ultrapasse 4 anos, vindo a cumpri-la em regime fechado ou semiaberto.

6 Sobre a inelegibilidade de Bolsonaro e o futuro de sua vida política

Bolsonaro já foi declarado inelegível pelo Tribunal Superior Eleitoral (TSE) por um período de oito anos, com base na Lei Complementar n. 64/1990, conhecida como Lei da Ficha Limpa.[16] O julgamento ocorreu em 30.06.2023 e, por maioria dos votos (5 a 2),[17] o Tribunal concluiu que Bolsonaro cometeu abuso de poder político e fez uso indevido dos meios de comunicação ao convocar, em 18.07.2022, uma reunião com embaixadores estrangeiros no Palácio da Alvorada, na qual questionou, sem qualquer evidência, a integridade do sistema eleitoral brasileiro.

Essa decisão foi baseada em 5 elementos principais: (i) a conduta abusiva de Bolsonaro ao utilizar sua posição como chefe de Estado para organizar um evento com caráter eleitoral, (ii) o uso indevido dos meios de comunicação, já que a reunião foi transmitida na mídia, (iii) a

---

16 TSE, Ação de Investigação Judicial Eleitoral n. 0600814-85.2022.6.00.0000, rel. Min. Benedito Gonçalvez, j. 30.06.2023.

17 Foram vencidos os Ministros Nunes Marques e Raul Araújo.

propagação de desinformação para desacreditar o sistema eleitoral, (iv) o desvio de finalidade ao utilizar a estrutura pública para autopromoção e (v) o impacto eleitoral significativo, visto que o evento ocorreu a apenas 3 meses das eleições.

Os ministros que votaram a favor da inelegibilidade consideraram que o ex-Presidente violou regras eleitorais e promoveu ataques sistemáticos à democracia. Com essa decisão, Bolsonaro não poderá se candidatar em eleições até 2030.

Veja-se que a Lei da Ficha Limpa possui papel fundamental nesse contexto, pois estabelece que candidatos que pratiquem abuso de poder político ou econômico são considerados inelegíveis por oito anos, a contar da data da eleição em que ocorreu a infração.

Ocorre que a lei também prevê que são inelegíveis aqueles condenados por diversos crimes[18] previstos em rol taxativo e desde que por decisão transitada em julgado ou proferida por órgão judicial colegiado. A inelegibilidade, nesses casos, inicia-se na data da condenação e se estende por oito anos após o cumprimento da pena.

No caso de Bolsonaro, dentre os crimes pelos quais foi denunciado, constam no rol taxativo os delitos de integração em organização criminosa e dano ao patrimônio público,[19] o que significa dizer que, caso ele seja

18 "Art. 1º. São inelegíveis: I – para qualquer cargo: (...) e) os que forem condenados, em decisão transitada em julgado ou proferida por órgão judicial colegiado, desde a condenação até o transcurso do prazo de 8 (oito) anos após o cumprimento da pena, pelos crimes: 1. contra a economia popular, a fé pública, a administração pública e o patrimônio público; 2. contra o patrimônio privado, o sistema financeiro, o mercado de capitais e os previstos na lei que regula a falência; 3. contra o meio ambiente e a saúde pública; 4. eleitorais, para os quais a lei comine pena privativa de liberdade 5. de abuso de autoridade, nos casos em que houver condenação à perda do cargo ou à inabilitação para o exercício de função pública; 6. de lavagem ou ocultação de bens, direitos e valores; 7. de tráfico de entorpecentes e drogas afins, racismo, tortura, terrorismo e hediondos; 8. de redução à condição análoga à de escravo; 9. contra a vida e a dignidade sexual; e 10. praticados por organização criminosa, quadrilha ou bando".

19 Os crimes contra o Estado Democrático de Direito também imputados a Bolsonaro não figuram no rol taxativo da Lei da Ficha Limpa por serem tipos penais mais recentes,

condenado pelo STF, uma nova inelegibilidade passaria a valer. Essa nova contagem só começaria a valer após o cumprimento da pena no processo eleitoral, o que poderia, na prática, afastá-lo da vida política por um período indefinido ou até mesmo definitivo, funcionando quase como uma inelegibilidade perpétua.

Em suma, embora Bolsonaro já esteja inelegível até 2030 por decisão do TSE, uma eventual condenação criminal no STF poderia estender significativamente esse prazo, impedindo-o de retornar à política de forma definitiva.

Considerações finais

O julgamento de Jair Bolsonaro representa um marco na história política e jurídica brasileira. A decisão do STF terá impacto significativo tanto para o ex-Presidente como para a estabilidade democrática do país.

O caso traz questões fundamentais sobre a aplicação da Lei da Ficha Limpa, a responsabilização de líderes políticos por discursos e atos que minam o Estado Democrático de Direito e os limites da liberdade de expressão frente à incitação ao golpe.

Se condenado, Bolsonaro poderá enfrentar uma pena privativa de liberdade e ter sua inelegibilidade ampliada por pelo menos mais oito anos após o cumprimento da pena fixada no processo eleitoral. Na prática, isso pode significar sua exclusão definitiva da política institucional. Por outro lado, uma eventual absolvição pode fortalecer sua base política e intensificar o discurso de perseguição contra ele.

Independentemente do resultado, esse julgamento demonstrará o compromisso das instituições democráticas com a defesa do Estado de Direito e estabelecerá um precedente fundamental para futuras crises institucionais. Um processo conduzido com rigor técnico e respeito aos princípios constitucionais será o maior legado do STF e não apenas garantirá justiça, mas também reforçará a solidez das instituições democráticas perante a sociedade e a comunidade internacional.

---

incluídos no Código Penal somente em 2021, enquanto a Lei da Ficha Limpa é de 2010. Seria necessária uma alteração legislativa para incluí-nos naquele rol.

ORGANOGRAMA

DENÚNCIA DA PGR

Núcleo 01

Identificado como o núcleo de comando, é formado pelos principais responsáveis pela articulação política e militar da tentativa de golpe.

Jair Bolsonaro – ex-Presidente da República
Alexandre Ramagem – ex-Diretor-Geral da ABIN
Almir Garnier Santos – ex-Comandante da Marinha do Brasil
Anderson Torres – ex-Ministro da Justiça e ex-Secretário de Segurança Pública do Distrito Federal
Augusto Heleno Ribeiro Pereira – ex-Ministro do Gabinete de Segurança Institucional da Presidência
Mauro Cid – ex-Chefe da Ajudância de Ordens da Presidência
Paulo Sérgio Nogueira – ex-Ministro da Defesa
Walter Braga Netto – ex-Ministro da Casa Civil

Núcleo 02

O grupo inclui ex-integrantes da PRF e ex-assessores do ex-presidente Jair Bolsonaro, acusados pelo Ministério Público de gerenciar ações para sustentar a permanência ilegítima do ex-presidente no poder.

Silvinei Vasques, ex-diretor-geral da Polícia Rodoviária Federal (PRF)
Marília Ferreira de Alencar, ex-diretora de Inteligência do Ministério da Justiça na gestão de Anderson Torres
Fernando de Sousa Oliveira, delegado da Polícia Federal (PF) e ex-secretário-executivo da Secretaria de Segurança Pública (SSP)
Mário Fernandes, ex-número dois da Secretaria-Geral da Presidência, general da reserva e homem de confiança de Bolsonaro
Marcelo Costa Câmara, coronel da reserva e ex-assessor do ex-presidente Jair Bolsonaro
Filipe Garcia Martins Pereira, ex-assessor especial de Assuntos Internacionais de Bolsonaro

Núcleo 03

Grupo responsável por ações táticas, que inclui os chamados "kids pretos" — ou "forças especiais" (FE) —, composto por militares da ativa ou da reserva do Exército, com treinamento especializado em operações de caráter estratégico e sigiloso.

Estevam Gaspar de Oliveira, general do Exército
Hélio Ferreira Lima, tenente-coronel do Exército
Rafael Martins de Oliveira, tenente-coronel do Exército
Rodrigo Bezerra de Azevedo, tenente-coronel do Exército
Wladimir Matos Soares, agente da Polícia Federal
Bernardo Romão Corrêa Netto, coronel do Exército
Cleverson Ney Magalhães, coronel da reserva do Exército
Fabrício Moreira de Bastos, coronel do Exército
Márcio Nunes de Resende Júnior, coronel do Exército
Nilton Diniz Rodrigues, general do Exército
Sérgio Cavaliere de Medeiros, tenente-coronel do Exército
Ronald Ferreira de Araújo Júnior, tenente-coronel do Exército

Núcleo 04

Grupo formado por indivíduos investigados por elaborar e divulgar informações enganosas com a finalidade de comprometer a credibilidade do processo eleitoral brasileiro, especialmente por meio de ataques às urnas eletrônicas.

Ailton Gonçalves Moraes Barros, capitão reformado
Ângelo Martins Denicoli, major da reserva do Exército
Carlos César Moretzsohn Rocha, engenheiro e presidente do Instituto Voto Legal
Giancarlo Gomes Rodrigues, subtenente do Exército
Marcelo Araújo Bormevet, policial federal e ex-membro da Agência Brasileira de Inteligência (Abin)
Paulo Renato de Oliveira Figueiredo Filho, blogueiro bolsonarista e neto do general João Batista Figueiredo, último presidente do Brasil no período da ditadura militar
Reginaldo Vieira de Abreu, ex-coronel do Exército
Guilherme Marques de Almeida, tenente-coronel do Exército

A ÚLTIMA CHANCE

A DENÚNCIA DA PGR

MINISTÉRIO PÚBLICO FEDERAL
PROCURADORIA-GERAL DA REPÚBLICA

ASSCRIM/PGR N. 212310/2024

Petição n. 12.100 — BRASÍLIA/DF
Relator : Ministro Alexandre de Moraes
Requerente : Sigiloso
Advogado : Sigiloso

Excelentíssimo Senhor Ministro Relator,

O Procurador-Geral da República, no exercício da função institucional prevista no art. 129, I, da Constituição, nos arts. 24 e 41 do Código de Processo Penal e no art. 6º, V, da Lei Complementar n. 75/1993, apresenta **DENÚNCIA** contra os investigados abaixo qualificados, pela prática de infrações penais a seguir descritas.

> Sr. ALEXANDRE RODRIGUES RAMAGEM, brasileiro, Delegado de Polícia Federal;

Sr. ALMIR GARNIER SANTOS, brasileiro, Almirante de Esquadra da Marinha;

Sr. ANDERSON GUSTAVO TORRES, brasileiro, casado, Delegado de Polícia Federal;

Sr. AUGUSTO HELENO RIBEIRO PEREIRA, brasileiro, General da Reserva do Exército Brasileiro;

Sr. JAIR MESSIAS BOLSONARO, brasileiro, casado;

Sr. MAURO CESAR BARBOSA CID, brasileiro, casado, Tenente-Coronel do Exército Brasileiro;

Sr. PAULO SÉRGIO NOGUEIRA DE OLIVEIRA, brasileiro, General da Reserva do Exército Brasileiro;

Sr. WALTER SOUZA BRAGA NETTO, brasileiro, casado, General da Reserva do Exército Brasileiro.

Imputação

Os senhores AILTON GONÇALVES MORAES BARROS, ALEXANDRE RODRIGUES RAMAGEM, ALMIR GARNIER SANTOS, ANDERSON GUSTAVO TORRES, ÂNGELO MARTINS DENICOLI, AUGUSTO HELENO RIBEIRO PEREIRA, BERNARDO ROMÃO CORREA NETTO, CARLOS CESAR MORETZSOHN ROCHA, CLEVERSON NEY MAGALHÃES, ESTEVAM CALS THEOPHILO GASPAR DE OLIVEIRA, FABRÍCIO MOREIRA DE BASTOS, FILIPE GARCIA MARTINS PEREIRA, FERNANDO DE SOUSA OLIVEIRA, GIANCARLO GOMES RODRIGUES, GUILHERME MARQUES DE ALMEIDA, HÉLIO FERREIRA LIMA, JAIR MESSIAS BOLSONARO, MARCELO ARAÚJO BORMEVET, MARCELO COSTA CÂMARA, MÁRCIO NUNES DE RESENDE JÚNIOR, MÁRIO FERNANDES, MARÍLIA FERREIRA DE ALENCAR, MAURO CÉSAR BARBOSA CID, NILTON DINIZ RODRIGUES, PAULO RENATO DE OLIVEIRA FIGUEIREDO

FILHO, PAULO SÉRGIO NOGUEIRA DE OLIVEIRA, RAFAEL MARTINS DE OLIVEIRA, REGINALDO VIEIRA DE ABREU, RODRIGO BEZERRA DE AZEVEDO, RONALD FERREIRA DE ARAÚJO JÚNIOR, SÉRGIO RICARDO CAVALIERE DE MEDEIROS, SILVINEI VASQUES, WALTER SOUZA BRAGA NETTO e WLADIMIR MATOS SOARES integraram, de maneira livre, consciente e voluntária, uma organização criminosa constituída desde pelo menos o dia 29 de junho de 2021 e operando até o dia 8 de janeiro de 2023, com o emprego de armas (art. 2º da Lei n. 12.850/2013). Essa organização utilizou violência e grave ameaça com o objetivo de impedir o regular funcionamento dos Poderes da República (art. 359-L do Código Penal) e depor um governo legitimamente eleito (art. 359-M do Código Penal).

A organização também concorreu, em 8.1.2023, na Praça dos Três Poderes, em Brasília/DF, mediante auxílio moral e material, para a destruição, inutilização e deterioração de patrimônio da União, em investida ocorrida contra as sedes do Congresso Nacional e do Supremo Tribunal Federal, com violência à pessoa e grave ameaça, emprego de substância inflamável e gerando prejuízo considerável para a União. O caso, por isso, também se subsome aos tipos dos crimes de dano qualificado pela violência e grave ameaça, contra o patrimônio da União, com considerável prejuízo para a vítima (art. 163, parágrafo único, I, III e IV, do Código Penal c/c art. 29 do Código Penal), e de deterioração de patrimônio tombado (art. 62, I, da Lei n. 9.605/1998 c/c art. 29 do Código Penal).

Uma introdução necessária

Uma democracia que não se protege não resiste às pulsões de violência que a insatisfação com os seus métodos, finalidades e modo de ser podem gerar nos seus descontentes. A defesa da democracia se realiza em vários níveis de intensidade institucional. Todos os Poderes recebem do constituinte originário parcelas de responsabilidade para salvaguardar o regime de convivência jurídico-político-social escolhido em assembleia constituinte soberana. Ao Ministério Público essa responsabilidade sobe de ponto, uma vez que a Constituição faz dele o defensor do regime democrático (art. 127, *caput*). No domínio das suas competências, atuar segundo os preceitos da ordem jurídica para a promoção e a preservação do modelo político é imperioso. Uma dessas fórmulas é a denúncia por crimes contra a ordem democrática.

O vilipêndio aos princípios democráticos mais elementares, sobretudo com uso da força bruta ou com a sua ameaça, atinge bens essenciais à estrutura da comunidade política. Se o respeito à dignidade da pessoa é a causa final da sociedade arquitetada pela Constituição em vigor, o modelo democrático é a sua causa eficiente. Daí a sua proteção em grau máximo, sancionada penalmente.

Na fórmula brasileira de 1988, a atuação harmônica e autônoma dos Poderes é indissociável da essência do regime democrático, e o Supremo Tribunal Federal já assim o proclamava ainda nos primeiros anos da década de 1990.[1] Decerto que há graus nos arranhões que o quadro de nexos e barreiras entre os Poderes pode sofrer e respostas de impacto diferenciado. Não há ofensa institucionalmente mais grave à democracia, entretanto, do que a interrupção do processo mesmo de ajustes inerentes ao sistema, pelo impedimento da atuação de qualquer dos Poderes, sobretudo por meio da força, não autorizada constitucionalmente. A gravidade é tal que, diferentemente do que ocorre em outras hipóteses de dissonância constitucional, nesse caso, o legislador tipifica a conduta como crime. Como também o faz quando o atentado baseado em violência se faz contra o regime democrático em si.

Um outro fator, mais, deve ser observado como premissa para a compreensão das páginas que se seguirão.

Num regime republicano, todos são aptos a serem responsabilizados por condutas penalmente tipificadas. O Presidente da República não foge a essa regra, ainda que, certamente, uma acusação penal contra o Chefe de Estado, mesmo que ele haja deixado o cargo, não possa ser trivializada como instrumento de continuidade da disputa política, por mais acre que se tenha tornado o ambiente partidário.

Esta denúncia retrata acontecimentos de máxima relevância que impende sejam expostos ao mais alto Tribunal do país. Aqui se relatam

---

1 Entre outros casos na ADI 1.060 MC, DJ 23.9.1994, citando precedentes. Ver também a ADI 276/AL, DJ de 19.12.1997.

fatos protagonizados por um Presidente da República que forma com outros personagens civis e militares organização criminosa estruturada para impedir que o resultado da vontade popular expressa nas eleições presidenciais de 2022 fosse cumprida, implicando a continuidade no Poder sem o assentimento regular do sufrágio universal.

A organização tinha por líderes o próprio Presidente da República e o seu candidato a Vice-Presidente, o General Braga Neto. Ambos aceitaram, estimularam, e realizaram atos tipificados na legislação penal de atentado contra o bem jurídico da existência e independência dos poderes e do Estado de Direito democrático.

*

A peça acusatória minudencia trama conspiratória armada e executada contra as instituições democráticas. A conjuração tem antecedentes que a explicam e se desenvolve em fases, momentos e ações ao longo de um tempo considerável. Os delitos descritos não são de ocorrência instantânea, mas se desenrolam em cadeia de acontecimentos, alguns com mais marcante visibilidade do que outros, sempre articulados ao mesmo objetivo – o de a organização, tendo à frente o então Presidente da República Jair Bolsonaro, não deixar o Poder, ou a ele retornar, pela força, ameaçada ou exercida, contrariando o resultado apurado da vontade popular nas urnas. O inquérito revela atentado contra a existência dos três Poderes e contra a essência do Estado de Direito Democrático.

Para melhor compreensão dos fatos narrados, convém recordar que, a partir de 2021, o Presidente da República adotou crescente tom de ruptura com a normalidade institucional nos seus repetidos pronunciamentos públicos em que se mostrava descontente com decisões de tribunais superiores e com o sistema eleitoral eletrônico em vigor. Essa escalada ganhou impulso mais notável quando Luiz Inácio Lula da Silva, visto como o mais forte contendor na disputa eleitoral de 2022, tornou-se elegível, em virtude da anulação de condenações criminais.

Em 22 de março de 2021, poucos dias depois de Lula da Silva haver superado a causa de inelegibilidade, o grupo de apoio do então

Presidente da República, que formará o núcleo da organização criminosa, cogitou de o Presidente abertamente passar a afrontar e a desobedecer a decisões do Supremo Tribunal Federal, chegando a criar plano de contingenciamento e fuga de Bolsonaro, se a ousadia não viesse a ser tolerada pelos militares.

O cenário das pesquisas eleitorais se mostrava inclinado em favor do principal adversário antevisto, por quem os que cercavam o Presidente da República não escondiam marcada aversão, a ele se referindo com palavras de ultrage e menosprezo. O grupo terá percebido a necessidade de pronta arregimentação de ações coordenadas contra a possibilidade temida que se avultava. Começaram, então, práticas de execução do plano articulado para a manutenção do poder do Presidente da República não obstante o resultado que as urnas oferecessem no ano seguinte.

O termo inicial dos atos executórios pôde ser identificado, uma vez que a organização criminosa descera ao cuidado de documentar o seu projeto de retenção heterodoxa do Poder. Durante as investigações, foram encontrados manuscritos, arquivos digitais, planilhas e trocas de mensagem reveladores da marcha de ruptura da ordem democrática.

O grupo registrou a ideia de "*estabelecer um discurso sobre urnas eletrônicas e votações*" e de replicar essa narrativa "*novamente e constantemente*", a fim de deslegitimar possível resultado eleitoral que lhe fosse desfavorável e propiciar condições indutoras da deposição do governo eleito. A organização também minudenciou, em texto, o seu propósito de descumprir decisões do Poder Judiciário contrárias aos seus desígnios. De acordo com o projeto traçado, seriam presos agentes públicos que executassem as ordens judiciais que fossem desautorizadas pelo Executivo, tornando nítido o ataque ao livre exercício dos poderes constitucionais.

Em 29.7.2021, Jair Bolsonaro deu curso prático ao plano de insurreição por meio de transmissão ao vivo das dependências do Palácio do Planalto pela *internet*. Retomou as críticas, embora vencidas, ao sistema eletrônico de votação e exaltou a atuação das Forças Armadas. A partir de então, os pronunciamentos públicos passaram a progredir em agressividade, com ataques diretos aos poderes constituídos, a inculcar sentimento de indignação e revolta nos seus apoiadores e com o propósito de tornar aceitável e até esperável o recurso à força contra um resultado eleitoral em que o seu adversário político mais consistente triunfasse.

A articulação para esse fim envolvia assestar palavras de ódio, sobretudo em ambiente da *internet*, contra personagens da vida institucional do país identificados como inimigos do grupo, em especial os que tinham a incumbência de dirigir as eleições e zelar pela normalidade do processo. Autoridades públicas do mais elevado grau de responsabilidade no contexto das relações entre Poderes foram alvo de perseguições e de informações falseadas, em detrimento da regularidade da vida democrática.

Não foi obstáculo para os ataques ao sistema eleitoral que o Congresso Nacional viesse a rejeitar a sua mudança, preconizada pelo grupo do Presidente da República. Na sessão da Câmara dos Deputados de 10 de agosto de 2021, foi mantida a sistemática digital de votação e apuração existente, a mesma que já recebera o aval técnico-jurídico do Supremo Tribunal Federal. A corrente que pretendia que o sistema fosse suplantado não somente deixou de conseguir o número mínimo de votantes na Câmara dos Deputados para o êxito da Proposta (308 votos favoráveis), como recebeu mais votos contrários (229) do que de aprovação (218).

Alguns fatos foram especialmente marcantes na trajetória de confrontos com os Poderes. Assim, durante os festejos cívicos de 7 de setembro de 2021, em difundida alocução pública na cidade de São Paulo, o Presidente, após se servir de palavras viperinas dirigidas ao Ministro do Supremo Tribunal Federal Alexandre de Moraes, deu a conhecer o seu propósito de não mais se submeter às deliberações provenientes da Suprema Corte, confiado no apoio que teria das Forças Armadas. As investigações da Polícia Federal revelaram que o pronunciamento não era mero arroubo impensado e inconsequente. Já então, o grupo ao redor do Presidente houvera até mesmo traçado estratégia de atuação em prol do seu líder, incluindo plano de fuga do país, se porventura lhe faltasse o apoio armado com que contava.

Com a proximidade das eleições, o foco da organização se volta para as urnas eletrônicas. Passa-se a buscar qualquer subterfúgio para lançar o sistema eletrônico de votação e apuração de votos ao descrédito popular.

Não obstante evidências constantes da segurança do modelo, havia a obstinação por engendrar pretexto para renegá-lo. Por vezes, as narrativas insistentes não resistiriam a um singelo escrutínio do bom senso. Assim, por exemplo, para se livrar do paradoxo de haver o Presidente Bolsonaro vencido as eleições de 2018 seguindo o método eleitoral, objeto das suas invectivas, repete-se, como num mantra acrítico, que, na verdade, ele teria vencido o sufrágio já no primeiro turno, sendo o segundo turno provocado por artimanhas de fraudes informáticas. A ideia era propagada, mesmo que contra ela se erguesse a indagação, ladeada de forma oportunística, sobre o motivo de não se ter fraudado também o segundo turno em favor do oponente.

Os ataques à legitimidade do sistema eleitoral foram sempre respondidos oficialmente, por autoridades judiciais e com argumentos técnicos. Todos eles, contudo, foram sistematicamente ignorados, inundando-se as redes sociais e meios de comunicação com acusações falsas, mirabolantes, tantas vezes francamente manipuladas nas suas premissas de fato.

Nesse contexto, apurou-se que, em julho de 2022, o Presidente da República convocou reunião ministerial para concitar ataques às urnas e à difusão de notícias infundadas sobre o seu adversário no sufrágio que se aproximava. À altura, o concorrente já vinha sendo apontado como favorito. Na reunião, falou-se inequivocamente em "*uso da força*" como alternativa a ser implementada, se necessário. Nesse momento, um dos generais denunciados, a quem se conferia elevado prestígio no meio castrense, solta a frase incitadora e reveladora do ânimo com que os atos se inspiravam: "*o que tiver que ser feito tem que ser feito antes das eleições. Se tiver que dar soco na mesa, é antes das eleições. Se tiver que virar a mesa, é antes das eleições*".

Em seguida, ocorreu a reunião de 18 de julho de 2022 do Presidente da República com embaixadores e representantes diplomáticos acreditados no país, conduzida para verbalizar as conhecidas e desmentidas acusações sobre fraudes, por meio de truques informáticos, em vias de serem cometidas no pleito vindouro.

O que parecia, à época, um lance eleitoreiro, em si mesmo ilícito e causador de sanções eleitorais, mostrou-se, a partir da trama desvendada no inquérito policial, um passo a mais de execução do plano de solapar o resultado previsto e temido do sufrágio a acontecer logo adiante.

O descrédito do sistema de eleição e as palavras acrimoniosas de suspeitas sobre Ministros do STF e do TSE, temário do discurso do Presidente da República aos representantes diplomáticos em Brasília, representavam passo a mais na execução do plano de permanência no poder, independentemente do resultado das urnas. Ganham significado contundente estas frases pronunciadas pelo Presidente da República no evento: "*estamos tentando antecipar um problema que interessa para todo mundo. O mundo todo quer estabilidade democrática no Brasil*". Preparava-se a comunidade internacional para o desrespeito à vontade popular apurada nas eleições de outubro.

O grupo sabia da importância da tolerância dos países para com o golpe. Evidência disso está no documento apreendido em que se recomendava, para a ação de ruptura, "*a exploração da base legal nos cenários interno e externo e a exploração global dos indícios de fraude eleitoral*".

Durante o segundo turno das eleições, a organização pôs de novo em prática o seu plano de prolongar a permanência do líder no Poder. No âmbito do Ministério da Justiça, foram ilicitamente mobilizados aparatos de órgãos de segurança para mapear lugares em que o candidato da oposição obtivera votação mais expressiva no primeiro turno. A Polícia Rodoviária Federal foi levada a realizar aí operações, visando a dificultar o acesso tempestivo dos eleitores cadastrados a essas zonas eleitorais. Três dos personagens envolvidos nessa tarefa tornaram ao proscênio do golpe em 8 de janeiro de 2023, quando atuavam na Secretaria de Segurança Pública do Distrito Federal e facilitaram o movimento insurrecionista violento que depredou as sedes dos três Poderes.

Mesmo antes, porém, desse ato final do 8 de janeiro, outros acontecimentos compuseram a trajetória dos crimes contra as instituições democráticas, esmiuçados nesta denúncia.

Os meses de novembro e dezembro de 2022, após o resultado das eleições, foram agitados.

Encerrado o primeiro turno de votação, as autoridades das Forças Armadas e o Presidente da República sabiam que, não obstante todo o empenho em descobrir alguma falha no sistema de urnas digitais, nada fora encontrado. Relatório de fiscalização das urnas do próprio Ministério da Defesa o assegurava. As eleições haviam sido irrepreensíveis, do ponto de vista da sua realização técnica.

Apesar disso, a acusação de fraude persistia. Esta era a forma de manter a militância do Presidente da República animada, pedindo intervenção militar, em famigerados acampamentos montados em frente a quartéis do Exército em várias capitais do país. O que se pedia – diga-se – nada mais era do que um golpe militar, que propiciasse que os resultados das urnas fossem elididos por meio de insubmissão às regras democráticas de transição de poder. Na realidade, se para a organização criminosa perder o poder era inadmissível, mais ainda o era perder especificamente para o candidato que se sagrou vencedor.

A narrativa falsa das fraudes nas urnas foi alimentada pelos integrantes da organização, que repassavam material desse tipo para influenciadores digitais. O objetivo agora era manter a mobilização popular, com o que se pretendia sensibilizar as Forças Armadas, sobretudo o Exército, e as suas autoridades de mais alta patente, para que impusessem um regime de exceção, que desprezaria os resultados do sufrágio e imporia ao país a permanência no Poder do Presidente não reeleito.

A busca de pretexto para desprezar a vontade popular expressa nas urnas se intensificou, mesmo diante do relatório do ministério militar que apontara nada haver deslustrado a lisura do certame. Foram geradas narrativas maliciosas, embasadas em deturpação de dados ou em abertas inverdades. O intuito era o de manter a militância apaixonada e disposta a aceitar soluções de violência à ordem constitucional.

Fatos atordoantes foram descobertos na investigação dos acontecimentos que se seguiram ao resultado das eleições.

O inquérito expõe que, em novembro de 2022, oficiais do Exército, auxiliares de Comandantes de Regiões e de setores estratégicos, que tinham em comum vínculo com as Forças Especiais da Arma, reuniram-se para encontrar meio de fazer com que a alta cúpula do Exército aderisse ao golpe a que estavam dando curso.

Designa-se como Forças Especiais do Exército o grupo de militares que conclui treinamento de táticas de operações em missões de inteligência, exploração e reconhecimento de comunicações clandestinas, operações em conflitos armados não convencionais, prevenção e combate a terrorismo, infiltração em território inimigo, resgate de pessoal e manejo de crises em ambientes hostis. Os seus integrantes são também chamados de *kids pretos*.

Esse grupo da organização criminosa atuou para pressionar o Comandante do Exército e o Alto Comando, formulando cartas e agitando colegas em prol de ações de força no cenário político, tudo para impedir que o candidato eleito Lula da Silva assomasse ao Palácio do Planalto. Visava-se manter no Poder o então Presidente Bolsonaro. O grupo atuava junto a influenciadores para atacar, em ambientes virtuais de impacto nos meios castrenses, os oficiais generais que se opunham à quebra da legalidade. A denúncia reporta num dos seus capítulos que certo general de excepcional prestígio na Arma, que comandava batalhão de *kids pretos*, chegou a assumir, perante o Presidente da República, que, se este assinasse ato formal de rebeldia contra a ordem constitucional, ele o apoiaria, a significar que estaria disposto posicionar o Exército em modo apto para consumar o golpe.

Foram concebidas minutas de atos de formalização de quebra da ordem constitucional. O Presidente da República à época chegou a apresentar uma delas, em que se cogitava da prisão de dois Ministros do Supremo Tribunal Federal e do Presidente do Senado Federal. Mais adiante, numa revisão, concentrou a providência na pessoa do Ministro Presidente do Tribunal Superior Eleitoral. O Ministro da Defesa também reuniu os Comandantes militares para lhes propor ato consumativo de golpe, obtendo a adesão do Comandante da Marinha e a recusa dos Comandantes das outras duas Armas.

A resistência dos Comandantes custou-lhes o recrudescimento das campanhas de ódio por parte da organização criminosa, por meios virtuais, sempre no intuito de demover os legalistas da posição contrária ao golpe e estimular outros oficiais à iniciativa funesta.

Se tantas outras evidências não bastassem, tem-se nessa busca de apoio à insurreição das mais altas autoridades militares de cada uma das Forças indisputável caracterização de tentativa de golpe. Quando um Presidente da República, que é a autoridade suprema das Forças Armadas (art. 142, *caput*, da Constituição) reúne a cúpula dessas Forças para expor planejamento minuciosamente concebido para romper com a ordem constitucional, tem-se ato de insurreição em curso, apenas ainda não consumado em toda a sua potencialidade danosa. O mesmo se dá quando, como aconteceu, o Ministro da Defesa expõe plano de golpe às três maiores autoridades militares das Forças Armadas, não para dar conta de providências imediatas de repressão contra o proponente do crime, mas para deles obter adesão. A situação mais se agravava, uma vez que um dos Comandantes militares, o da Marinha, se dispôs a acudir ao chamado.

A execução de atos de essência golpista, e, portanto, criminosos desde logo, também se estampa em outro conjunto de episódios assombrosos desvendados no inquérito policial.

As investigações revelaram aterradora operação de execução do golpe, em que se admitia até mesmo a morte do Presidente da República e do Vice-Presidente da República eleitos, bem como a de Ministro do Supremo Tribunal Federal.

Os membros da organização criminosa estruturaram, no âmbito do Palácio do Planalto, plano de ataque às instituições, com vistas à derrocada do sistema de funcionamento dos Poderes e da ordem democrática, que recebeu o sinistro nome de "Punhal Verde Amarelo". O plano foi arquitetado e levado ao conhecimento do Presidente da República, que a ele anuiu, ao tempo em que era divulgado relatório em que o Ministério da Defesa se via na contingência de reconhecer a inexistência de detecção de fraude nas eleições.

O plano se desdobrava em minuciosas atividades, requintadas nas suas virtualidades perniciosas. Tinha no Supremo Tribunal Federal o alvo a ser "neutralizado". Cogitava do uso de armas bélicas contra o Ministro Alexandre de Moraes e a morte por envenenamento de Luiz Inácio Lula da Silva.

Outros planos encontrados na posse dos denunciados se somaram a este. Neles se buscava o *controle total* sobre os três Poderes; neles se dispunha sobre um gabinete central, que haveria de servir ao intuito de organizar a nova ordem que pretendiam implantar; um deles se encerrava com esta expressiva frase: "*Lula não sobe a rampa*".

Os planos culminaram no que a organização criminosa denominou de Operação Copa 2022, dotada ela mesma de várias etapas. A expectativa era a de que a Operação criasse comoção social capaz de arrastar o Alto Comando do Exército à aventura do golpe. Em execução inicial da operação, foram levadas a cabo ações de monitoramento dos alvos de *neutralização*, o Ministro Alexandre de Moraes e o Presidente eleito Lula da Silva. O plano contemplava a morte dos envolvidos, admitindo-se meios como explosivos, instrumentos bélicos ou envenenamento. No dia 15 de dezembro de 2022, os operadores do plano, com todos os preparativos completos, somente não ultimaram o combinado, por não haverem conseguido, na última hora, cooptar o Comandante do Exército.

A frustração dominou os integrantes da organização criminosa que, entretanto, não desistiram da tomada violenta do poder nem mesmo depois da posse do Presidente da República eleito. As campanhas pela intervenção militar prosseguiram com o alento e orientação da organização.

A última esperança da organização estava na manifestação de 8 de janeiro. Os seus membros trocavam mensagens, apontando que ainda aguardavam uma *boa notícia*. A organização incentivou a mobilização do grupo de pessoas em frente ao Quartel General do Exército em Brasília, que pedia a intervenção militar na política. Os participantes daquela jornada desceram toda a avenida que liga o setor militar urbano ao Congresso Nacional, acompanhados e escoltados por policiais militares do Distrito Federal.

Mais adiante, a multidão, que estava contida em lugar a distância cautelosa da Praça dos Três Poderes, viu-se livre de todo obstáculo policial para ali chegar e tomá-la de assalto. O policiamento foi desviado do ponto de barragem. Tiveram início as invasões dos prédios que sediam os Poderes da República, com destruição do patrimônio público, sob palavras de ódio e selvagens conclamações à tomada dos Poderes.

Os casos de invasão, destruição e brutalidades ocorridos em 8 de janeiro de 2023 têm sido analisados e julgados pelo Supremo Tribunal Federal em diversos processos penais. O Supremo Tribunal neles discerniu a ocorrência de crimes contra a ordem democrática, afirmando reiteradas vezes a tentativa de golpe.

O episódio foi fomentado e facilitado pela organização denunciada, que assim, por mais essa causa, deve ser responsabilizada por promover atos atentatórios à ordem democrática, com vistas a romper a ordem constitucional, impedir o funcionamento dos Poderes, em rebeldia contra o Estado de Direito Democrático. A violência cometida gerou prejuízos de larga monta, estimados em mais de 20 milhões de reais.

É de ser observado que o próprio Exército foi vítima da conspirata. A sua participação no golpe foi objeto de constante procura e provocação por parte dos denunciados. Os oficiais generais que resistiram às instâncias dos sediciosos sofreram sistemática e insidiosa campanha pública de ataques pessoais, que foram dirigidos até mesmo a familiares. As contínuas agressões morais se davam sempre no propósito de impeli-los ao movimento rebelde, servindo ainda de efeito indutor a que outros militares, embaídos pelo degenerado sentimento de patriotismo de que a organização criminosa se servia, formassem com os insurretos.

A decisão dos generais, especialmente dos que comandavam Regiões, e do Comandante do Exército de se manterem no seu papel constitucional foi determinante para que o golpe, mesmo tentado, mesmo posto em curso, não prosperasse.

Mas, crime houve. Tanto o art. 359-L como o art. 359-M do Código Penal tipificam atentado contra as instituições democráticas, portanto a tentativa, até pela acaciana verdade de que golpes que se consumam não dão ensejo a punição dos vitoriosos. A tentativa é o fato punível descrito na lei.

Não há, afinal, justificativa para o comportamento dos sediciosos. No regime da Constituição em vigor, cabe à Justiça eleitoral proceder à administração e ao controle judicial das eleições. Não existe a competência de militares ou de outros agentes do Executivo de rever, escrutinar, validar ou anular eleições. Essa competência, no quadro da ordem constitucional, é detida apenas pelo próprio Judiciário.

Repare-se que, de toda forma, a Justiça eleitoral, pelo seu tribunal de cúpula, esmerou-se na exaustiva demonstração pública da lisura e confiabilidade do sistema de votação e apuração de votos. A todas as objeções surgidas da obstinada busca de pretexto para desacreditá-lo, respondeu com razões técnicas, que permaneceram irrefutadas. Essa exposição da legitimidade do sistema nem era, a rigor, necessária.

Independentemente dos méritos do sistema eletrônico de votação e apuração, esse é o modelo imposto pela legislação a que todos e sobretudo as autoridades devem, por isso só, seguir. Além disso, exames levados a cabo pelas próprias Forças Armadas, apesar de muito estimuladas pelos propósitos do Presidente da República de encontrar defeitos e suspeitas, não flagrou evidência de fraude.

Diante disso, mais se acentuava a imposição de conformidade com a escolha feita pela população, contrária à permanência no Poder do então Presidente da República. Nada justificava que ele e os seus adeptos continuassem a deblaterar contra o sistema e a maquinar soluções profanadoras da estrutura constitucional da democracia. Que, mesmo assim, isso tenha acontecido é decerto fator de incremento de responsabilidade penal.

Seguem o resumo dos crimes imputados aos denunciados e o relato dos fatos que os caracterizam, segundo a ordem cronológica com que se sucederam.

Da organização criminosa

A responsabilidade pelos atos lesivos à ordem democrática recai sobre organização criminosa liderada por JAIR MESSIAS BOLSONARO, baseada em projeto autoritário de poder. Enraizada na própria estrutura do Estado e com forte influência de setores militares, a organização se desenvolveu em ordem hierárquica e com divisão das tarefas preponderantes entre seus integrantes.

JAIR MESSIAS BOLSONARO, junto com ALEXANDRE RODRIGUES RAMAGEM, ALMIR GARNIER SANTOS, ANDERSON GUSTAVO TORRES, AUGUSTO HELENO RIBEIRO PEREIRA, PAULO SÉRGIO NOGUEIRA DE OLIVEIRA e WALTER SOUZA BRAGA NETTO, integrantes do alto escalão do Governo Federal e das Forças Armadas, formaram o núcleo crucial da organização criminosa, mesmo tenha havido adesão em momento distinto. Deles partiram as principais decisões e ações de impacto social que serão narradas nesta denúncia. MAURO CÉSAR BARBOSA CID, embora com menor autonomia decisória, também fazia parte desse núcleo, atuando como porta-voz de JAIR MESSIAS BOLSONARO e transmitindo orientações aos demais membros do grupo.

Em um segundo plano, os denunciados com posições profissionais relevantes gerenciaram as ações elaboradas pela organização. SILVINEI VASQUES, MARÍLIA FERREIRA DE ALENCAR e FERNANDO DE SOUSA OLIVEIRA coordenaram o emprego das forças policiais para sustentar a permanência ilegítima de JAIR MESSIAS BOLSONARO no poder. MARIO FERNANDES ficou responsável por coordenar as ações de monitoramento e neutralização de autoridades públicas, em conjunto com MARCELO COSTA CÂMARA, além de realizar a interlocução com as lideranças populares ligadas ao dia 8.1.2023. FILIPE GARCIA MARTINS PEREIRA apresentou e sustentou o projeto de decreto que implementaria medidas excepcionais no país.

As ações coercitivas foram executadas por membros das forças de segurança pública que se alinharam ao plano antidemocrático. ESTEVAM CALS THEOPHILO GASPAR DE OLIVEIRA, como Comandante do Comando de Operações Terrestres (COTER), aceitou coordenar o emprego das forças terrestres conforme as diretrizes do grupo. HÉLIO FERREIRA LIMA, RAFAEL MARTINS DE OLIVEIRA, RODRIGO BEZERRA DE AZEVEDO e WLADIMIR MATOS SOARES lideraram ações de campo voltadas ao monitoramento e neutralização de autoridades públicas. Os especialistas BERNARDO ROMÃO CORREA NETTO, CLEVERSON NEY MAGALHÃES, FABRÍCIO MOREIRA DE BASTOS, MÁRCIO NUNES DE RESENDE JÚNIOR, NILTON DINIZ RODRIGUES, SERGIO RICARDO CAVALIERE DE MEDEIROS e RONALD FERREIRA DE ARAUJO JUNIOR promoveram ações táticas para convencer e pressionar o Alto Comando do Exército a ultimar o golpe.

Operações estratégicas de desinformação ficaram a cargo de AILTON GONÇALVES MORAES BARROS, ANGELO MARTINS DENICOLI, PAULO RENATO DE OLIVEIRA FIGUEIREDO FILHO, REGINALDO VIEIRA DE ABREU, CARLOS CESAR MORETZSOHN ROCHA, GIANCARLO GOMES RODRIGUES, MARCELO ARAÚJO BORMEVET, e GUILHERME MARQUES DE ALMEIDA. Eles propagaram notícias falsas sobre o processo eleitoral e realizaram ataques virtuais a instituições e autoridades que ameaçavam os interesses do grupo. Todos estavam cientes do plano maior da organização e da eficácia de suas ações para a promoção de instabilidade social e consumação da ruptura institucional.

A natureza estável e permanente da organização criminosa é evidente em sua ação progressiva e coordenada, que se iniciou em julho de 2021 e se estendeu até janeiro de 2023. As práticas da organização caracterizaram-se por uma série de atos dolosos ordenadas à abolição do Estado Democrático de Direito e à deposição do governo legitimamente eleito.

Dos crimes contra as instituições democráticas

A ação coordenada foi a estratégia adotada pelo grupo para perpetrar crimes contra as instituições democráticas, os quais não seriam viáveis por meio de um único ato violento. A complexidade da ruptura institucional demandou um *iter criminis* mais distendido, em que se incorporavam narrativas contrárias às instituições democráticas, a promoção de instabilidade social e a instigação e cometimento de violência contra os poderes em vigor.

A consumação do crime do art. 359-M do Código Penal ("*Tentar depor, por meio de violência ou grave ameaça, o governo legitimamente constituído*") ocorreu por meio de sequência de atos que visavam romper a normalidade do processo sucessório. Esse propósito ficou evidente nos ataques recorrentes ao processo eleitoral, na manipulação indevida das forças de segurança pública para interferir na escolha popular, bem como na convocação do Alto Comando do Exército para obter apoio militar a decreto que formalizaria o golpe. A organização criminosa seguiu todos os passos necessários para depor o governo legitimamente eleito, objetivo que, buscado com todo o empenho e realizações de atos concretos em seu benefício, não se concretizou por circunstância que as atividades dos denunciados não conseguiram superar – a resistência dos Comandantes do Exército e da Aeronáutica às medidas de exceção.

Os denunciados também encadearam ações para abolir violentamente o Estado Democrático de Direito (art. 359-L do Código Penal). Minaram em manobras sucessivas e articuladas os poderes constitucionais diante da opinião pública e incitaram a violência contra as suas estruturas. As instituições democráticas foram vulneradas em pronunciamentos públicos agressivos e ataques virtuais, proporcionados pela utilização indevida da estrutura de inteligência do Estado. O ímpeto de violência da população contra o Poder Judiciário foi exacerbado pela manipulação de notícias eleitorais baseadas em dados falsos. Ações de monitoramento contra autoridades públicas colocaram em risco iminente o pleno exercício dos poderes constitucionais. Os alvos escolhidos pela organização criminosa somente não foram violentamente "neutralizados" devido à falta de apoio do Alto Comando do Exército ao decreto golpista, que previa expressamente medidas de interferência nos poderes constitucionais.

As ações progressivas e coordenadas da organização criminosa culminaram no dia 8 de janeiro de 2023, ato final voltado à deposição do governo eleito e à abolição das estruturas democráticas. Os denunciados programaram essa ação social violenta com o objetivo de forçar a intervenção das Forças Armadas e justificar um Estado de Exceção. A ação planejada resultou na destruição, inutilização e deterioração de patrimônio da União, incluindo bens tombados. Todos os denunciados, em unidade de desígnios e divisão de tarefas, contribuíram de maneira significativa para o projeto violento de poder da organização criminosa, especialmente para a manutenção do cenário de instabilidade social que culminou nos eventos nocivos. A organização criminosa, por meio de seus integrantes, direcionou os movimentos populares e interferiu nos procedimentos de segurança necessários, razão pela qual responde pelos danos causados, conforme os art. 163, parágrafo único, I, III e IV, do Código Penal e no art. 62, I, da Lei n. 9.605/1998.

É importante dar relevo a que os tipos penais dos artigos 359-L e 359-M do Código Penal referem-se a crimes de atentado, que prescindem do resultado naturalístico para se consumar. A concretização desses tipos é verificada pela realização de atos executórios – que serão detalhados a seguir – voltados a um resultado doloso, mesmo que este não tenha sido alcançado por circunstâncias alheias à vontade dos agentes.

Dos atos executórios voltados à restrição dos poderes constitucionais e deposição do governo legitimamente eleito

A *live* do dia 29.7.2021

JAIR MESSIAS BOLSONARO inaugurou os seus ataques ao sistema eleitoral brasileiro ainda durante a campanha presidencial de 2018 e persistiu na narrativa infundada de fraude, após ser eleito. A fraude, que nunca conseguiu nem descrever nem demonstrar, teria impedido que se houvesse sagrado vencedor das eleições de 2018 desde o primeiro turno.

Os pronunciamentos do denunciado, que, até então, aparentavam ser pontuais e insuficientes para afetar significativamente a opinião pública, ganharam contornos massivos e contundentes a partir do dia 29.7.2021, quando o então Presidente da República realizou transmissão ao vivo ("*live*"),[2] nas dependências do Palácio do Planalto, para tratar especificamente do sistema eletrônico de votação.

Nesse momento, as pesquisas já apontavam a queda de popularidade do Governo de JAIR MESSIAS BOLSONARO e a liderança do candidato da oposição na preferência do eleitorado.[3] A possibilidade de derrota no pleito vindouro fez com que a organização criminosa se antecipasse, escalando os ataques às urnas eletrônicas, a fim de lhes desgastar a idoneidade perante a população, preparando os ânimos para movimentos de rebeldia contra os resultados negativos para o grupo.

A *live* foi transmitida em tempo real pelos perfis de JAIR MESSIAS BOLSONARO, na plataforma *YouTube* e na rede social *Facebook*, e serviu

---

2 O conteúdo da transmissão foi extraído e preservado pela Polícia Federal, conforme RAPJ n. 7/2021, e encontra-se integralmente transcrito no Auto de Transcrição n. 1744556 – fls. 41/85, RE 2021.0059778 (PET 9.842).

3 https://www.gazetadopovo.com.br/republica/pesquisa-eleitoral-mostra-lula-na-frente-de-bolsonaro-julho-2021/amp/ (acesso em 24.1.2025) https://g1.globo.com/politica/noticia/2021/07/09/lula-tem-46percent-e-bolsonaro-25percent-no-1o-turno-aponta-pesquisa-datafolha-para-a-eleicao-de-2022.ghtml?utm_source=whatsapp&utm_medium=sharebar-mobile&utm_campaign=materias (acesso em 31.01.2025).

para que o denunciado falasse, sem apresentar elementos concretos, de falta de segurança das urnas eletrônicas e de lapso na transparência na contagem de votos. O então Presidente ainda lançou invectivas contra o que antecipou como sendo interferências de Ministros do Supremo Tribunal Federal e do Tribunal Superior Eleitoral no resultado das eleições.[4]

---

4 Segue a transcrição parcial das falas do ex-Presidente:

"Nos regimes não democráticos – que existe eleição em regime não democrático também – quem ganha eleição não é quem vota, é quem conta o voto. Vamos ficar vivendo com essa desconfiança até quando?

Essas urnas surgiram no final dos anos 90. Eu fui favorável a elas. Dei declarações favoráveis a elas, mas a tecnologia ainda é a mesma, a sua segurança quase nada mudou de lá pra cá. Imaginemos que as mesmas medidas que os bancos usavam nos anos 90 pra combater a entrada nas contas dos clientes fosse usada nos dias de hoje. Qual segurança nós teríamos? Por que, Senhor Barroso? Nós estamos oferecendo mais uma maneira de dar transparência às eleições. Vossa Excelência é contra.

(...)

Uma das vontades do povo são eleições limpas. Por que o presidente do TSE quer manter a suspeição sobre eleições? Quem ele é? Por que ele continua interferindo por aí? Com que poder? Não quero acusá-lo de nada, mas algo de muito esquisito acontece. Para onde vai o nosso Brasil? Que exemplo de democracia estamos dando para o mundo?

(...)

Se o Datafolha está certo, vamos mudar o sistema, Presidente Barroso, Presidente do TSE, Barroso. Que assim esse candidato vai ser eleito. Agora, quem não quer mudar o sistema, porque tem certeza que o voto não auditável servirá para eleger quem não tem voto?

Repito: quem tirou o Lula da cadeia, quem o tornou elegível é quem vai contar os votos lá no TSE, na sala escura. E devemos entubar? E dizer que Ministro Barroso está certo, as urnas são invioláveis? A NASA é violável. Os nossos ministérios, aqui, quantas vezes se invade neles? As agências bancárias? A conta de vocês? Só as urnas, só a transmissão de dados, só a contagem lá dentro da sala escura, da sala secreta.

(...)

Isso aconteceu largamente, por ocasião das eleições de 2018. Tem vários vídeos demonstrando isso daí, exatamente o que está aí. E agora, a gente pergunta: Vamos deixar

Revelando a presença consigo, no local da transmissão, do General da Reserva AUGUSTO HELENO RIBEIRO PEREIRA, Chefe do Gabinete de Segurança Institucional (GSIJAIR), BOLSONARO aproveitou para incitar publicamente a intervenção das Forças Armadas, que tratava como "sua", já procurando justificá-lo como expressão da vontade firme e real do povo, a que as Forças historicamente estariam aliadas:

> Nas andanças por aí, eu vejo brilhar os olhos do Ministro Augusto Heleno, de ver a sua pátria tomada pelas cores verde e amarela. Parece que, eu vejo na cara dele, que encarnou ali, a figura, não é nem de um aspirante, é de um cadete da Academia Militar das Agulhas Negras (ou não é, general?). Nós conseguimos trazer de volta o patriotismo para o povo brasileiro, e tem gente incomodada com isso; quer destruir isso, usando as armas da democracia. O povo não vai permitir isso, e, digo a vocês, que o meu exército é o povo brasileiro.
> **O Exército verde oliva é o exército do Brasil. Também nunca faltou, quando a nação assim chamou os homens das Forças Armadas. A história viveu momentos difíceis, mas a nossa liberdade foi preservada. Onde as Forças Armadas não acolheram o chamamento do povo, o povo perdeu sua liberdade. Orgulho da minha Marinha, do meu Exército, da minha Aeronáutica, orgulho das Forças de Segurança Nacional, nossas polícias militares, polícias civis, que, com toda maneira como são destratadas, em muitos estados, ainda prestam um excepcional serviço ao cidadão do Brasil.** (sem grifos no original)

Além de AUGUSTO HELENO RIBEIRO PEREIRA, ANDERSON GUSTAVO TORRES também se encontrava no local e chegou a participar ativamente da transmissão. Na condição de Ministro da Justiça e Segurança Pública, contribuiu para a propagação de notícias inidôneas

---

isso continuar acontecendo? Acabando as eleições, a gente vai judicializá-la. Quem vai julgar? Os mesmos que tiraram o Lula da cadeia, que tornaram elegível, que contaram os votos deles."

sobre o sistema eletrônico de votação, ao discorrer sobre possíveis recomendações sugeridas por peritos da Polícia Federal quanto ao processo de contabilização de votos.[5]

Ouvido pela Polícia Federal em 26.8.2021,[6] ANDERSON GUSTAVO TORRES confirmou a participação na *live* realizada pelo ex- Presidente e admitiu, então, que mentira na transmissão, reconhecendo que *"não foi possível depreender do material que teve acesso a existência de fraude ou manipulação de voto"*.

Evidenciou-se a intenção dos denunciados de propagar informações sem lastro, inverídicas, sobre o sistema eleitoral. A concitação expressa às Forças Armadas marca o início da execução do plano de ruptura com o Estado Democrático de Direito. Sedimentou-se, a partir daí, a mensagem que seria sistematicamente replicada pela organização criminosa – a de tornar natural e desejável o uso da força contra as instituições democráticas.

---

5 Segue a transcrição da fala de ANDERSON GUSTAVO TORRES: "Com licença, Presidente. Corroborando aí as informações e a questão do voto auditável, acho importante a gente trazer à tona alguns relatórios.

O Tribunal Superior Eleitoral convidou a Polícia Federal pra participar da análise do código dos sistemas eleitorais das eleições desde o ano de 2016. A Polícia Federal foi convidada.

Os peritos da Polícia Federal, e aí acho importante dizer, que são aqueles especialistas responsáveis pelas análises criminais e de crimes cometidos, crimes cibernéticos, esses são esses profissionais. Os peritos emitiram algumas considerações e sugestões, que eu acho importante a gente trazer aqui, neste momento, pra que a gente supere algumas dúvidas aí, muito questionamento, muita coisa a respeito dessa questão das urnas eletrônicas, Presidente.

Então, eu vou ler algumas coisas aqui. Algumas sugestões que a Polícia Federal deu atendendo a esse convite do Tribunal Superior Eleitoral.

Por exemplo, ela diz aqui que um dos fundamentos do sistema de votação é que o mesmo seja auditável em todas as suas etapas. Apesar de ser possível auditar a totalização dos boletins de urna, não é possível auditar, de forma satisfatória, o processo entre a votação do eleitor e a contabilização do voto no boletim de urna".

6 Fls. 21/23, RE 2021.0059778 (PET 9.842).

Construção da mensagem

Para deflagrar o plano criminoso, JAIR MESSIAS BOLSONARO contou com o auxílio direto de AUGUSTO HELENO RIBEIRO PEREIRA, Chefe do Gabinete de Segurança Institucional (GSI) à época, e ALEXANDRE RAMAGEM RODRIGUES, Delegado de Polícia Federal e então Diretor-Geral da Agência Brasileira de Inteligência – ABIN. As investigações revelaram o importante papel dos dois denunciados na construção e direcionamento das mensagens que passaram a ser difundidas em larga escala pelo então Presidente da República a partir do dia 29.7.2021.

Os documentos apreendidos em poder de AUGUSTO HELENO e ALEXANDRE RAMAGEM confirmaram o alinhamento ideológico de ambos e a existência de uma ação conjunta para a preparação da narrativa difundida por JAIR MESSIAS BOLSONARO.

Dentre os materiais encontrados na residência de AUGUSTO HELENO,[7] analisados na IPJ-M n. 2898485/2024, foram identificadas anotações manuscritas, em uma agenda com logomarca da Caixa Econômica Federal, sobre o planejamento prévio da organização criminosa de fabricar um discurso contrário às urnas eletrônicas.

A anotação com o título "*REU DIRETRIZES ESTRATÉGICAS*" (reunião de diretrizes estratégicas) enumerou quatro ações que deveriam ser

7 Busca e apreensão realizada em 8.2.2024.

adotadas pelo grupo criminoso. Entre elas figurava "*estabelecer um discurso sobre urnas eletrônicas e votações*", acompanhada do registro "*é válido continuar a criticar a urna eletrônica*".

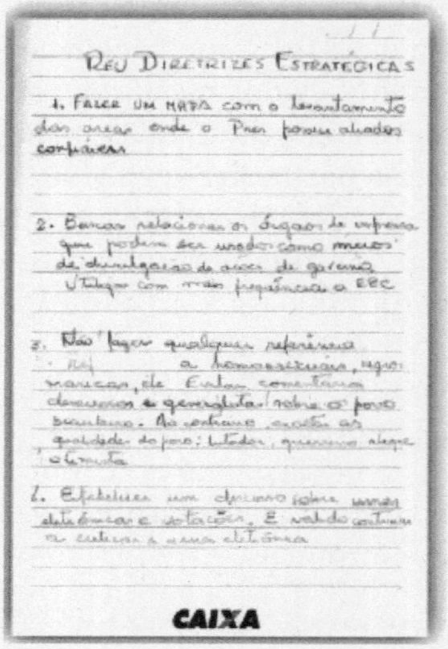

Digitação do texto manuscrito:

REU DIRETRIZES ESTRATÉGICAS

1. *Fazer um mapa com o levantamento das áreas onde o Pres possui aliados confiáveis*

2. *Buscar relacionar os órgãos de imprensa que podem ser usados como meios de divulgação de ações de governo. Utilizar com mais frequência a EBC*

3. *Não fazer qualquer referência a homossexuais, negros, maricas, etc. Evitar comentários desairosos e generalistas sobre o povo brasileiro. Ao contrário, exaltar as qualidades do povo: lutador, guerreiro, alegre, otimista.*

4. *Estabelecer um discurso sobre urnas eletrônicas e votações. É válido continuar a criticar a urna eletrônica. (grifo nosso)*

Na agenda, ainda foram encontradas outras anotações esparsas sobre fraudes no sistema eletrônico de votação e transmissão de dados dos votos, como por exemplo: *"FRAUDES PRÉ PROGRAMADAS ", "MECANISMO USADO PARA FRAUDAR ", "ESCRITÓRIO VENDE ALGORÍTMOS ", "TSE – 1 alimenta"* e *"9 MILHÕES DE VOTOS ELEITORES"*.

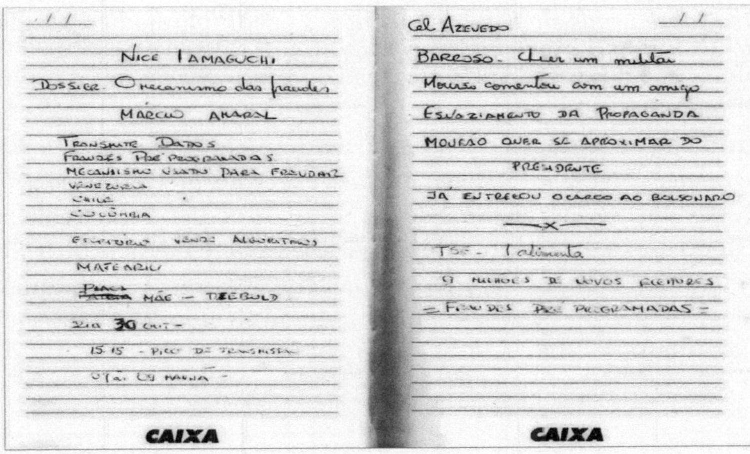

Digitação do texto manuscrito:	*Digitação do texto manuscrito:*
NICE IAMAGUCHI *DOSSIER. O mecanismo das fraudes* *MÁRCIO AMARAL* *TRANSMITE DADOS* *FRAUDES PRÉ PROGRAMADAS* *MECANISMO USADO PARA FRAUDAR* *VENEZUELA* *CHILE* *COLÔMBIA* *ESCRITÓRIO VENDE ALGORÍTMOS* *MATEARILI* *PLACA MÃE – DIEBOLD* *DIA 30 OUT –* *15.15 – PICO TRANSMISSÃO* *07 às 09 MANHÃ -*	*Cel AZEVEDO* *BARROSO – Quer um militar* *Mourão comentou com um amigo* *ESVAZIAMENTO DA PROPAGANDA* *MOURÃO QUER SE APROXIMAR DO PRESIDENTE* *JÁ ENTREGOU O CARGO AO BOLSONARO* *---------X---------* *TSE – 1 alimenta* *9 MILHÕES DE VOTOS ELEITORES* *FRAUDES PRÉ PROGRAMADAS*

Em poder de AUGUSTO HELENO, também foram encontrados outros documentos relacionados a supostas inconsistências e vulnerabilidades das urnas eletrônicas, para servirem às mensagens infundadas propagadas por JAIR MESSIAS BOLSONARO.

É o caso do documento intitulado *"Relatório de Análise de Urna Eletrônica (2016)"*, que apresentava quatro argumentos sobre a impossibilidade de *"auditar de forma satisfatória"* o processo de votação e a contabilização dos votos, sob a alegação de que as chaves de criptografia não eram bem protegidas.

Identificou-se, ainda, o documento denominado *"Relatório de Inspeção de Códigos Fontes do Sistema Brasileiro de Votação Eletrônica, edição 2020"*, que descrevia trabalhos de inspeção do código fonte realizados no período de 5 a 9.10.2020. O texto criticava a dependência do sistema eletrônico de votação a elementos de criptografia e recomendava a utilização de meios físicos e manuais para individualização do eleitor e do candidato.

Relatório de Análise Urna Eletrônica (2016)

RELATORIO DA POLICIA DE FEDERAL APÓS CONVITE DO TSE (2016)

- NÃO É POSSÍVEL AUDITAR DE FORMA SATISFATÓRIA O PROCESSO ENTRE A VOTAÇÃO DO ELEITOR E A CONTABILIZAÇÃO DO VOTO NO BOLETIM DE URNA.

- NÃO HÁ COMO FAZER CORRESPONDÊNCIA ENTRE UM ELEITOR ESPECÍFICO E O SEU VOTO NO RDV.

- AS CHAVES DE CRIPTOGRAFIA NÃO SÃO SUFICIENTEMENTE BEM PROTEGIDAS. UM ADVERSÁRIO COM ACESSO AO CARTÃO *COMPACT FLASH* PODE EXTRAIR AS CHAVES DO SISTEMA DE ARQUIVOS, DECIFRAR O MESMO E OBTER AS CHAVES PRIVADAS PRESENTES DENTRO DO SISTEMA DE ARQUIVOS

- O PROCESSO DE VOTAÇÃO PARALELA É IMPORTANTE PARA PROCURAR ATESTAR QUE A URNA ELETRÔNICA OPERA CONFORME PLANEJADO

Relatório de Inspeção de Códigos Fontes do Sistema Brasileiro de Votação Eletrônica, edição 2020

Este relatório descreve os trabalhos de Inspeção do Código Fonte do Sistema Eletrônico de Votação realizado nas instalações do Tribunal Superior Eleitoral entre os dias 05 e 09/10/2020 de 9:00 às 18:00.

- RECOMENDA-SE QUE O PROCESSO DE ASSINATURA SEJA MANUAL E QUE SE USE ALGUM ELEMENTO FÍSICO COMO TOKENS QUANDO FOR NECESSÁRIO ASSINAR ESTES DADOS. A ALTERAÇÃO DE DADOS DE CANDIDATO E ELEITOR PODERIA COMPROMETER UM PLEITO.

- O SISTEMA COMO UM TODO É MUITO DEPENDENTE DE ELEMENTOS DE CRIPTOGRAFIA. ESSA CONDIÇÃO TORNA O SISTEMA VULNERÁVEL A UM ATACANTE MOTIVADO E QUE TENHA ACESSO A ELEMENTOS QUE CONTENHAM ESSAS CHAVES.

- ELEMENTOS FÍSICOS DEVEM SER USADOS SEMPRE QUE POSSÍVEL, COM INTERAÇÃO MANUAL QUANDO SE TRATAR DE PROCEDIMENTOS DE ASSINATURA ÚNICA PARA UM PLEITO.

Os elementos informativos que eram coligidos e empregados na campanha de descrédito das instituições eleitorais não mais se sustentavam faticamente ao tempo da sua propagação por JAIR MESSIAS BOLSONARO. As eleições de 2016[8] e de 2020[9] foram auditadas, desmen-

8 https://www.tse.jus.br/comunicacao/noticias/2016/Agosto/eleicoes-seguras-testes-publicos-e-auditorias-garantem-seguranca-do-processo-eleitoral-brasileiro , acessado em 18.2.2025.

9 https://www.tse.jus.br/eleicoes/eleicoes-2020/auditoria-de-funcionamento-das-urnas-eletronicas, acessado em 18.2.2025.

tindo-se a existência de vícios perturbadores da integridade desses processos eleitorais.

Ao se voltar contra o que se achava já estabelecido, BOLSONARO, auxiliado por AUGUSTO HELENO, desprezou o ônus, imposto por imperativo de integridade, de, ao menos, apresentar argumentos e evidências que justificassem o dissenso com as conclusões oficiais. Sem isso, ficou nítida a má-fé na perpetuação de narrativas já suficientemente desautorizadas. Os denunciados somente reafloraram especulações da época, avultando o intuito restrito de desmoralizar o processo democrático.

As diretrizes e os argumentos preparados por AUGUSTO HELENO guardavam perfeita sintonia com o material encontrado na posse de ALEXANDRE RAMAGEM. Dentre os arquivos digitais a ele vinculados, localizou-se o documento intitulado *"Presidente TSE informa.docx"*, que apresentava uma série de argumentos contrários às urnas eletrônicas, voltados a subsidiar as falas públicas de JAIR MESSIAS BOLSONARO.

Registre-se que o arquivo continha metadados de criação em 10.7.2021 e modificação final em 27.7.2021, pelo usuário "aramagem@yahoo.com",[10] exatamente dois dias antes da *live* realizada pelo então Presidente da República em 29.7.2021.

A redação do documento, feita em primeira pessoa, não deixa dúvida de que ali se encontravam as orientações pessoais de ALEXANDRE RAMAGEM ao então Presidente da República JAIR MESSIAS BOLSONARO, como se observa da seguinte passagem:

> **Por tudo que tenho pesquisado, mantenho total certeza de que houve fraude nas eleições de 2018, com vitória do Sr. no primeiro turno.** Todavia, ocorrida na alteração de votos. O argumento na anulação de votos não teria esse alcance todo. **Entendo que argumento de anulação de votos não seja uma boa linha de ataque às urnas.** Na realidade, a urna já se encontra em total descrédito perante a população. Deve-se enaltecer essa questão já consolidada subjetivamente. ...**A prova da vulnerabilidade já foi feita em 2018,**

10 IPJ n. 3032257/2024.

> **antes das eleições. Resta somente trazê-la novamente e constantemente.** A exposição do advogado dos peritos e técnicos já espanca qualquer credibilidade da urna. **Deve-se dar continuidade àqueles argumentos, com devida e constante publicidade.** (...) **Estas questões que devem ser massificadas.** A credibilidade da urna já se esvaiu, assim como a reputação de ministros do STF. (...) Claramente, os três ministros do STF estão contra: - a segurança do pleito eleitoral; - a evolução das urnas eletrônicas; - o estabelecimento de integridade e transparência nos resultados das urnas. **Estes os pontos que acredito devem ser permanentemente difundidos.** Na parte técnica, a urna já esta sem credibilidade, assim como o STF. (sem grifos no original)

ALEXANDRE RAMAGEM tinha por costume documentar as orientações que repassava a JAIR MESSIAS BOLSONARO, o que permitiu a identificação de outras ações que precederam e preparam o cenário para a deflagração do plano de permanência no poder à revelia da ordem constitucional.

No arquivo denominado *"Bom dia Presidente.docx"*, vinculado ao usuário "aramagem@yahoo.com", criado em 4.3.2020 e modificado pela última vez em 11.3.2021, é relatada a criação de um grupo técnico para desacreditar as urnas eletrônicas. O documento revela que ALEXANDRE RAMAGEM, desde a fase preparatória da trama criminosa, já contava com a *"ajuda"* de ANGELO MARTINS DENICOLI.

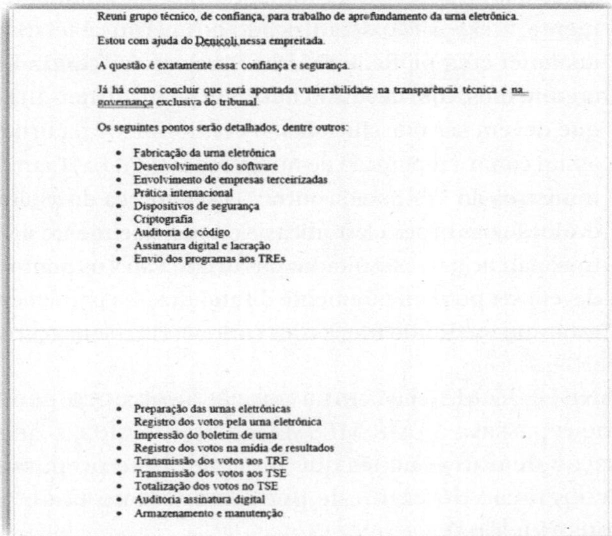

Reuni grupo técnico, de confiança, para trabalho de aprofundamento da urna eletrônica.

Estou com ajuda do Denicoli nessa empreitada.

A questão é exatamente essa: confiança e segurança.

Já há como concluir que será apontada vulnerabilidade na transparência técnica e na governança exclusiva do tribunal.

Os seguintes pontos serão detalhados, dentre outros:

- Fabricação da urna eletrônica
- Desenvolvimento do software
- Envolvimento de empresas terceirizadas
- Prática internacional
- Dispositivos de segurança
- Criptografia
- Auditoria de código
- Assinatura digital e lacração
- Envio dos programas aos TREs

- Preparação das urnas eletrônicas
- Registro dos votos pela urna eletrônica
- Impressão do boletim de urna
- Registro dos votos na mídia de resultados
- Transmissão dos votos aos TRE
- Transmissão dos votos aos TSE
- Totalização dos votos no TSE
- Auditoria assinatura digital
- Armazenamento e manutenção

Figura 12 – Trecho do documento "Bom dia Presidente.docx"

Em seu depoimento à Polícia Federal, ALEXANDRE RAMAGEM alegou que "*costumava escrever textos de fontes abertas para comunicação de fatos de possível interesse do então Presidente da República e o interrogado informa que isso não quer dizer que tenha transmitido ao presidente a totalidade ou parte dos argumentos que foram redigidos*".

Ao contrário do que disse, porém, os arquivos foram compartilhados com JAIR BOLSONARO. Identificou-se a convergência do trecho do arquivo *"Presidente TSE informa.docx"* com o conteúdo do documento *"DD1E3DDA-393D-49D8-A8B3-C64DF210AD14.large.JPG"* (*print* de mensagem), encontrado num diálogo entre RAMAGEM e o interlocutor de nome "JB 01 8", evidentemente o Presidente JAIR MESSIAS BOLSONARO.

Outras coincidências nos arquivos pessoais de AUGUSTO HELENO e ALEXANDRE RAMAGEM reforçam o liame subjetivo existente entre os denunciados e a participação de ambos no direcionamento estratégico da organização criminosa.

O documento do tipo *"nota"*, intitulado *"PR Presidente"*, com metadados de criação em 5.5.2020 e modificação final em 21.3.2023, continha orientações de ALEXANDRE RAMAGEM a JAIR MESSIAS BOLSONARO sobre temas[11] e eventos variados ocorridos durante o mandato presi-

---

11 É o caso, por exemplo, das orientações de RAMAGEM para que o Presidente da República interferisse na administração da Polícia Federal, a fim de restringir a atuação funcional de Delegados da Polícia Federal em inquéritos com tramitação no Supremo Tribunal Federal:

"Tema: PRESIDÊNCIA DE INQUÉRITOS POLICIAIS FEDERAIS JUNTO AO STF
Bom dia, Presidente

Inquéritos com trâmite junto ao STF tem que ser presididos pelo próprio Diretor-Geral da PF.

Irão espernear, mas o argumento é válido. Similaridade com o MP, onde o PGR preside todos os procedimentos em trâmite junto ao STF e outros tribunais superiores.

Não desrespeita alteração da presidência do inquérito e prerrogativas do delegado, da Lei 12.830.

Toda logística para deflagração e cumprimento dos mandados, ao final, sempre passa pela direção ou por superintendentes. A diferença agora é que as decisões do STF são manifestamente ilegais e inconstitucionais.

Por que Corregedoria, Direção e Ministério da Justiça não estão enfrentando ou contestando essas decisões ?

Por que não estão contestando estas decisões do STF manifestamente ilegais e inconstitucionais? Por que Corregedoria, Direção e Ministério da Justiça não estão enfrentando ou contestando essas questões ?

(...)

Não sei se é o momento ou qual seria este momento, porque despertará reclamações na imprensa e nos setores militantes da PF

Estes inquéritos especiais tramitam na PF em setor chamado SINQ (mudou para GINQ).

Não estão administrando corretamente o setor. Há muita gestão política, sem devida força administrativa.

Não há escolha de delegados sérios para a presidência destes inquéritos especiais.

(...)

Há um projeto interno das associações para que diversos delegados sejam adotados por estes ministros do STF.

dencial. No extenso arquivo, além de novas anotações contrárias às urnas eletrônicas e favoráveis à intervenção das forças armadas,[12] foi identificada a sugestão de que o Presidente se utilizasse da estrutura da Advocacia-Geral da União (AGU) para emitir atos que tornassem devido o descumprimento, pela Polícia Federal, de ordens judiciais que desagradassem o grupo. A estratégia serviria para anular decisões judiciais proferidas pelo Supremo Tribunal Federal contrárias aos interesses de JAIR BOLSONARO:

Além disso, a PF nunca questionou a indicação de delegados por ministros do STF para investigações, da instauração arbitrária dos inquéritos e de como as diligências estão sendo executadas.

A direção-geral e a corregedoria da PF precisam de mais coragem para apenas aplicarem a lei.

(...)

12 Segue, a título exemplificativo a seguinte nota encontrada no documento:

Bom dia, Presidente

Recomendo não apresentar tabelas Excel para apontar discrepâncias na totalização de votos.

As perícias estão derrubando estas tabelas por erros matemáticos e de alimentação. Muitas inclusive já na internet.

Peça a explicação mais por números e gráficos, com a conclusão da impossibilidade de repetida alternância para manter resultado.

Aproveite que a urna já está em descrédito com a sociedade e demonstre a luta do STF para que não haja controle auditável.

O povo deve ter ciência que se trata de uma evolução da urna eletrônica para maior integridade e transparência, além de exp inconsistência entre alternativa.

Parabéns, Presidente, pela medida e demonstração de força com a manifestação das Forças Armadas.

A função de chefe de Estado está acima dos três poderes, como representante público mais elevado do País e principal articulador das vontades da população.

A Presidência detém o monopólio do uso legítimo da força. Se inevitável, a estratégia tem tanta importância quanto a execução, em diversos flancos.

Conte comigo sempre.

Tema: ATAQUE ÀS URNAS E AOS PODERES
Bom dia, Presidente
Este é o inquérito derradeiro, a complementar os demais, preparando fundamento para diversas medidas judiciais para quando quiserem deflagrar (afastamentos, inelegibilidade, buscas e prisões).
Não conseguem imputar crimes (como até expressamente declarado nos autos), mas forçam a continuidade para investigar e inventam condutas com aspectos ilícitos.
Afirmam limite de crimes contra a honra e liberdade de expressão, não conseguem imputar crimes, mas criam narrativa de atividade ilícita para condenar.
Corregedoria da PF, DG/PF, MJ e PGR podem arguir ilegalidade nas: instauração dos inquéritos, violação do sistema acusatório e escolha de delegados pelo STF sem distribuição.
Corregedoria da PF, DG/PF e MJ podem inclusive pedir parecer da AGU.
Após nada ser questionado, a delegada do STF avançou em absurdos da imputação de quebra de sigilo funcional e agora na imputação de ilícito de elaboração
E divulgação de conteúdo ofensivo (porém, sem se tratar de crime contra honra ou outros)
Nesta parte final, o controle de imputação de crimes não é da PF, pela liberdade nos autos, mas do MP e Judiciário, por não ser vícios gerais como os citados antes.
Este controle dentro dos autos é da PGR e do STF.
Em todos os casos, um parecer técnico-jurídico darão suporte para apontar violações constitucionais e legais.
Os pareceres respaldarão o não atendimento de medidas judiciais por estarem manifestamente contrárias à lei.
As unidades da PF responsáveis pela execução de mandados não estão diretamente ligadas às determinações dos inquéritos.
Necessitam apenas de respaldo legal (pareceres) e comando hierárquico para cumprir ou não as medidas do STF manifestamente contrárias à lei. (sem grifos no original)

A orientação de ALEXANDRE RAMAGEM é idêntica à anotação encontrada na agenda de AUGUSTO HELENO, a respeito de plano para descumprir decisões judiciais sensíveis ao grupo. Nos mesmos moldes da nota de RAMAGEM, propunha que o ex-Presidente da República utilizasse a estrutura da Advocacia-Geral da União (AGU) para emissão de parecer que dessem calço à desobediência a decisões judiciais, pretextando manifesta ilegalidade. O plano consistia em coagir a Polícia Federal a ignorar as ordens emanadas pelo Supremo Tribunal Federal, com isso escudando JAIR BOLSONARO e a organização criminosa.

Os manuscritos orientavam a consumação do plano teratológico, passo a passo. AUGUSTO HELENO previu, inicialmente, o acionamento da AGU via Ministério da Justiça (MJ), "*em caráter de urgência*", para emissão de parecer "*fundamentado na Const Federal*".

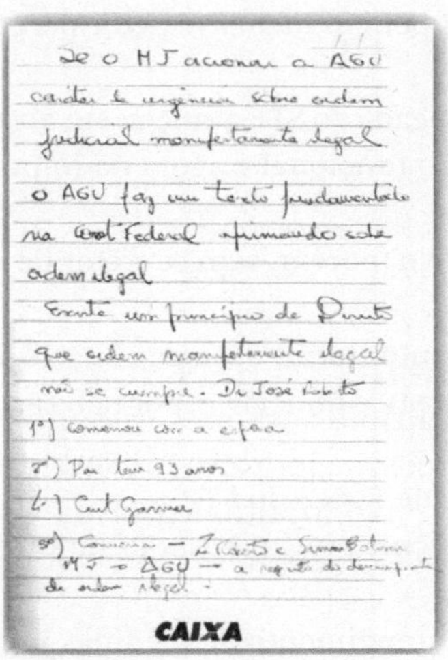

Digitação do texto manuscrito:

Se o MJ acionar a AGU caráter de urgência sobre ordem judicial manifestamente ilegal o AGU faz um texto fundamentado na Const Federal afirmando sobre ordem ilegal

Existe um princípio de Direito que ordem manifestamente ilegal não se cumpre. Dr. Jose Roberto

1º) Conversou com a esposa

2º) Pai tem 93 anos

4º) Cmt Garnier

5º) Conversa – Zé Roberto e Simon Bolivar

MJ → AGU → a respeito do descumprimento de ordem ilegal

O parecer minudenciaria a ordem manifestamente ilegal e seria aprovado pelo Presidente JAIR BOLSONARO "*com força normativa vinculante*". Quando houvesse a "*devolução*" do documento pela AGU, o Ministério da Justiça enviaria a determinação "*ao Dir Polícia Federal*" (Diretor da Polícia Federal), que passaria a "*se dirigir*" às Forças Armadas.

As anotações previam a "*prisão em flagrante*" da autoridade policial "*que se [dispusesse] a cumprir*" as decisões judiciais que a organização criminosa qualificasse como manifestamente ilegais. AUGUSTO HELENO, ainda, pontuava: "*quem executar a ordem ilegal comete crime de responsabilidade*". Confira-se:

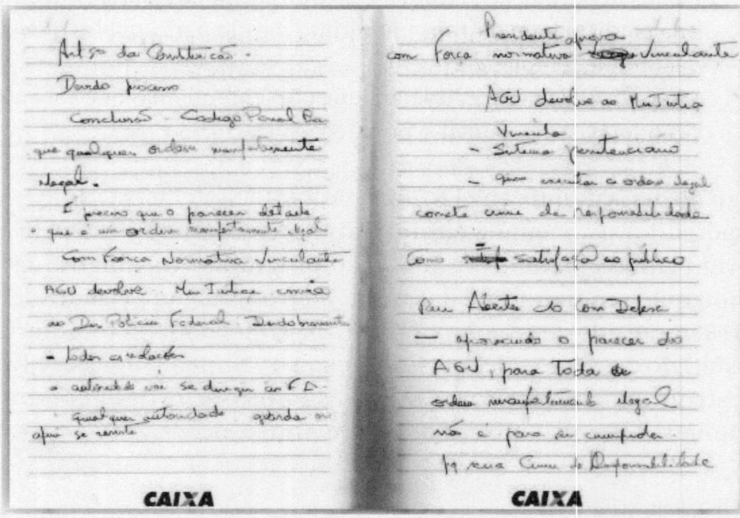
Art 5º da Constituição.
Dando processo
Conclusão - Código Penal
que qualquer ordem manifestamente
ilegal.
É preciso que o parecer destaque
que é uma ordem manifestamente ilegal
Com Força Normativa Vinculante
AGU devolve Min Justiça
ao Dir Polícia Federal Desdobramento
Qualquer autoridade

Presidente apoia
com força normativa vinculante
AGU devolve ao Min Justiça
Vinculante
- Sistema penitenciário
- quem executar a ordem ilegal
comete crime de responsabilidade
Como satisfação ao público
— aprovando o parecer da
AGU, para toda
ordem manifestamente ilegal
não é para se cumprir.
crime de Responsabilidade

CAIXA CAIXA

A conexão entre os documentos de AUGUSTO HELENO e ALEXANDRE RAMAGEM confirmam que os múltiplos ataques disseminados por JAIR MESSIAS BOLSONARO ao processo eleitoral e às instituições democráticas, a partir do dia 29.7.2021, não foram aleatórios e representavam a primeira etapa de um plano de permanência no poder com desprezo das estruturas constitucionais.

Entrevista de 3.8.2021 e *Live* de 4.8.2021

Poucos dias após a *live* do dia 29.7.2021, JAIR BOLSONARO desferiu novos ataques ao sistema eleitoral, dando continuidade ao plano da organização criminosa. No dia 3.8.2021, concedeu entrevista, amplamente replicada em diversos veículos de comunicação, e insinuou a tomada de medidas de força contra o Judiciário, evidentemente contra os seus tribunais de cúpula. Exclamou o que seria *"um último recado para que eles entendam o que está acontecendo"*:[13]

> Se o Ministro Barroso continuar sendo insensível, como parece que está sendo insensível, quer processo contra mim, se o povo assim o desejar, porque devo lealdade ao povo brasileiro, uma concentração na paulista para darmos um último recado para aqueles que ousam açoitar a democracia.
> Repito, o último recado para que eles entendam o que está acontecendo, passem a ouvir o povo, eu estarei lá.

Logo no dia seguinte, em 4.8.2021, JAIR MESSIAS BOLSONARO voltou a desacreditar o sistema eleitoral durante *live* transmitida pelo canal da Jovem Pan na plataforma *Youtube* – programa "Os Pingos nos Is".[14] Afirmou que o código-fonte das urnas eletrônicas, no período eleitoral de 2018, teria sido acessado por um *hacker*, que poderia ter interferido no resultado do pleito. Além disso, acusou o Tribunal Superior Eleitoral de destruir ou ocultar provas sobre os fatos e se dirigiu ao Ministro Luís Roberto Barroso, dizendo-o um mentiroso.[15]

---

13 Fls. 49/50, PET 9.842.

14 O conteúdo do vídeo da transmissão foi extraído e preservado pela Polícia Federal, conforme fls. 52/91, Apenso I, Inquérito n. 4.878.

15 Seguem os trechos mais relevantes da fala do então Presidente da República durante a transmissão: "Bem. O que aconteceu? Ele teve acesso, há pouco tempo, por ser o relator. Teve acesso junto à Polícia Federal no inquérito. O inquérito tem o número 1361 de 2018, inquérito da Polícia Federal. Não é o que nós conversamos na última live, não. Há dois pareceres diferentes da PF, não é aquilo, e outra coisa agora. Na verdade, o que nós temos em mãos aqui: a comprovação, porque quem diz isso é o próprio TSE, não é nem a Polícia Federal, é o próprio TSE, que no período de abril a novembro de 2018, quando tivemos as eleições, onde eu fui eleito presidente, você que foi eleito Deputado Federal, de que o código-fonte esteve na mão de um *hacker*. E o código fonte, tando na mão de um *hacker*, ele pode tudo. Pode até se apertar 1 sair o 13, pode se apertar 17 e sair nulo. Pode alterar votos. Pode fazer tudo. E no mínimo então, esse hacker esteve lá dentro, dentro dos computadores que tratam das eleições no TSE de novembro a

dezembro. Isso é no mínimo. Por que que novembro é uma data limite ? Porque em novembro o *hacker* denunciou, falou. E o processo, o inquérito, foi aberto, então e a, e o TSE respondeu muita coisa para a Polícia Federal. (...) Eu sei que e, não to duvidando de você, porque eu li o processo, essa parte eu li e entendi perfeitamente. Ou seja, o próprio TSE apagou os arquivos por onde andou o *hacker*. O próprio TSE apagou os arquivos por onde o hacker andou e tá ali, a prova onde ele adulterou, possivelmente adulterou. Agora, e um inquérito que o TSE tinha que dar prioridade máxima: vamos resolver, vamos chegar no final da linha, vamos tapar os furos no futuro. Não fizeram nada. Simplesmente desde novembro de 2018, se calaram, se calaram ficaram quietinhos, botando uma pedra em cima. E agora a gente vê aquela série de pessoas que passaram pelo TSE assinando embaixo que o sistema é inviolável. O próprio TSE tá dizendo que sistema não só e violável como foi violado e lamentavelmente, o próprio TSE. O mesmo funcionário do TSE que tinha como pegar os arquivos *log* e entregar para a Polícia Federal: olha ele andou por aqui tudo, dá para levantar agora onde é que ele mexeu. Se ele mexeu nos votos do Jair Bolsonaro ou não, se mexeu nos votos teu também ou não, pode ter sido mexido, se um candidato ou outro qualquer achava que ia se eleger e não se elegeu, pode saber por aqui também. Porque esse *hacker*, o que esse cara, onde ele chegou? No coração do sistema, segundo o próprio TSE, ele podia mexer em qualquer número e temos agora, então, esse mesmo sistema funcionando, que o Ministro Barroso disse que ele é inviolável, que ele é intransponível, que ele e confiável, tá, que diz, inclusive, né, e urna *fake news* do Ministro Barroso, o que ele vem dizendo que esse voto impresso da Deputada Bia Kicis, que foi autora, e do Filipe aqui que ta aqui que ta relatando, não pode acontecer por causa de milícias e por causa do PCC. Grupos, eh, da bandidagem aqui voltado pro narcotráfico. o coração do sistema, segundo o próprio TSE, ele podia mexer em qualquer número e temos agora, então, esse mesmo sistema funcionando, que o Ministro Barroso disse que ele é inviolável, que ele é intransponível, que ele e confiável, tá, que diz, inclusive, né, e urna fake news do Ministro Barroso, o que ele vem dizendo que esse voto impresso da Deputada Bia Kicis, que foi autora, e do Filipe aqui que ta aqui que ta relatando, não pode acontecer por causa de milícias e por causa do PCC. Grupos, eh, da bandidagem aqui voltado pro narcotráfico. O que que ele diz com isso ai? O que pode, né, por causa do papel o elemento mostrar o voto la fora e, pro PCC e pra milícia dizendo como ele votou. Mentira do ministro Barroso. E triste falar, chamar o Ministro de mentiroso. E triste, né. Por que que ele mente? Porque o sistema eleitoral proposto por nós é igualzinho

O aumento progressivo da agressividade nos discursos de JAIR MESSIAS BOLSONARO integrava a execução de seu plano de dissolvência das estruturas democráticas. O Presidente da República sabia que a ruptura institucional não dispensaria o recurso da força, para o quê a população haveria de estar disposta. Daí que, além de incitar publicamente as Forças Armadas, passou a atacar dolosamente alvos específicos, representantes das instituições democráticas que lhe poderiam enfrentar. O debilitamento no ânimo público da posição de autoridades constitucionais servia ao objetivo de tornar medidas de força, agressivas à ordem democrática, aceitáveis e mesmo desejáveis pela população.

Discursos realizados em 7.9.2021

A estratégia se tornou ainda mais evidente nos discursos públicos proferidos por JAIR MESSIAS BOLSONARO em 7.9.2021, na Esplanada dos Ministérios, em Brasília, e na Avenida Paulista, em São Paulo,[16]

---

o do Paraguai, bem como de outros países. Porque o papel não vai para a mão de ninguém. Você nem encosta no papel. Tem um o visor com uma chapa em acrílico que você olha no visor e veja se o que foi impresso no papel e o mesmo que ta na tela dai você aperta e o papel cai dentro de uma urna que vai ser guardada, guardada não, que vai ser contado logo após o final das eleições. Isso chama-se contagem publica dos votos. Então, o Ministro Barroso, né, usa argumentos mentirosos. E triste um Ministro da Suprema Corte mentir dessa maneira. E triste e acaba arrastando muitos ministros, o corporativismo que não se faz necessário num caso desses. (...) e o que que o TSE fez? Apagou os *logs*, apagou as pegadas. Em vez de fazer um backup daquilo, segurar pra apurar, procurar saber realmente o que aconteceu, deixou para la. Parece até que esse *hacker* ai ou outro *hacker* pode ter feito a mesma coisa com intenção ate maior do que esse outro. E se fez presente navegando em, não só no coração, em todo sistema do TSE. Olha, eleições sob suspeita, não são eleições. Isso não é democracia. E o Senhor Ministro Barroso, lamento. Mas o senhor está atentando contra a democracia. Isso é crime. Isso é crime e não queira acusar os outros daquilo que, pelo que tudo indica, pelo que tudo indica, o senhor é".

16 Disponível em: https://www.bbc.com/portuguese/brasil-58479785 (acesso em 9.12.2024).

quando insuflou seus apoiadores contra membros do Tribunal Superior Eleitoral e do Supremo Tribunal Federal.

Aproveitando-se do simbolismo da data cívica, o Presidente da República tornou a atacar o sistema eletrônico de votação. Em seu pronunciamento na Avenida Paulista, declarou que *"não poderia participar de uma farsa como essa patrocinada pelo Tribunal Superior Eleitora"*.

Na ocasião, desferiu ataques ao Ministro Roberto Barroso e, especialmente, ao Ministro Alexandre de Moraes.[17] Referindo-se ao Presidente do Supremo Tribunal Federal, Ministro Luiz Fux, mal disfarçou a ameaça: "*ou chefe desse Poder enquadra o seu ou esse Poder pode sofrer aquilo que não queremos, porque nós valorizamos, reconhecemos e sabemos o valor de cada Poder da República*".

As manifestações organizadas na data refletiam o êxito dos primeiros atos executórios. As faixas exibidas pelos manifestantes já pediam a intervenção militar, revelando a força da ação coordenada pelo grupo.

Foi nesse cenário que JAIR BOLSONARO, evidenciando seu receio de derrota nas urnas, apresentou de forma explícita a mensagem autoritária de permanência no poder: "*Só saio preso, morto ou com vitória. Quero dizer aos canalhas que eu nunca serei preso*".

ABIN paralela

Além dos discursos incisivos de JAIR BOLSONARO, a organização criminosa se valia fortemente do meio digital para atacar os seus opositores e o sistema eleitoral, no curso das iniciativas corrosivas das estruturas democráticas. Confirmando a existência de uma ação coordenada, os mesmos alvos apontados publicamente pelo então Presidente da República eram simultaneamente atingidos de forma virtual, com a criação e multiplicação de notícias falsas.

Para construir os ataques virtuais, o grupo criminoso se valia indevidamente da estrutura de inteligência do Estado. Os elementos reunidos nas Petições 11.108 e 12.732/DF, devidamente aqui compartilhados, revelaram a instalação de estrutura paralela no órgão central do Sistema

17 Chamou o Ministro de "canalha".

Brasileiro de Inteligência – a ABIN, destinada à implementação de ações com viés político, em grave desacordo com os limites impostos pelo Estado Democrático de Direito.

A estrutura era composta por policiais federais cedidos à ABIN e oficiais de inteligência que atuavam sob o comando do então Diretor-Geral ALEXANDRE RAMAGEM RODRIGUES. Entre eles ressaíam o Policial Federal MARCELO ARAÚJO BORMEVET e o Sargento do Exército, ao tempo cedido à ABIN, GIANCARLO GOMES RODRIGUES. O núcleo atuava como central de contrainteligência da organização criminosa que, por meio dos recursos e ferramentas de pesquisa da ABIN, produzia desinformação contra seus opositores.

À época, a ABIN se encontrava formalmente subordinada ao Gabinete de Segurança Institucional, chefiada pelo General AUGUSTO HELENO RIBEIRO PEREIRA, que tinha pleno domínio sobre as ações clandestinas realizadas pela célula. Em suas anotações pessoais, foram encontrados registros sobre a utilização da estrutura da ABIN para fins escusos. O manuscrito registrava, por exemplo: "*Vicente Cândido (ex deputado PT). É o novo Vaccari. ABIN está de olho nele*" e descrevia: "*PF preparando uma sacanagem grande*".

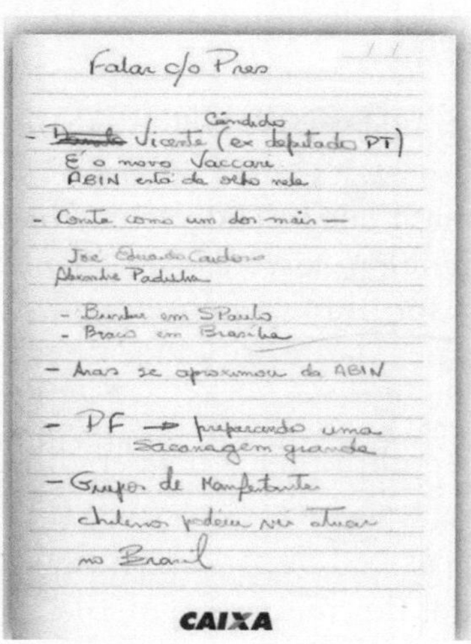

Digitação do texto manuscrito:

Falar c/ o Pres

- Vicente Cândido (ex deputado PT)
É o novo Vaccari
ABIN está de olho nele

Consta como um dos mais –

José Eduardo Cardoso
Alexandre Padilha

- Bunker em S Paulo
- Braço em Brasília

- Aras se aproximou da ABIN

- PF ⟶ preparando uma sacanagem grande

- Grupos de manifestantes chilenos podem vir atuar no Brasil

A célula infiltrada na Agência Brasileira de Inteligência foi descoberta a partir da identificação de desvios no uso da aplicação *FIRST MILE*, que permitia o acesso ao serviço de localização georreferenciada de dispositivos móveis em tempo real. A ferramenta era utilizada para obter a localização dos personagens-alvo que, de alguma forma, contrariavam os interesses da organização criminosa. Em poder das informações, o grupo realizava ações de campo e armava vínculos falseados com fatos que os constrangesse.

O sistema *FIRST MILE* era tão-somente uma das ferramentas utilizadas nas ações clandestinas do grupo. Identificou-se também o uso de sistemas ilegítimos para ocultar rastros e expedientes impróprios nos casos de alvos mais sensíveis.

Especificidades do núcleo

GIANCARLO GOMES RODRIGUES era subordinado direto de MARCELO ARAÚJO BORMEVET e, por meio de seus acessos, realizava as pesquisas no sistema *FIRST MILE*. O usuário GCL, utilizado por GIANCARLO, foi diretamente responsável por 887 (oitocentos e oitenta e sete) pesquisas no sistema *FIRST MILE*, além de outros possíveis acessos realizados por meio de senhas compartilhadas (RRAMA n. 159197/2024 e 2054984/2024).

Foram identificados diálogos de *WhatsApp* entre BORMEVET e GIANCARLO, em que BORMEVET indicava alvos que deveriam ser pesquisados por GIANCARLO. Os nomes levantados nas conversas claramente não partiam de decisões estratégicas de Estado ou do trabalho regular na Agência Brasileira de Inteligência.

O material construído pela célula de contrainteligência era posteriormente repassado a vetores de propagação em redes sociais (perfis falsos e perfis cooptados); os verdadeiros beneficiários políticos da desinformação eram, assim, distanciados dos ilícitos.

Os elementos reunidos indicam que o grupo infiltrado na ABIN ali se instalou ainda no início do mandato de JAIR MESSIAS BOLSONARO, em 2019.[18] Foi autor de ataques virtuais a alvos diversos que lhes contrariavam os interesses.

A título exemplificativo,[19] BORMEVET determinou que GIANCARLO pesquisasse o nome do fiscal do IBAMA Hugo Ferreira Netto

---

18 As investigações identificaram o desvio das ferramentas de pesquisa ainda no ano de 2019, como no caso de ações realizadas contra o ex-Deputado Federal Jean Wyllys de Matos Santos. É o que se observa do seguinte diálogo extraído do RAPJ n. 2054984/2024 (item 4.2.1.1 – PET n. 12.732/DF):

> No dia 9.9.2019, Luiz Gustavo da Silva Mota (556192740266) encaminhou para GIANCARLO GOMES RODRIGUES (556181349422) a mensagem "*Fala, amigão. Eles são muito ariscos. Trocam de chip a todo instante. Mas consegui um numero que o Jean usou para baixar o Telegram. O DDD era do Ceara: (85) 98760-8111. Já deve ter mudado, mas pode ser um bom ponto de partida. Podemos puxar o CPF dessa linha e ver se habilitaram outros telefones nele. Ele também tem 0 site* www.jeanwyllys.com.br *e o Instagram dele e instagram.com/jeanwyllys-real/. Estou em cima. Parece que estão usando Signal.*". Na sequência, acrescentou: "*Bom dia. O Paulo me mandou isso sexta, 11:30 da noite. Não sei se eh algum dos nomes que você levantou da Alemanha. Estarei fora agora pela manha.*". Em resposta, GIANCARLO disse se lembrar que os nomes informados não estavam na lista e que daria uma olhada quando voltasse do GSI. Em seguida, GIANCARLO informou que havia feito um teste e que o número (85) 98760-8111 não estava cadastrado no Signal, ao que Luiz Gustavo respondeu: "*Esse número deve ser aquele do Pavão. Se puder testar todos no First Mile e gente ja avisa que essa dica esta furada. Acho o seu caminho mais confiável*".
>
> Os diálogos prosseguiram e, em 16.9.2019, GIANCARLO disse: "*Acho que consegui identificar o telefone que o cidadão da Alemanha está usando*", referindo-se ao professor e ex-Deputado Federal Jean Wyllys de Matos Santos. No dia 5.10.2019, GIANCARLO enviou nova mensagem para Luiz Gustavo com o número "(041 71) 99961-1220" e disse "*Esse telefone supostamente está ligado ao nosso amigo em NY. Consta a foto da irmã dele no WhatsApp. Nunca ficou on-line e agora pouco estava. Quando busquei no first mile sa dava desligado Agora a pouco estava on-lin Vou continuar monitorando e quando estiver on-line, se der, você pode pesquisar no first??*", novamente em referência a Jean Wyllys.

19 Os episódios investigados – que, segundo a Autoridade Policial, não são exaustivos – receberam denominações que indicam o seu principal objeto e foram assim catalogados

Loss e apresentou a motivação de que o alvo, por ter exercido as suas funções regulares de fiscalização, "*atingiu agora o Presidente da República diretamente*". Os agentes também realizaram pesquisas envolvendo o inquérito policial instaurado contra Renan Bolsonaro (IPL n. 20221.0017297 – SIP/SR/PF/DF), a pedido do então Presidente da República JAIR MESSIAS BOLSONARO. BORMEVET informou a GIANCARLO, na ocasião, que possuía demanda urgente e pediu que ele pesquise "*quais carros estão em nome do filho Renan do PR. Veja a mãe dele também*", afirmando se tratar de "*msg do 01*".

Especificamente em relação ao sistema eletrônico de votação e aos Ministros do Supremo Tribunal Federal/Tribunal Superior Eleitoral, as ações da célula de contrainteligência intensificaram-se a partir da radicalização dos discursos públicos de JAIR BOLSONARO, em meados de 2021, caracterizando o início coordenado da execução do plano maior de ruptura com a ordem democrática.

A análise do material eletrônico vinculado a ALEXANDRE RAMAGEM localizou o documento intitulado "Positivo.docx", com metadados de criação em 2.8.2021, e modificação final na mesma data, nas dependências da Agência Brasileira de Inteligência.

O documento de três páginas contém informações a respeito da empresa Positivo Tecnologia, que fabricou parte das urnas eletrônicas

---

pela Polícia Federal: "monitoramento Jean Willys e familiares", "vigilância Rodrigo Maia, Joice Hasseman determinada por Del. Alexandre Ramagem – Roberto Bertholdo", "ação clandestina – servidores do IBAMA (FIRST MILE)", "ação clandestina – Luiza Alves Bandeira (Jornalista Evento-DFTlab)", "ação clandestina – Pedro Cesar Batista (Jornalista)", "ação clandestina – investigação Renan Bolsonaro", "ação clandestina – investigação Flávio Bolsonaro", "ação clandestina – investigação caso Marielle", "investigação caso Adélio", "ações clandestinas contra Exmo. Ministro Alexandre de Moraes", "evento 'caçar podre' Deputado Federal Kim Kataguiri e Arthur Lira", "ação clandestina Sleeping Giants Brasil", "Anna Livia Solon Arida – Minha SAMPA", "Instituto Sou da Paz", "Exposed Funcionários do Twitter", "Jornalista Monica Bergano e ex-Governador João Doria", "ação clandestina agência de checagem: 'Aos Fatos' e 'Lupa'","ação clandestina – Diretor da Polícia Federal Ministro Toffoli", "ações clandestinas: Senadores Renan Calheiros, Omar Aziz e Randolfe Rodrigues"; "Senador Alessandro Vieira"; "ação clandestina: Ministro Barroso vinculação Itaú e Positivo".

para o pleito eleitoral de 2022. Os dados encontrados se referiam ao corpo societário da empresa, seus controladores, acionistas, bem como o histórico de doações eleitorais de sócios e pessoas relacionadas à empresa.

As informações compiladas serviram de fonte para criar informações inverídicas relacionadas aos Ministros do Supremo Tribunal Federal Luís Roberto Barroso e Luiz Fux, com o objetivo de desacreditá-los e o processo eleitoral.[20] Em diálogo mantido por meio do aplicativo *WhatsApp*, a partir do dia 5.8.2021, BORMEVET e GIANCARLO revelaram o *modus operandi* da construção da notícia falsa contra os alvos escolhidos:

> BORMEVET:
> Tem um cara que publicou um *tweet* sobre as invasões das urnas. Precisamos qualificá-lo com um currículo. (2021-08-05 09:11:24-03:00)
> Currículo básico. (2021-08-05 09:11:35 -03:00)
> (...)
> Leia a matéria depois. (2021-08-05 09:12:01 -03:00)
> GIANCARLO:
> Já li essa matéria quando acordei. (2021-08-05 09:12:17 - 03:00)
> BORMEVET:
> Outra coisa. Estou assistindo o KIM Paim de hoje. Ele disse que o Assessor do Barroso já é investigado. Temos que sentar o pau nesse assessor. (2021-08-05 09:12:46 - 03:00)
> Manda bala (2021-08-05 09:12:57 -03:00)
> GIANCARLO:
> Li alguma coisa sobre isso ontem a noite. (2021-08-05 09:13:13 -03:00)
> Perfil do Quintanilha e pau no assessor ?? (2021-08-05 09:13:45 -03:00)
> BORMEVET:
> Exatamente. (2021-08-05 09:17:46-03:00)

O "*assessor do Barroso*" é uma referência ao ex-secretário de Tecnologia da Informação do TSE, Giuseppe Janino, que, à época, não ocupava mais o cargo apontado nas publicações compartilhadas.

---

20 Informação de Polícia Judiciária n. 2311731/2024.

No dia seguinte, em 6.8.2021, BORMEVET enviou uma notícia que relacionava o Ministro Luiz Fux e um escritório da família do Ministro Luís Roberto Barroso ao Banco Itaú e ressaltava a participação acionária do banco na empresa Positivo. Independentemente da procedência da informação ("*Não sei se o sobrinho é sobrinho do Barroso mesmo*"), BORMEVET orientou sobre como deveria ser feito o ataque aos Ministros: "*Pode jogar no grupo dos malucos se quiser*".

Cientes da ilicitude da ação e da sensibilidade dos alvos, os denunciados chegaram a ponderar que, para construir a notícia, não poderiam "*jogar*" os dados do Ministro Luís Roberto Barroso "*nos sistemas pq daria muita bandeira*", a denotar que estariam sujeitos a serem flagrados na manobra ilícita. O diálogo também deixou evidente a utilização do perfil de Rogério Beraldo de Almeida (@DallasGinghinniReturn), investigado na PET 12.732/DF, como vetor de propagação da notícia falsa. Confira-se a sequência de mensagens trocadas pelos denunciados:[21]

> BORMEVET:
> Se liga, mas se liga mesmo. (2021-08-06 10:43:13 -03:00)
> GIANCARLO:
> Vou ler aqui. (2021-08-06 10:43:23 -03:00)
> BORMEVET:
> Pode jogar no grupo dos malucos se quiser. (2021-08-06 10:43:13 -03:00)
> GIANCARLO:
> Vou ler primeiro e jogo lá. (2021-08-06 10:43:57 -03:00)
> BORMEVET:
> Não sei o sobrinho é sobrinho do Barroso mesmo. (2021-08-06 10:44:04 -03:00)
> Mas o Itaú – controla quase 14% das ações da Positivo. Exite interesses? (2021-08-06 10:44:53 -03:00)
> GIANCARLO:
> Será??? Kkkkkk lógico que sim. (2021-08-06 10:45:21 - 03:00)
> BORMEVET:
> Será que os doidos vão gostar de saber que o Itaú controla a Positivo ? (2021-08-06 10:46:01 -03:00)
> Preciso que Você ache o vínculo do sobrinho/Barroso. (2021-08-06 10:46:39 -03:00)

21 Figuras 118, 119 e 120 da IPJ n. 2311731/2024 (fls. 259/308, PET 12.732).

Os dados das ações eu tenho. (2021-08-06 10:46:58 - 03:00)
GIANCARLO:
O Rogério ginghini que mora no exterior vai buscar sobre isso com certeza.
Vou botar o pessoal para trabalhar pra mim. Kkkk (2021-08-06 10:47:07 -03:00)
Manda pra mim (2021-08-06 10:47:21 -03:00)
BORMEVET:
O Itaú controla ao todo 13,269% das ações da Positivo, das quais 8,182% de forma direta e 5,087% controla através da empresa Kinea, que pertence ao grupo Itaú. (2021-08-06 10:49:19 -03:00)
GIANCARLO:
Qual a fonte disse ai?? (2021-08-06 10:50:44 -03:00)
BORMEVET:
Sistemas de pesquisa a empresas Sociedade Anônima. Elas publicam tudo por causa da venda de ações. (2021- 08-06 10:52:28 -03:00)
Se quiser não explicar muito para não te queimar, diz que o Itaú controla mais de 13% da empresa positivo, como existem diversos acionistas, o Itaú é um dos maiores controladores. (2021-08-06 10:54:44 -03:00)
BORMEVET:
Velho, essa matéria é mais podre que a primeira. (2021- 08-06 11:17:55 -03:00)
GIANCARLO:
Eu vi...o sistema é foda...(2021-08-06 11:18:25 -03:00)
Várias reportagens afiram que ele é sobrinho sim do Barroso.. não tem como jogar nos sistemas porque daria
muita bandeira(2021-08-06 11:20:22 -03:00)
BORMEVET:
Okay (2021-08-06 11:20:54 -03:00)
Senta o dedo para galera (2021-08-06 11:21:09 -03:00)
GIANCARLO:
só queria achar primeiro essa questão da participação do Itaú na Positivo...(2021-08-06 11:21:51 -03:00)
Eles vão perguntar de onde tirei isso..(2021-08-06 11:22:09 -03:00)

Na sequência, GIANCARLO confirmou o envio das informações ao grupo por eles mencionado e compartilhou *prints* do *chat* (possivelmente na rede social *Telegram*), informando que "*o povo adorou. Vão publicar uma thread amanhã*". BORMEVET então respondeu: "*Esse fio tem que ser puxado. Se eles publicam, abre o caminho para gente trabalhar*".

No dia 7.8.2021, GIANCARLO compartilhou os *prints* das publicações na rede social X, contendo a narrativa por eles forjada contra os membros do Supremo Tribunal Federal, revelando o êxito da ação clandestina (IPJ n. 2311731/2024):

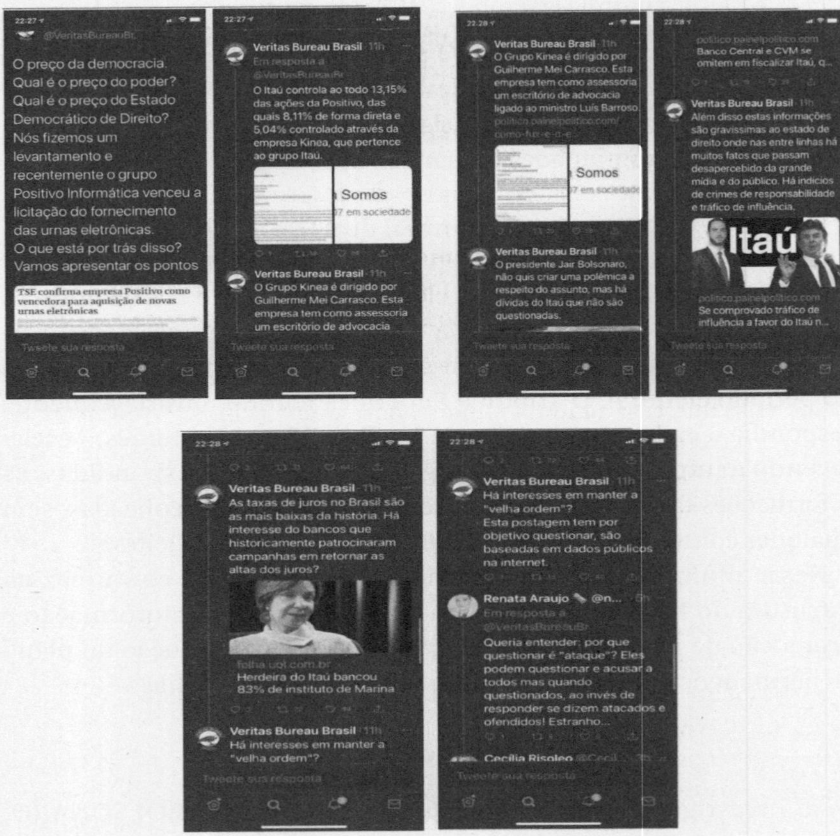

As ações ilícitas realizadas pela denominada "ABIN Paralela", de forma indubitável, consistem em atos executórios relevantes do plano de crimes contra as instituições democráticas, por potencializarem a animosidade social contra as instituições, enfraquecendo-as e restringindo-lhes o exercício.

As ações ganham ainda mais relevo quando observada a consonância entre os discursos públicos de JAIR MESSIAS BOLSONARO e os alvos escolhidos pela célula infiltrada na Agência Brasileira de Inteligência, confirmando a ação coesa da organização criminosa.

Apesar de já suficientemente gravosas, as ações ilícitas dos agentes de inteligência não se limitaram à produção de informações falsas e promoção de ataques virtuais. O Sistema Brasileiro de Inteligência também foi indevidamente utilizado, em momento posterior do *iter criminis*, para o monitoramento clandestino de autoridades públicas, alvos de ações programadas com mais violência.

O Ano Eleitoral de 2022

Os ataques incisivos ao sistema eletrônico de votação e às instituições democráticas, multiplicados pela organização criminosa a partir de meados de 2021, recrudesceram-se ainda mais com a aproximação do período eleitoral. O Tribunal Superior Eleitoral, invariavelmente, respondia a cada uma das apontadas fragilidades a fraudes,[22] esclarecendo a improcedência das alegações. Apesar de respondidas, as informações falsas continuavam sendo dolosamente replicadas, sem qualquer contraponto aos dados trazidos pela Justiça Eleitoral.

Nesse momento, ficou ainda mais evidente o uso contumaz da estrutura do Estado para a propagação dolosa de desinformação e promoção de instabilidade social, como parte da execução do plano de permanência no poder à revelia do resultado das urnas.

Reunião Ministerial de 5.7.2022

As investigações revelaram que JAIR MESSIAS BOLSONARO, para potencializar seu plano de enfraquecimento das instituições

---

22 Essas respostas estão no portal eletrônico do TSE: https://www.justicaeleitoral.jus.br/fato-ou-boato/.

democráticas, cobrou do alto escalão de seu governo a multiplicação dos ataques às urnas eletrônicas e ao processo eleitoral.

Identificou-se[23] a gravação de uma reunião ocorrida em 5.7.2022, promovida pelo Presidente JAIR BOLSONARO, acompanhado do seu Ajudante de Ordens MAURO CESAR BARBOSA CID, onde estavam presentes Ministros de Estado e integrantes de cargos elevados no Governo Federal. Estavam ali ANDERSON GUSTAVO TORRES, AUGUSTO HELENO RIBEIRO PEREIRA, MARIO FERNANDES, PAULO SÉRGIO NOGUEIRA DE OLIVEIRA e WALTER SOUZA BRAGA NETTO, além dos Comandantes do Exército, Marinha e Aeronáutica.

Iniciada a reunião, JAIR MESSIAS BOLSONARO mencionou aos presentes a aprovação da "*PEC da Bondade*" pela Câmara dos Deputados, que, segundo proclamou, iria render-lhe "70% dos votos". Resultado menor seria, na concepção que queria articular, prova de fraude no sistema eletrônico de votação.

Mais ainda, sem apresentar elemento concreto, asseverou que o dinheiro do narcotráfico teria financiado o seu adversário político e outros presidentes de países da América do Sul. Quanto às pesquisas eleitorais que atribuíam ao candidato Luiz Inácio Lula da Silva 45% dos votos e a possibilidade de vitória no primeiro turno, afirmou que estas previsões se confirmariam no dia das eleições, "*de acordo com os números que estão dentro dos computadores do TSE*" (RAPJ n. 4401196/2023).[24] Com isso afirmava que a fraude estava acertada na Justiça Eleitoral.

---

23 A gravação foi encontrada em um computador portátil apreendido em poder do denunciado MAURO CÉSAR BARBOSA CID. A análise do material encontra-se sistematizada no RAPJ n. 4401196/2023.

24 Segue a transcrição de parte da gravação, encontrada no RAPJ n. 4401196/2023: "PRESIDENTE JAIR BOLSONARO — 00ho00min10seg: A Câmara deve votar hoje o... a PEC da Bondade, como é chamada, né? E não tem como, né, depois dessa PEC da Bondade, a gente... a gente não tá pensando nisso, manter 70% dos votos, ok ? Mas a gente vai ter 49% dos votos, vou explicar por que, né ?, É... Nós estamos vendo aqui a... não é toda a imprensa, uma outra TV e as mídias sociais sobre a delação do Marcos Valério. A questão da... da execução do Celso Daniel. Né ? É.. O envolvimento com o narcotráfico. É...Temos informações do General Carvajal lá da Venezuela que tá preso

Expondo o receio de que se tardassem as ações agressivas todos sofreriam ruína[25] concitou todos os Ministros presentes a propagar seu discurso de vulnerabilidade do sistema eletrônico de votação (RAPJ n. 4401196/2023):

> Daqui pra frente quero que todo ministro fale o que eu vou falar aqui, e vou mostrar. Se o ministro não quiser falar ele vai vim falar para mim porque que ele não quer falar. Se apresentar onde eu estou errado eu topo. Agora, se não tiver argumento pra me fi... de mover do que eu vou mostrar, não vou querer papo com esse ministro. Tá no lugar errado. Se tá achando que eu vou ter 70% dos votos e vou ganhar como ganhei em 2018, e vou provar <como que eu ganhei>, o cara tá no lugar errado.

---

na Espanha. Ele... já fez a delação premiada dele ló. É... Por 10 anos abasteceu com o dinheiro do narcotráfico Lula da Silva, Cristina Kirchner, Evo Morales. Né ? Essa turma toda que cês conhecem. (...) E a gente vê que o Data Folha continua,.. é... mantendo à posição de 45% e, por vezes, falando que o Lula ganha no primeiro turno, Eu acho que ele ganha, sim. As pesquisas estão exatamente certas, de acordo com os números que estão dentro dos computadores do TSE. Né ? E...Eu tô...Eu tenho que ter bastante calma, tranquilidade, e vou entrar em detalhes com vocês daqui a pouco. É... Tem um vídeo aqui agora, até chegar o deputado aqui que me interessa ele vir conversar... Tá pronto o vídeo, CID ? Eu vou mostrar um vídeo aqui que esse Brasil é um país de 90% de cristão. Além disso, de narcotráfico, desvio, roubo etc., tem mais essa outra questão. E tem gente que não quer enxergar o que tá acontecendo. O que que não quer enxergar ? Tá a notícia hoje, na imprensa, o FACHIN assinou um acordo ai com outros países para vim fiscalizar a eleição. Olha, com todo o respeito a todos vocês aqui, vocês agora irem fiscalizar as eleições, a minha vó, o João da Couves, um marciano, não vai descobrir nada. É tudo perfumaria. É como aquela pessoa que se maqueia muito bem pra se parecer bonita, né, mas se der uma chuvinha vai tudo por terra. É que tá acontecendo no Brasil".

25 A esse propósito, ressaltou ter ouvido de um dos seus Ministros de Estado que se mudaria para os Estados Unidos, caso houvesse "*algum problema*", e indagou dos presentes: "*nós vamos esperar chegar 23, 24, pra se foder?*"

JAIR BOLSONARO revelou ainda a próxima etapa de seu plano, dizendo que havia agendado uma reunião com embaixadores para "*mostrar o que tá acontecendo*", além de acusar os Ministros do Supremo Tribunal Federal de interferirem no processo eleitoral.[26]

A pressão sobre os participantes da reunião e a imposição de insistência na narrativa de fraude eleitoral, antes mesmo do sufrágio, foram reiteradas por ANDERSON GUSTAVO TORRES, que tampouco hesitou em se valer da ênfase do baixo calão.[27]

ANDERSON TORRES replicou, em seguida, a narrativa apresentada na *live* presidencial do dia 29.7.2021, distorcendo informações e sugestões recebidas da Polícia Federal. Da mesma forma, relacionou

---

26 Segue a transcrição de parte da gravação, encontrada no RAPJ n. 4401196/2023:
"Porque os cara tão preparando tudo, pô! Pro Lula ganhar no primeiro turno, na fraude. Vou mostrar como e porquê. Alguém acredita aqui em FACHIN, BARROSO, ALEXANDRE DE MORAES ? Alguém acredita? Se acreditar levanta o braço! Acredita que eles são pessoas isentas, tão preocupado em fazer justiça, seguir a Constituição ? De tudo que são... Tão vendo acontecer ?
PRESIDENTE JAIR BOLSONARO – 15min17seg: Vou fazer uma reunião quinta-feira com embaixadores, semana que vem com mais, vou convidar autoridades do... do judiciário, pra outra reunião, pra mostrar o que tá acontecendo. Não tem como esse cara ganhar a eleição no voto.
Não tem como ganhar no voto. <ininteligível> também, eu não vou passar aqui, em 204 foi aprovado o voto impresso no Congresso, tá fora do foco, né, fora da... do radar nosso, nem lembrava disso, que depois também o nosso Supremo derrubou. O nosso Supremo aqui é um poder à parte. É um super Supremo. Eles decidem tudo. Fora... Muitas vezes fora das quatro linhas. Não dá pra gente ganhar o jogo, né, com o pessoal atirando tijolo da arquibancada em cima dos jogadores nossos. Com um juiz que toda hora dá impedimento quando a gente ataca. Mesmo que o cara saia driblando da área dele até fazer o gol o juiz dá impedimento. É difícil a gente ganhar o jogo assim. E as consequências do jogo todo mundo vai pagar".

27 São palavras de Anderson Torres na reunião: "*E o exemplo da Bolívia é o grande exemplo pra todos nós. Senhores, todos vão se foder! Eu quero deixar bem claro isso. Porque se... eu não tô dizendo que... eu quero que cada um pense no que pode fazer previamente porque todos vão se foder*" (RAPJ n. 4401196/2023).

o Partido dos Trabalhadores (PT) a facção criminosa. Declarou, por fim, que atuaria "*de uma forma mais incisiva*" dali em diante.[28]

---

28 Segue a transcrição de parte da gravação, encontrada no RAPJ n. 4401196/2023: "A Polícia Federal sempre esteve aqui... sempre esteve com um outro viés, e com um outro olhar. Sempre foi com um viés colaborativo... olha, cuidado com isso, cuidado com aquilo. E esses cuidados têm seis, sete anos que tão... que foi naquela... naquela *live* que eu li esses relatórios e eles iam lá desdizendo um monte de coisa, lá, e quando eu li os relatórios, me jogaram pra dentro do inquérito. Por que vai falar o quê ? De um relatório de um Perito Criminal da Polícia Federal? Que já há seis, sete anos tá dizendo: tem que fazer isso. Cuidado com aquilo. Olha, aqui tá ruim. O que que foi feito? Acataram isso? Fizeram isso? Porque se tivesse feito tinham... tinham deduzido' na *live*! Tá bom, o Ministro tá mentindo aí ó. Tudo que foi falado tá... tá... tá aqui no sistema. Isso tá no sistema? Essas aperfeiçoa...esses aperfeiçoamentos foram colocados no sistema? Agora vêm as Forças Armadas fazem uma série de observações. A PF continua fazendo observação. É claro que da nossa parte nós não vamos botar a arma na cabeça dos caras e falar 'coloquem isso'. Mas a gente tá aí há seis anos fazendo. O outro lado joga muito pesado, senhores. Eu acho que, eu acho que essa consciência todos aqui devem ter.

(...)

Mas estamos aí, Presidente, desentranhando a velha relação do PT com o PCC. A velha relação do PT com o PCC. Isso tá vindo aí através de depoimentos que estão há muito guardados aí... isso aí foi feito ó. Tá certo ? Isso tudo tá vindo à tona. Isso não é mentira. Isso não é mentira. Então, muita coisa... é.. é... é... está vindo à tona aí. Muita coisa que a população é... sabe, mas tudo precisa ser rememorado. Tá certo? Então, essa questão das urnas, essa questão dos inquéritos, nós montamos um grupo lá...é... é.. é.. O Diretor Geral da Polícia Federal montou um grupo de policiais federais. E agora uma equipe completa. Não só com peritos. Mas com delegados, com peritos, com agentes pra poder acompanhar, realmente, o passo a passo das eleições pra poder fazer os questionamentos necessários que têm que ser feitos e não só as observações.

(...)

A gente vai atuar de uma forma mais incisiva. Já estamos atuando. Mas eu acho que o mais importante é cada um entender o momento agora e as colocações que a gente deve fazer. A gente realmente deve mostrar é... a nossa...a nossa preocupação com tudo isso que tá acontecendo no Brasil e com o futuro do Brasil.

Após as declarações de ANDERSON TORRES, WALTER BRAGA NETTO avisou aos presentes: "*saiu uma notícia agora dizendo...o FACHIN dizendo que auditoria não muda resultado de eleição. Não sei os senhores já viram isso*". ANDERSON TORRES, então, respondeu: "*Depois que der merda não muda nada não*". No mesmo contexto, o então Presidente JAIR BOLSONARO afirmou que deveria "*tomar uma providência*", mas não ficaria "*sozinho nessa guerra*" (RAPJ n. 4401196/2023).

> JAIR BOLSONARO: (...) Agora a gente não pode deixar... «ininteligível> deixar isso co... ir correndo solto. Tá? Eu vou ter que tomar uma providência. Eu tenho certeza que não vou ficar sozinho nessa guerra aí. O que tá em jogo é todo mundo aqui, é eu, minha família, né? Inclusive a fraude não é só pra presidente. Nós conseguimos muita coisa, não dá pra falar aqui agora, em cima de pessoas preocupadas com... com a eleição no seu respectivo... respectivo estado pra Senado ou Governo do Estado. A fraude vem...geral, vamos assim dizer.

A reunião prosseguiu com palavras do Ministro da Defesa, PAULO SÉRGIO NOGUEIRA DE OLIVEIRA, que endossou a narrativa de fraude no sistema eletrônico de votação e afirmou que a Comissão de Transparência Eleitoral seria "*pra inglês ver*". Aproveitando a presença dos Comandantes do Exército, Marinha e Aeronáutica na reunião, instigou a ideia da intervenção das Forças Armadas no processo eleitoral. É de se notar a linguagem de quem se considerava em guerra contra o sistema democraticamente estabelecido (RAPJ n. 4401196/2023):

> O que eu sinto nesse momento é apenas na linha de contato com o inimigo. Ou seja... na guerra a gente... linha de contato, linha de partida. Eu vou romper aqui e iniciar minha operação. Eu vejo as Forças Armadas e o Ministério da Defesa nessa linha de contato. Nós temos que intensificar e ajudar nesse sentido pra que a gente não fique sozinho no processo. Polícia Federal, claro, me perdoa Anderson, tá junto.. e ela também da mesma forma imagino que eu estou falando aqui você também com a sua equipe esteja... e nós estaremos em cada fase pressionando.

No mesmo sentido, MÁRIO FERNANDES se pronunciou, indicando a necessidade de um prazo para que o TSE autorizasse o acompanhamento das eleições pelos Três Poderes, sob pena de a "*liberdade de ação*" do governo ser bem menor às vésperas do pleito. Sinalizou, em seguida, uma "*segunda alternativa*" de uso da força, caso as suas apreensões não fossem resolvidas dentro da "*normalidade*".[29]

JAIR BOLSONARO apresentou, então, a proposta de que os órgãos integrantes da Comissão de Transparência Eleitoral produzissem documento em conjunto, afirmando que a garantia de lisura das eleições, naquele momento, seria impossível de ser atingida (RAPJ n. 4401196/2023).[30]

O General AUGUSTO HELENO também se manifestou e revelou que a estrutura da Agência Brasileira de Inteligência continuava sendo utilizada para fins ilícitos. Relatou que conversou com o Diretor-Adjunto da ABIN para infiltrar agentes nas campanhas eleitorais. Nesse momento, foi interrompido por JAIR BOLSONARO, que o calou,

---

29 Confira-se a transcrição parcial da fala: "*Então, tem que ser antes. Tem que acontecer antes. Como nós queremos. Dentro de um estado de normalidade. Mas é muito melhor assumir um pequeno risco de conturbar o País pensando assim, pra que aconteça antes, do que assumir um risco muito maior da conturbação no 'the day after', né? Quando a fotografia lá for de quem a fraude determinar*" (RAPJ n. 4401196/2023).

30 Eis a transcrição parcial da fala: "*Olhem pra minha cara, por favor. Todo mundo olhou pra minha cara? Acho que não tem bobo aqui. Pô, mais claro do que tá aí? Mais claro... impossível! Eu acredito que essa proposta de cada um da Comissão de Transparência Eleitoral tem que... quem responde pela CGU vai, quem responde pelas Forças Armadas aqui... é botar algo escrito, tá? Pedir à OAB. Vai dar... a OAB vai dar credibilidade pra gente, tá? Polícia Federal... dizer... que até o presen... uma nota conjunta com vocês, com vocês todos... topam... que até o presente momento dadas as condições de... de... se definir a lisura das eleições são simplesmente impossíveis de ser atingidas. E o pessoal assina embaixo. Além de eu falar com os embaixadores e pagar a missão pro... já que o Célio tá coordenando aqui...Célio, missão Célio, cê vai ver todos que integram a comissão de... Comissão de Transparência Eleitoral. Convidar todos pra semana que vem. Todos. Pra gente fazer uma reunião como o pessoal e eles tomar pé do que tá acontecendo*".

mandando que conversassem "*em particular*" sobre as ações da ABIN (RAPJ n. 4401196/2023):

> AUGUSTO HELENO - 01h30min43seg: (..) Tem dois pontos pra tocar aqui, Presidente. Primeiro o problema da inteligência. Eu já conversei ontem com o Vitor, que é o novo Diretor da Abin. Nós vamos montar um esquema pra acompanhar o que os dois lados estão fazendo. O problema todo disso é se vazar qualquer coisa em relação a isso. Se houver uma... Porque muita gente se conhece nesse meio. Se houver qualquer acusação de infiltração desse elemento da Abin em qualquer lugar.
> PRESIDENTE JAIR BOLSONARO: (...) Ô General eu peço que o senhor não... eu peço que o senhor não fale, por favor. Não, não prossiga mais na teu... na tua observação aqui. Eu peço o senhor que não prossiga na tua observação! Se a gente começar a falar 'não vazar' o senhor esquece. Pode vazar. Então a gente conversa em particular na nossa sala lá sobre esse assunto, o que, que porventura a Abin está fazendo tá?

Não obstante a interrupção, AUGUSTO HELENO prosseguiu na fala para inflamar os presentes a desde logo se dedicarem a ações contrárias à ordem democrática: "*Não vai ter revisão do VAR. Então, o que tiver que ser feito tem que ser feito antes das eleições. Se tiver que dar soco na mesa é antes das eleições. Se tiver que virar a mesa é antes das eleições*".

Em seguida, concitou: "*Eu acho que as coisas têm que ser feitas antes das eleições. E vai chegar a um ponto que nós não vamos poder mais falar. Nós vamos ter que agir. Agir contra determinadas instituições e contra determinadas pessoas. Isso pra mim é muito claro*" (RAPJ n. 4401196/2023).

A reunião se encerrou com a mensagem clara de que a organização, sem aguardar o resultado das eleições, já executava atos para desmerecer a vontade popular e permanecer no poder de forma autoritária. O encontro serviu para estimular a propagação de notícias falsas e para alimentar o ímpeto de rebeldia, antecipando situação de fracasso eleitoral.

O alinhamento dos pronunciamentos reforçou o vínculo subjetivo existente entre os que se dispuseram à solução de violência institucional. Concatenou-se um discurso coeso, voltado para mobilizar agentes públicos de alto escalão contra o funcionamento regular do sistema democrático.

Reunião realizada com Embaixadores em 18.7.2022

Como anunciado na reunião ministerial de 5.7.2022, JAIR BOLSONARO, atuando como Chefe de Estado, convidou formalmente os mais altos representantes diplomáticos estrangeiros acreditados no país, bem como diversas autoridades brasileiras, ao Palácio da Alvorada. Ali, ouviram comunicação sobre a falta de confiabilidade do sistema eletrônico de votação e apuração adotado pelo Tribunal Superior Eleitoral, como se observa da seguinte passagem de seu discurso:

> Teria muita coisa a falar aqui, mas eu quero me basear exclusivamente em um inquérito da Polícia Federal que foi aberto após o 2º turno das eleições de 2018, onde um *hacker* falou que houve que tinha havido fraude por ocasião das eleições. Falou que ele tinha invadido, o grupo dele, o TSE, o Tribunal Superior Eleitoral. E, obviamente, quando se fala em manipulação de números após eleições, quem manipula é quem ganhou. Então seria eu o manipulador. E a Polícia Federal começou, então, a apurar. Se houve ou não manipulação e de quem seria a responsabilidade.
>
> Então, tudo começa nesse nessa denúncia que foi de conhecimento do Tribunal Superior Eleitoral, onde o hacker diz claramente que ele teve acesso a tudo dentro do TSE. Disse mais: obteve acesso aos milhares de códigos-fonte, que teve acesso à senha de um ministro do TSE, bem como de outras autoridades, várias senhas ele conseguiu. E obviamente a senhora Ministra do TSE na época, que também é do Supremo Tribunal Federal, Rosa Weber, fez com que o inquérito fosse instalado.
>
> Então, temos aqui a instauração do inquérito. Segundo o TSE, os *hackers* ficaram por 8 meses dentro dos computadores do TSE. Com códigos fontes, com senhas e muito à vontade dentro do Tribunal

> Superior Eleitoral. E diz, ao longo do inquérito, que eles poderiam alterar nomes de candidatos, tirar voto de um, transferir para outro. Ou seja, um sistema, segundo documentos do próprio Tribunal Superior Eleitoral e conclusão da Polícia Federal, um processo aberto a muitas maneiras de se alterar o processo de votação.
>
> Então, de imediato, a Polícia Federal pediu o tal de *logs*, né, que é a impressão digital do que acontece dentro do sistema informatizado. O que é natural também é o órgão invadido fornecer os *logs* independente de pedidos. A Polícia Federal pediu os *logs*, que podiam ser entregues no mesmo dia ou no dia seguinte, mas, sete meses depois, segundo documentos comigo, o TSE informou que os *logs* haviam sido apagados.

O então Presidente alertou que, sob esse sistema, estava-se na iminência de se realizarem eleições viciadas e ilegítimas, maliciosamente dirigidas para beneficiar o seu principal adversário, inclusive com a anuência de Ministros do Supremo Tribunal Federal e do Tribunal Superior Eleitoral:

> E daí entra na frente aqui isso, mais uma personalidade. Deixo claro, quando se fala em Ministro Fachin, ele foi o responsável por tornar Lula elegível. Numa interpretação de um dispositivo constitucional, o Lula estava preso, e o Supremo entendeu que a prisão só poderia acontecer em última instância, na 4ª instância. Então, ele foi condenado em 1ª instância, 2ª instância, 3ª instância, todos os placares por unanimidade e estava cumprindo pena de prisão. Com a reinterpretação do Supremo Tribunal Federal, ele foi para rua. Mas como ele, Lula, estava em liberdade, mas as condenações estavam valendo, o próprio Ministro Fachin, relator de um processo, resolveu tornar o Lula elegível. Então, por 3 a 2, o Supremo Tribunal Federal não inocentou. Simplesmente, anulou os julgamentos, voltando para a 1ª instância o senhor Luiz Inácio Lula da Silva. Ao voltar para a 1ª instância, ele conseguiu, ele reconquistou a possibilidade de ser elegível.
>
> Daí, em setembro de 2021, o Ministro Barroso, por portaria, resolve convidar algumas instituições, entre elas as Forças Armadas, a

participarem de uma comissão de transparência eleitoral. As Forças Armadas não se meteram nesse processo. Foram convidados. Ao serem convidadas, nós temos um comando de defesa cibernética, como acredito que todos os chefes, todos os países, o têm também, e, como foram convidados, começaram a trabalhar para apresentar soluções, sugestões, para que o ocorrido nas eleições de 2018 não viesse a ocorrer novamente.

Continua, continua então, o senhor Barroso me atacando. Deixo bem claro, por que que o senhor Barroso foi escolhido pelo governo do PT para ser ministro do Supremo Tribunal Federal? Porque ele trabalhou para que o terrorista Cesare Battisti ficasse no Brasil. E, no último dia do presidente Lula em 2010, Battisti ganhou a condição de refugiado no Brasil, graças ao trabalho dele, o Barroso, que era advogado naquela época, e o terrorista Cesare Battisti permaneceu no Brasil. Graças a isso, certamente, ele ganhou confiança do Partido dos Trabalhadores e foi indicado para o Supremo Tribunal Federal.

(...)

Aqui. Por que uma declaração como essa? Será que ele [Ministro Edson Fachin] já está antevendo que o candidato dele, que ele tornou elegível, vai ganhar as eleições? E do lado de cá teria uma reação? Resultado de eleições se cumpre. Agora, estamos tentando antecipar um problema que interessa para todo mundo. O mundo todo quer estabilidade democrática no Brasil.

(...)

E olha uma coisa inacreditável. O que que o Fachin diz, o homem que tornou Lula elegível, sempre foi advogado do MST, um grupo terrorista que até pouco tempo era bastante ativo no Brasil: 'A auditoria não é instrumento para rejeitar resultado das eleições'. Para que serve a auditoria? Eu tenho vergonha de estar falando isso para vocês. Eu tenho vergonha. Agora, eu sou obrigado a conversar com os senhores.

Agradeço a presença aqui penhoradamente. Porque sei que os senhores todos querem a estabilidade democrática em nosso país. E ela só será conseguida com eleições transparentes, confiáveis.

(...)

> Eu teria dezenas e dezenas de vídeos para passar para os senhores por ocasião das eleições de 2018 onde o eleitor ia votar e simplesmente não conseguia votar. Ou quando ele apertava o número 1 e depois ia apertar o número 7, aparecia o 3 e o voto ia para outro candidato. O contrário ninguém reclamou. Temos quase 100 vídeos de pessoas reclamando que foram votar em mim e, na verdade, o voto foi para outra pessoa, nenhum vídeo de alguém que foi votar no outro candidato e porventura apareceu meu nome.

O discurso antidemocrático ganhou difusão nacional, por meio de sistema de televisionamento público federal[31] e por meio de reprodução em redes sociais do denunciado, dirigindo-se ao conjunto dos eleitores brasileiros, e não apenas a representantes diplomáticos.

Na esfera eleitoral, a conduta de JAIR MESSIAS BOLSONARO durante a reunião foi objeto de análise pelo Tribunal Superior Eleitoral, a quem competiu julgar a AIJE n. 0600814-85.2022.6.00.0000. Foi, então, reconhecido o desvio de finalidade no uso de bens e serviços públicos e de prerrogativas da Presidência da República, com pena de inelegibilidade.

À época, interpretou-se o evento como instrumento indevido de manobra eleitoreira. Apesar do inegável impacto eleitoral do evento, as investigações da Polícia Federal revelaram a faceta de interesse também penal do evento. O discurso promovido na ocasião, examinado em conjunto com as demais ações narradas nesta peça acusatória, encaixa-se na estratégia maior de enfraquecimento do Estado Democrático de Direito, no âmbito nacional e internacional.

A reunião aconteceu exclusivamente para que fossem ouvidas palavras de desconfiança e descrédito com relação ao sistema eleitoral eletrônico gerido pelo Tribunal Superior Eleitoral, com sugestões desmerecedoras lançadas a integrantes da Corte. O propósito se mostra enfim o de incutir na sociedade o sentimento de insubordinação aos poderes constituídos.

---

31 A reunião foi transmitida em tempo real pela TV Brasil e também por meio do canal da TV Brasil no *YouTube*. O conteúdo do vídeo foi extraído e preservado, conforme Laudo Técnico ANPTI/SPPEA/PGR n. 734/2022.

Objetivava-se que a comunidade internacional, por meio de representantes diplomáticos, e os cidadãos brasileiros, por meio da divulgação por televisão e pela *internet* do evento, fossem expostos a alegações inverídicas, agrupadas para afetar a confiança no sistema de votação vigente. O discurso, ao mesmo tempo que ensejava indisposição do eleitorado para com o candidato opoente, que seria o suposto beneficiário dos figurados esquemas espúrios, despertava apoio à posição do Presidente da República, como candidato acossado por sinistras engrenagens, típicas da espécie de política a que ele seria estranho.

A circunstância de essas palavras haverem sido vertidas com solenidade, pelo Chefe de Estado, perante a comunidade dos representantes diplomáticos estrangeiros, induzia o cidadão a conferir ainda maior verossimilhança às acusações infundadas, em prejuízo da clareza da verdade. O discurso, que reiterava outros tantos, reforçou a estratégia da organização criminosa de perturbar a tranquilidade social que deveria ambientar as eleições no sistema democrático.

As Eleições (Outubro de 2022)

Até a chegada do pleito eleitoral, as informações falsas sobre o sistema eletrônico de votação continuaram sendo difundidas pela organização, de forma contínua, especialmente pelo meio virtual. Após o resultado do 1º Turno das Eleições Gerais de 2022[32] e tornada mais próxima e real a perspectiva de derrota no pleito, o grupo precisou ampliar a sua frente de ação, mediante o uso ainda mais ostensivo da máquina pública, a fim de interferir diretamente no processo de eleição e assegurar a sua permanência no poder.

Verificou-se, nesse momento, o manejo indevido das forças de segurança pública para dificultar a votação de eleitores no candidato da oposição. Ficou evidente que o grupo tentava, pelo uso da força estatal, forjar um resultado eleitoral favorável; caso a ação fracassasse, a

---

32 https://www.tse.jus.br/comunicacao/noticias/2022/Outubro/100-das-secoes-totalizadas-confira-como-ficou-o-quadro-eleitoral-apos-o-1o-turno.

narrativa de fraude já difundida serviria para promover a revolta contra a vontade estampada nos boletins das urnas.

Utilização indevida da estrutura da Polícia Rodoviária Federal

Os denunciados se utilizaram especialmente da estrutura da Polícia Rodoviária Federal (PRF), sob o comando do denunciado SILVINEI VASQUES, para obstruir o funcionamento do sistema eleitoral e minar os valores democráticos, dificultando a participação de eleitores que se presumiam contrários ao então Presidente.

Após o primeiro turno das eleições de 2022, a Delegada de Polícia Federal MARÍLIA FERREIRA ALENCAR, então Diretora de Inteligência do Ministério da Justiça e Segurança Pública, solicitou a elaboração de um projeto de *Business Intelligence* (*BI*) voltado aos resultados eleitorais. O objetivo era coletar informações sobre os locais onde Lula da Silva havia obtido uma votação expressiva e onde BOLSONARO havia sido derrotado, com foco especial nos Municípios da Região Nordeste.

A ferramenta figurava como elemento crucial na execução do plano de manutenção de JAIR BOLSONARO no poder, uma vez que visava a reverter o favoritismo do oponente, percebido, tanto pelos resultados do primeiro turno quanto pelas pesquisas de intenção de voto no segundo turno.

O desvio de finalidade da demanda foi logo percebido por Clebson Ferreira de Paula Vieira, Analista de Inteligência encarregado da coleta de dados. Ele expressou perplexidade diante das solicitações de MARÍLIA ALENCAR, dado que o seu trabalho deveria se concentrar na segurança das eleições, e não na análise de resultados que poderiam orientar as ações da PRF. Clebson confirmou que suas análises foram utilizadas para direcionar as ações de fiscalização da PRF no segundo turno,[33] que se concentraram em locais onde Lula havia recebido mais de 75% dos votos.

---

33 Confira-se a transcrição da parte mencionada do depoimento de Clebson Ferreira de Paula Vieira: "QUE, no decorrer das análises, foi solicitado que fossem feitas impressões

A utilização indevida das forças de segurança pública ficou ainda

---

de listas dos municípios que concentrassem votação superior a 75% (setenta e cinto por cento) para ambos os candidatos que concorreriam ao segundo turno; QUE concomitante a isso, foi solicitado que o painel que estava publicado no ambiente do MJSP fosse retirado e colocado “offline”; QUE quem solicitou isso foi o DPF TOMAZ VIANA, chefe imediato do declarante; QUE isso causou estranheza, mas a estranheza não se iniciou aí, mas sim com as impressões de listas envolvendo as concentrações de votos acima de 75% (setenta e cinco por cento); **QUE isso era estranho por fugir da lógica de análise que estava sendo seguida em outros projetos; QUE era normal analisar dados diversos e comparativos referentes ao georreferenciamento das sessões eleitorais, para aprimorar a segurança das Eleições em diversos parâmetros; QUE o foco era a segurança das Eleições, e as concentrações nada tinham a ver com segurança;** QUE não foi apenas a primeira vez que as impressões foram solicitadas e o declarante sempre imprimia as informações de ambos os candidatos do segundo turno; QUE chegou uma hora que foi solicitado diretamente pela DPF MARÍLIA, que fosse impresso acerca de um candidato, qual seja o candidato LULA; QUE o declarante só imprimia os dados, mas, na maioria das vezes, verificou que os municípios em questão ficavam na Região Nordeste. (...) QUE, quando o declarante assumiu o serviço no CICCN no dia 30/10/2022, data do segundo turno das Eleições, por volta das 08h00min, chamou sua atenção pela mídia a operação massiva que a PRF estava fazendo no Nordeste, sendo que, como o declarante estava no gerenciamento de um painel de monitoramento de ocorrências das Eleições, não se preocupou imediatamente com isso, mas ficou “em alerta”; **QUE, quando o CGCISP, “FRED” (APF, mas não se recorda o nome) chegou ao local, o declarante o questionou sobre o BI publicado em confronto com as abordagens da PRF, tendo o mesmo dito que “era melhor retirar o BI do ambiente de publicação”, o que foi feito, haja vista que foi determinação;** QUE, porém, o BI não se perdeu, tendo o arquivo sido preservado; QUE o declarante possui alguns dos mencionados documentos em sua nuvem onedrive da MICROSOFT, sendo que se compromete a fornecer tudo à Polícia Federal, devendo o conteúdo ser extraído por Perito Criminal Federal, na companhia do declarante; **QUE o que foi percebido pelo declarante é que a PRF agiu no dia das Eleições com base nos BIs do declarante, tanto para saber onde estava o efetivo quanto para saber para onde direcionar o efetivo; QUE as ações da PRF seriam blitz em municípios ou próximas a municípios nos quais o então candidato LULA tivesse votação acima de 75% (setenta e cinto por cento) (...) QUE ressalta que fez impressão dos dados do BI nos quais havia votações iguais ou superiores a 75% (setenta e cinco por cento) para**

mais evidente após a análise dos dados extraídos do celular de MARÍLIA FERREIRA DE ALENCAR.[34] Apesar da exclusão das mensagens trocadas diretamente com ANDERSON TORRES, o histórico de conversas de MARÍLIA com o Delegado de Polícia Federal FERNANDO DE SOUSA DE OLIVEIRA, à época Diretor de Operações do Ministério da Justiça e Segurança Pública, e com a Sra. Maria das Neves Viana Couto, então secretária de gabinete do Ministro da Justiça, forneceu detalhes adicionais sobre as atividades ilícitas.

Logo após o resultado do primeiro turno, em 2.10.2022, MARÍLIA informou explicitamente seu intento doloso a FERNANDO DE SOUZA DE OLIVEIRA: "*Temos que pensar na ofensiva quanto a essas pesquisas*". Poucos dias depois, em 6.10.2022, MARÍLIA indicou a FERNANDO que tudo estava "*alinhado*" e que já havia feito "*a sua parte*", revelando a existência de um planejamento específico para o segundo turno.[35]

---

ambos os candidatos, mas o declarante somente percebeu uma atuação da PRF nos locais onde o então candidato LULA vencia, não o tendo percebido nos locais onde o então candidato BOLSONARO vencia; QUE tais fatos incomodaram muito o declarante, mas na época não tinha a quem recorrer (sem grifos no original).

34 Relatório de Análise de Polícia Judiciária n. 4/2023 e Relatório de Análise Técnico-Científica CODE/SPPEA/PGR n. 1/2024 (Fls. 1.391/1.434, Petição n. 11.781).

35 O Relatório de Análise Técnico-Científica CODE/SPPEA/PGR n. 1/2024 recuperou parte das mensagens excluídas pelos interlocutores e conseguiu reorganizar os diálogos, que estavam com as palavras foras de ordem. É o caso desse diálogo, que foi assim reconstruído:
Marília: Pronto falei com o Marcão (Trecho inferido)
Marília: Tudo alinhado (Trecho inferido)
Fernando: sobre
Marília: Sobre por o efetivo
(...)
Marília: srs por favor, nos enviar ate amanha todos os pianos de trabalho com o número das equipes que serão empregadas para atuarão nas 27 capitais e no interior para eleições (Trecho inferido - essa mensagem havia sido encaminhada por ela para algum terceiro)
Marília: e o plano da PRF (Trecho inferido - essa mensagem havia sido encaminhada por ela para algum terceiro)

A movimentação atípica dos denunciados entre os dois turnos eleitorais também foi percebida pelo aumento dos pedidos de reunião de MARÍLIA com ANDERSON TORRES. O objetivo escuso dos encontros com ANDERSON TORRES foi explicitado em trocas de mensagens datadas de 7.10.2022 (RAPJ n. 4/2023). Ali se vê que, FERNANDO DE OLIVEIRA deu conta de que o "*chefe chamou*" e combinou um encontro no 13º andar. Pouco tempo depois, MARÍLIA respondeu que estava muito ansiosa e "*doida para poder fazer alguma coisa*". FERNANDO externou, então, seu receio de o planejamento não funcionar, deixando claro que tramavam ação anormal. MARÍLIA revelou estar igualmente preocupada, reforçando a heterodoxia do plano traçado. Escreveu: "*Márcio e Pelim vão melar o negócio*" – possivelmente, referindo-se a Márcio Nunes, ex-DG/PF, e a Caio Rodrigo Pellim, então Diretor de Combate ao Crime Organizado da Polícia Federal — DICOR/PF (RAPJ n. 23/2023).

O crescente clima de urgência envolvendo as conversas entre MARÍLIA e Clebson Ferreira de Paula Vieira também retratam o progresso das ações maliciosas em curso. Ao longo de outubro, o analista foi chamado a participar de diversas reuniões e manteve comunicações com outros altos dirigentes, como ANDERSON GUSTAVO TORRES, então Ministro da Justiça. Disso é evidência a mensagem enviada por Clebson a Camila Alves Vieira de Paula, em 21 de outubro de 2022: "*surgiu uma demanda daquelas... diretamente da diretora... eu tô muito mal, mas tenho que acelerar*", referindo-se à MARÍLIA DE ALENCAR (RAPJ n. 3/2023). Registre-se que, em diálogo mantido com a interlocutora Márcia,[36] MARÍLIA

Marília: tb pedi pro Carrijo pedir para o Vasques (Trecho inferido)

Fernando: isso

Marília: bom minha parte fiz (Trecho inferido)

Marília: pior que to ansiosa pra kcete (Trecho inferido)

Marília: doida para poder fazer alguma coisa (Trecho inferido)

Marília: pra ajudar (Trecho inferido)

Fernando: imagino

Fernando: tu já é acelerada (Trecho inferido)

36 Transcrição: Não, eu já falei com todos os coordenadores, isso é os coordenadores e

reconheceu que vinha sobrecarregando sua equipe com demandas extraordinárias e chegou a declarar que fazer um *BI* não era algo usual (RAPJ n. 4/2023).

As conversas de *WhatsApp* de Clebson, pesquisadas a partir dos termos "CGSISP TSE", revelam troca de mensagens com Igor Cristovão Gonçalves Santos, que integrou a Secretaria de Operações Integradas do Ministério da Justiça e Segurança Pública - SEOPI/MJ. Em 10 de outubro de 2022, Igor enviou a Clebson um *link* para um painel *BI*, informando: "*fizemos um* BI *aqui sobre os resultados do TSE (...) o chefe repassou pra DINT que gostou e pediu pra repassar pra vocês, para analisar e dar acesso a quem de direito*".[37]

A análise policial também identificou uma planilha com o mesmo nome da enviada por MARÍLIA, em 21 de outubro de 2022, "2022 10 20 – Endereço das UOP". Ali eram listadas todas as Unidades Operacionais da PRF. Outro arquivo, denominado "DADOS_EXTRAÇÃO", continha planilhas com títulos como: "PSL", "DEM", "REPUBLICANOS", "UNIÃO", "PL", "PP", "CONCENTRAÇÃO MAIOR QUE 75% LULA", "CONCENTRAÇÃO MAIOR QUE 75% BOLSO", "MG MAIOR QUE 75% LULA" e "MG MAIOR QUE 50% BOLSO".[38]

---

as equipes né? Já conversei muito com o Deyvson porque ele fez uma coisa que eu não concordei, não autorizei, que foi colocar um curso da PRF essa semana. Falei com ele que era pra mudar, ele viu com eles, lá, que eles já tinham iniciado os trâmites administrativos e manteve. Não foi o que eu combinei com ele. Era pra ter me avisado, não era pra fazer curso agora, mesmo o pessoal da CGSiSP, da GEISP, tá todo mundo me ajudando, eu peço coisa o tempo todo, sabe, que não é usual ali, de fazer um *Bi* disso, num sei o que, enfim, e causou prejuízo, mas eu já conversei com ele, e é isso. Só pra todo mundo ficar atento, não é nada demais, nada que eu já não tenha falado, tá bom?

37 Na pasta *onedrive* de Clebson Ferreira, foram encontrados documentos coincidentes com as conversas levantadas pelas investigações, em especial dois arquivos de *Power Bl* (*software* de montagem de painéis de análise de dados, que otimiza a interpretação das informações). O nome do primeiro arquivo aparece de maneira idêntica ao do *link* enviado por Clebson a MARILIA. O segundo arquivo se chama "CGSISP TSE". (RAPJ n. 3/2023).

38 (RAPJ n. 3/2023).

UF	MUNICÍPIO	VOTOS	BOLSONARO	LULA	% BOLSONARO	% LULA	PARTIDO DO PREFEITO	NÃO
PI	CAPITÃO GERVÁSIO OLIVEIRA	3110	212	2730	7%	91%	PT	168
PI	BREJO DO PIAUÍ	3116	252	2743	8%	90%	PT	121
BA	BOQUIRA	12384	879	10579	7%	90%	PSB	926
PI	CORONEL JOSE DIAS	4111	285	3579	7%	89%	PSB	247
PB	SANTA INÊS	3002	217	2544	8%	89%	PDT	241
PE	PARNAMIRIM	14421	1200	12525	9%	89%	PSB	696
PI	COCAL DOS ALVES	4380	304	3758	7%	89%	PT	318
BA	SOUTO SOARES	11161	895	9615	8%	88%	PT	651
PE	IBIMIRIM	15351	1474	13032	10%	88%	PC do B	845
PE	SOLIDÃO	4365	441	3713	10%	88%	PSB	211
CE	ARARIPE	13178	866	11229	7%	88%	PDT	1083
BA	LAMARÃO	6004	529	5014	9%	88%	PT	461
BA	BARRA DO MENDES	9877	824	8342	9%	87%	PDT	711
MA	AFONSO CUNHA	5426	530	4605	10%	87%	PDT	291
PE	INGAZEIRA	3387	353	2843	11%	87%	PSB	191
BA	CAETANOS	7828	719	6535	10%	87%	PC do B	574
CE	POTENGI	6043	443	5108	8%	87%	PSOL	492
PE	ALAGOINHA	9929	973	8207	10%	87%	PSB	749
MA	DUQUE BACELAR	7410	701	6259	10%	87%	PDT	450
PE	BODOCÓ	20617	1817	17029	9%	87%	PSB	1771
BA	MULUNGU DO MORRO	8570	739	7141	9%	87%	PSB	690
PE	VERDEJANTE	6385	604	5269	10%	87%	PSB	512
PE	CAPOEIRAS	11768	1202	9595	11%	86%	PSB	971
PE	SÃO JOSE DO BELMONTE	20136	2108	16519	11%	86%	PSB	1509
PE	CARNAÍBA	12274	1335	10101	11%	86%	PSB	838
BA	MONTE SANTO	32432	3250	26669	10%	86%	PSB	2513
MA	ÃO FRANCISCO DO MARANHÃ	7150	722	5811	11%	86%	PC do B	617
PE	MOREILÂNDIA	7513	732	6161	10%	86%	PDT	620
BA	NOVA REDENÇÃO	4899	508	4042	11%	86%	PT	349
PE	FLORES	12584	1402	10174	12%	86%	PSB	1008
PI	IPIRANGA DO PIAUÍ	6067	597	5007	10%	86%	PT	463
CE	ALTANEIRA	5137	350	4283	7%	86%	PT	504
CE	ABAIARA	5918	594	4670	10%	86%	PT	454
BA	IGAPORÃ	10076	1038	8175	11%	86%	PT	863
PE	EXU	21277	2184	17233	11%	85%	PSB	1860
AL	OLHO D AGUA DO CASADO	5496	523	4522	10%	85%	PT	451
CE	MILAGRES	17525	1622	14369	10%	85%	PDT	1534

PSL DEM REPUBLICANOS UNIÃO PL PP CONCENTRAÇÃO MAIOR QUE 75% LULA CONCENTRAÇÃO MAIOR QUE 75% BOLS MG MAIOR ...

Imagem extraída da fl. 67 dos autos e pág. 14 do RAPJ nº 003/2023

As planilhas analisadas forneceram dados sobre o número de votos recebidos por candidatos no primeiro turno das eleições presidenciais de 2022 em cada Município do Brasil. Essas informações foram essenciais para a criação do painel de *Business Intelligence* (*BI*) solicitado por MARÍLIA ALENCAR.

A perícia no aparelho celular de FERNANDO DE SOUSA OLIVEIRA[39] também localizou diálogos relevantes sobre as ações da PRF, que reforçam o comportamento doloso dos denunciados. Identificou-se que FERNANDO, MARÍLIA e Leo Garrido Meira Salles[40] integravam um grupo de *WhatsApp* intitulado "EM OFF", onde foram compartilhadas

39 RAPJ n. 23/2023 (Fls. 1.793/1.908, PET 11.552).

40 Coordenador-Geral de Operações da DIOP/SEOFI/MJSP. As condutas atribuídas a Leo Garrido Meira Salles serão analisadas em processo próprio.

diversas mensagens sobre a produção do citado *BI*. A título exemplificativo, em 7.10.2022, mensagens trocadas no grupo de *WhatsApp* "EM OFF" indicaram que estavam discutindo a produção do *BI*. Marília mencionou que o *BI* estava "*pronto*" e elogiou o trabalho.[41]

No dia 13.10.2022, MARÍLIA também enviou mensagem no grupo "EM OFF", afirmando que em "*belford roxo o prefeito é vermelho precisa reforçar pf*" e "*menos 25.000 votos no 9*". Em seguida, MARÍLIA perguntou a FERNANDO qual seria o próximo passo sobre os relatórios. Recebeu a resposta: "*52 x 48 são milhões 5 de votos para virar*", denotando que seriam necessários cinco milhões de votos pra virar o resultado das eleições (RAPJ n. 23/2023). No mesmo dia, MARÍLIA mandou mensagens a FERNANDO, afirmando que o Ministro ANDERSON TORRES tinha pressa e que "*Leo disse que só vai fazer a bahia*". Indagou, na sequência, quem na DIOP faria o restante.[42]

Em 16.10.2022, o interlocutor Leo Garrido enviou mensagem no grupo "EM OFF", afirmando ter finalizado os planos da Bahia, Ceará e Pernambuco. No dia seguinte, MARÍLIA, Leo Garrido e FERNANDO deram prosseguimento à conversa no grupo, quando MARÍLIA demonstrou intensa preocupação com as cidades em que Lula da Silva havia recebido maior número de votos. Disse: "*pelotas foi 52x36 pro lula*", "*202 mil habitantes*", "*cara os caras tem que rodar essas bases*", "*poa também foda*", "*49x39 pro lula*". FERNANDO respondeu "*manda o rs tem muito eleitor pt*". Está claro o desvio de finalidade das ações policiais do grupo, orientadas ao propósito comum dos integrantes da organização criminosa de impedir, também mediante o emprego de atitudes de força, que o candidato agora denunciado fosse afastado do Poder (RAPJ n. 23/2023).

Esses e tantos outros diálogos revelam intensa coordenação de estratégias para interferência no pleito. As investigações revelaram, afinal, uma forte rede de comunicações desenvolvida pelos denunciados, com evidências de reuniões e decisões tomadas para garantir, por meio de ações conjuntas, apoiadas na força até policial, a vitória

41 Fl. 1.848, PET 11.552.

42 Fl. 1.807, IPL n. 2023.001255.

de JAIR BOLSONARO. A análise das comunicações confirma o esforço incessante, crescente e coordenado para manipular o processo eleitoral – não somente pelas narrativas infundadas de fraude, mas também pelo empenho de força material impeditiva do acesso de presumidos eleitores do adversário às urnas temidas.

As diretrizes manifestamente ilícitas construídas pelos denunciados foram acolhidas por SILVINEI VASQUES, que direcionou os recursos da Polícia Rodoviária Federal para o objetivo de inviabilizar ilicitamente que JAIR BOLSONARO perdesse o Poder.[43] As investigações revelaram, ainda, reunião, de 19.10.2022, em que estavam presentes ANDERSON TORRES e SILVINEI VASQUES, para tratar do *policiamento direcionado*, a ser posto em execução quando do segundo turno das eleições de 2022.

Os diálogos mantidos no grupo "EM OFF" indicam que, na reunião, ANDERSON TORRES foi operoso na concretização do plano insidioso. A reunião se deu com a cúpula da Polícia Federal e da Polícia Rodoviária Federal. No dia seguinte, 20.10.2022, no grupo "EM OFF" MARÍLIA comentou: "*achei que o 01 falou bem ontem na reunião*" ao que FERNANDO respondeu: "*falou bem demais isento*". MARÍLIA, então, asseverou "*isento porra nenhuma*", "*meteu logo um 22*" (RAPJ n. 23/2023). A conversa também sinalizou a anuência da Polícia Rodoviária Federal e a resistência da Polícia Federal aos comandos ilícitos. No diálogo, os denunciados mencionaram que, embora a Polícia Federal tenha refutado o plano, a ideia do apoio estava sendo "*entubada*" por FERNANDO, no confronto com o Diretor de Combate ao Crime Organizado da Polícia Federal, Caio Pelim (fl. 1.865).

Matéria jornalística anotada no inquérito[44] noticia que SILVINEI VASQUES disse, na reunião, que "*havia chegado a hora da PRF tomar*

---

43 Em sua colaboração premiada MAURO CESAR BARBOSA CID afirmou que SILVINEI sempre buscou aumentar o contato com o então Presidente BOLSONARO, especialmente após assumir a PRF, agindo fora de suas atribuições constitucionais e associando a instituição por ele comandada a eventos da Presidência.

44 Disponível em: https://oglobo.globo.com/blogs/malu-gaspar/post/2023/08/vasques--disse- que-prf-precisava-tomar-um-lado-na-eleicao-indicam-depoimentos-e-mensagens-colhidos-pela-pf.ghtml. Acesso em 6.6.2024.

lado na disputa", conclamado "*o engajamento dos presentes nas operações de 30 de outubro, especialmente no Nordeste*" (fl. 1.286).

Sobre isso, foram colhidos depoimentos de 47 Policiais Rodoviários Federais, listados às fls. 1.317/1.318. Em seus depoimentos, os Policiais Anderson da Silva Costa, Antônio Vital de Moraes Júnior e Diego Joaquim de Moura Patriota afirmaram que, na reunião, o ex- Diretor-Geral da PRF, SILVINEI VASQUES, disse que "*era hora de escolherem um lado*".[45]

A ação excepcional de SILVINEI VASQUES ficou evidente pela análise do Ofício n. 83/2023/DG, emitido pelo Diretor-Geral da PRF, que indicava a elaboração de um único Plano de Trabalho para as eleições, em 27 de setembro de 2022, abrangendo as operações do 1º e do 2º turno. No entanto, em 26 de outubro de 2022, um novo Plano de Trabalho, intitulado "2º Turno", foi elaborado pelos denunciados. O novo plano incluía deliberações adicionais da Direção da PRF e a fiscalização do transporte de passageiros, que não constavam do planejamento inicial, a demonstrar a diferença de procedimentos entre os dois turnos das eleições, ditada pela necessidade sentida pelos denunciados de orquestrar medidas de impedimento, mediante uso de força policial, de acesso às zonas eleitorais de eleitores considerados perigosos para um resultado favorável ao Presidente disputante da reeleição (RAPJ n. 9/2023). Dados fornecidos pela atual gestão da PRF mostraram que, durante o segundo turno das eleições, a Região Nordeste concentrou o maior número de policiais mobilizados, o maior número de postos fixos de fiscalização e o maior número de ônibus fiscalizados e retidos (RAPJ n. 9/2023).

Dois dias após a nova ordem de serviço e às vésperas do segundo turno, em 28 de outubro de 2022, o Policial Rodoviário Federal Luíz Carlos Reischak Júnior trocou mensagens com o interlocutor Adiel Pereira Alcântara,[46] informando que houve uma redução nas abordagens a outros tipos de veículos e um aumento na fiscalização direcionada aos ônibus. Foram postas em prática, portanto, as diretrizes

---

45 Fls. 1.343/1.352, 1.353/1.358 e 1.457/1.466, PET 11.552.

46 Policial Rodoviário Federal e Coordenador de Análise de Inteligência da PRF, à época.

específicas da estratégia da organização criminosa para o segundo turno (RAPJ n. 9/2023). Em 29.10.2022, Adiel Pereira Alcântara comenta com Paulo César Botti Alves Júnior que SILVINEI VASQUES fora impróprio nas reuniões de gestão, em especial notando a determinação de "*policiamento direcionado*" (RAPJ n. 9/2023).

É certo que MARÍLIA ALENCAR acompanhou pessoalmente as ações direcionadas pelo grupo, com registros de conexão do seu celular compatíveis com a sede da Polícia Rodoviária Federal em Brasília, local onde se concentrou a logística policial por ocasião do segundo turno (RAPJ n. 4/2023). Nos diálogos do grupo "EM OFF", MARÍLIA elogiou SILVINEI VASQUES, diante de notícias que indicavam bloqueios da PRF prejudicando os eleitores no Nordeste, expressou a expectativa de que SILVANEI, pelo seu empenho, fosse elevado ao cargo de Diretor-Geral da Polícia Federal.[47]

Está clara a tentativa deliberada de minar o sistema democrático pelo uso da força inerente à estrutura policial do Estado, mediante ações de embaraço e intimidação de eleitores. Está nítido que os denunciados pelo episódio anuíram à entrada na organização golpista e atuaram para a consecução do seu propósito de desprezar o sistema democrático eleitoral e assegurar a permanência de JAIR BOLSONARO à frente do governo, mesmo que em contrariedade à ordem constitucional.[48]

O resultado das eleições (30.10.2022)

As ações de interferência no pleito eleitoral não foram suficientes para garantir a reeleição de JAIR MESSIAS BOLSONARO. Em 30.10.2022, o candidato à Presidência Lula da Silva foi eleito, com 50,90% dos votos

---

47 Fl. 1.871 da PET 11.552, Relatório de Análise Técnico-Científica CODE/SPPEA/PGR n. 1/2024 e RAPJ n. 23/2023.

48 A adesão de ANDERSON TORRES, FERNANDO DE SOUSA OLIVEIRA e MARÍLIA FERREIRA DE ALENCAR ao grupo criminoso se tornará ainda mais contundente ao final da trama delitiva, como explorado em tópico posterior desta denúncia, em que serão narradas omissões dolosas à frente da Secretaria de Segurança Pública do Distrito Federal no dia 8.1.2023.

válidos. A organização criminosa ainda persistia, porém, no plano de promoção de violência e desconforto social, capazes de induzir os Comandantes militares a se somarem à insurreição.

A proclamação do resultado das urnas motivou o movimento antidemocrático, articulado em setores das redes sociais alinhados com as premissas insurrecionistas da organização criminosa contra o sistema eleitoral, contra a representatividade dos membros do Congresso Nacional, contra a autoridade do Supremo Tribunal Federal e contra a posse do candidato afinal eleito. São notórias as convocações em redes sociais de um levante contra o Estado de Direito e o governo eleito, dando lugar a ações de fechamento de rodovias em pontos diversos do país e de instalação de acampamentos de pessoas clamando por intervenção militar (i. é, golpe) às portas de unidades militares, a mais notória delas, à frente do Quartel General do Exército em Brasília. Os procedimentos se mostravam coordenados e articulados, nos moldes do almejado pela organização criminosa.

Este foi o cenário armado para a execução da próxima etapa do projeto de sedição, em que seriam intensificadas as demandas por ações militares, elaborados os documentos necessários para a formalização do Golpe de Estado e praticadas outras mais medidas de força orientadas a viabilizar o seu êxito.

Para manter o ambiente propício à intervenção militar, a organização criminosa também se preocupou em dar continuidade ao sentimento de suspeita e de inconformidade popular, especialmente nos acampamentos formados em frente às instalações militares. A necessidade de desacreditar os resultados das urnas elevou a produção de notícias falsas e maliciosas sobre o sistema eleitoral brasileiro. A crença na fraude na eleição de Lula de Silva era crucial para que se obtivesse adesão e entusiasmo popular à causa do solapamento das instituições democráticas, dessa forma também predispondo mais militares - sobretudo os mais graduados - para a insurreição.

Mobilização de militares de alta patente e ciência da organização criminosa da inexistência de fraude nas urnas eletrônicas

A análise do aparelho celular do denunciado MAURO CÉSAR BARBOSA CID[49] trouxe à tona evidências da participação de militares na perpetuação da narrativa de fraudes no sistema eletrônico de votação, mesmo depois de os denunciados terem sido informados, por técnicos da sua confiança, de não haver fundamento para cogitar de embuste nas eleições realizadas. Mesmo assim, persistiram na divulgação de notícias infundadas sobre logro na disputa, que eram proveitosas para manter o clima de recusa ao resultado e conveniente para posturas sediciosas.

Em diálogo mantido no dia 4.10.2022, dois dias após o primeiro turno das eleições, SÉRGIO RICARDO CAVALIERE DE MEDEIROS, Coronel do Exército, enviou mensagem a MAURO CID, afirmando: "*espero, sinceramente, que vocês saibam o que estão fazendo*", ao que MAURO CID respondeu: "*Eu tb...Senão estou preso*".

No mesmo dia, CAVALIERE perguntou: "*conseguiram plotar?*", referindo-se à identificação de uma possível fraude nas eleições. Em resposta, MAURO CID afirmou: "*Nada...Nenhum indício de fraude*". Veja-se que a organização criminosa sabia da inexistência das falcatruas que divulgavam e sabia disso antes mesmo da finalização do pleito eleitoral.

Logo após o segundo turno, em 1º.11.2022, MAURO CID recebeu mensagens de BERNARDO ROMÃO CORREA NETO, Coronel do Exército, então Assistente do Comandante Militar do Sul e integrante do grupo de *WhatsApp* denominado "...Dossss!!!!!",[50] administrado por MAURO CID e composto apenas por oficiais, da ativa ou da reserva, com formação no Curso de Ações e Comandos do Exército Brasileiro. BERNARDO escreveu para CID "*Quando puder falar me dê um toque. Alguma evolução que nos deixe otimista?*". MAURO CID, reiterando a ciência de que não houvera fraude no processo eleitoral, respondeu que "*Até agora... nada. Nenhuma bala de prata*" (RAPJ n. 4401196/2023).

---

49 Sistematizada no RAPJ n. 4401196/2023.

50 Objeto do RAPJ n. 2272674/2023.

Foram também identificadas trocas de mensagens entre MAURO CID e o Tenente-Coronel HÉLIO FERREIRA LIMA logo após o segundo turno, que indicam que os investigados continuavam tentando obter, inclusive com a utilização de *hackers*, pretextos que pudessem colocar em dúvida a higidez do processo eleitoral (RAPJ n. 4401196/2023). HÉLIO FERREIRA LIMA enviou a CID arquivos com especulação sobre problemas no sistema eletrônico (RAPJ n. 4401196/2023).[51] Não obstante, em 2.11.2022, MAURO CID reiterou que por não foi detectado indício de fraude nas urnas, afirmando, com referência a buscas para encontrar elemento sustentador do pretexto para a insurreição, que "*fez muito mais que isso e... não teve nada, não teve nada! Nada que você. pudesse dizer 'Olha, teve um movimento...né...é...diferente aqui nesse sistema aqui*". MAURO CID também admitiu que conversou com a pessoa que procedera à análise das urnas, citada por FERREIRA LIMA, e novamente reafirmou: "*tá difícil tirar alguma coisa. Tá difícil ter alguma prova. Porque, assim, na verdade tudo tem uma justificativa*".

HÉLIO FERREIRA LIMA, então, revelou o objetivo de ruptura da ordem democrática, independentemente de dados concretos de fraude: "*Eu sei que tentaram levar até o fim sem quebra institucional, mas foi tudo fora da lei do lado de lá. Chega, irmão!*" (RAPJ n. 4401196/2023).

Em 3.11.2022, FERREIRA LIMA ainda insistiu em que fosse apoiado um "*especialista de TI do IME*", que propagava a informação enganosa de que somente as urnas desenvolvidas no ano de 2022 seriam

---

51 As investigações identificaram uma publicação datada de 5.11.2022, em formato ".pdf", que apresenta o mesmo nome do documento e conteúdo da imagem enviados FERREIRA LIMA para MAURO CID ("Fraude-nas-Urnas-2022"). No acervo disponibilizado, também foram encontrados um documento intitulado de "Relatório Preliminar de Análise das Urnas Eletrônicas usadas na Eleição Presidencial no Brasil no SEGUNDO TURNO – 30 DE OUTUBRO DE 2022"; uma versão do documento "Fraude-nas-Urnas-2022" na língua inglesa; e duas planilhas intituladas "Urnas-com-bolsonaro-com-até-10-votos " e "Urnas- com-bolsonaro-com-até-10-votos-2º-turno". Verificou-se, ainda, que a página de n. 66 do documento denominado "Fraude-nas-Urnas-2022", disponível no site", apresenta conteúdo idêntico à imagem enviada por FERREIRA LIMA durante o diálogo mantido com MAURO CID (RAPJ n. 4401196/2023).

auditáveis, sugerindo a realização de "*testes funcionais irrefutáveis*" (RAPJ n. 4401196/2023). Em resposta, MAURO CID afirmou: "*a gente tá recebendo cara de TI, hacker*" e "*ninguém ainda chegou com uma coisa que fale, que, que consiga abrir uma investigação. A gente tem cara infiltrado em tudo quanto é lugar monitorando e passando pra gente as informações. Refutando ou ajudando a, a, a instigar, né, digamos assim*".

MAURO CID também demonstrou que, no dia das eleições, fora realizado, em algumas cidades, testes de integridade por eles sugeridos, mas "*não foi pego nada*". A informação não foi suficiente para afastar a resistência de FERREIRA LIMA, que afirmou: "*O povo está onde ele pediu. Ele prometeu Cid*", referindo-se ao então Presidente da República JAIR MESSIAS BOLSONARO (RAPJ n. 4401196/2023).

De fato, houve uma intensificação angustiada por qualquer questionamento que mantivesse a versão da fraude eleitoral, mesmo com todas as evidências em contrário. Para a organização, os relatos isentos de correção no processo não podiam refrear o propósito de encontrar escusa para a reversão do quadro de derrota.

Live realizada em 4.11.2022

Com o intuito de perpetuar narrativas já sabidas como infundadas de fraude e assim enfraquecer o sentido de legitimidade do processo democrático, a organização criminosa preparou materiais para divulgação pelo influenciador argentino Fernando Cerimedo.[52]

Durante uma transmissão ao vivo (*live*) no *YouTube*, realizada em 4.11.2022, Cerimedo apresentou um dossiê, publicado no seu canal *La Derecha Diario*,[53] com informações falsas sobre o sistema de votação brasileiro. Na referida *live*, que contou com mais de 415 mil visualizações simultâneas, o argentino apontou disparidade entre a distribuição

52 Apesar da comprovada divulgação de conteúdos infundados por Fernando Cerimedo, as investigações não esclareceram se este funcionou como vetor de propagação, em busca de engajamento virtual, ou se tinha domínio sobre o projeto doloso da organização criminosa. Por esse motivo, as suas condutas serão valoradas em autos apartados.

53 https://derechadiario.com.ar.

de votos computados em urnas novas, fabricadas em 2020, e antigas, fabricadas em 2009, 2010, 2011, 2013 e 2015.[54]

Segundo o documento apócrifo apresentado na ocasião, cinco modelos de urnas, todos fabricados antes de 2020, não teriam sido submetidos a procedimentos de auditoria e fiscalização e teriam gerado "*uma anomalia*" com o registro, "*estatisticamente impossível de justificar*", de mais votos ao candidato opositor de JAIR BOLSONARO (RAPJ n. 4401196/2023).

54 O conteúdo da *live* se encontra documentado no Relatório de Análise de Polícia Judiciária (RAPJ) n. 4401196/2023.

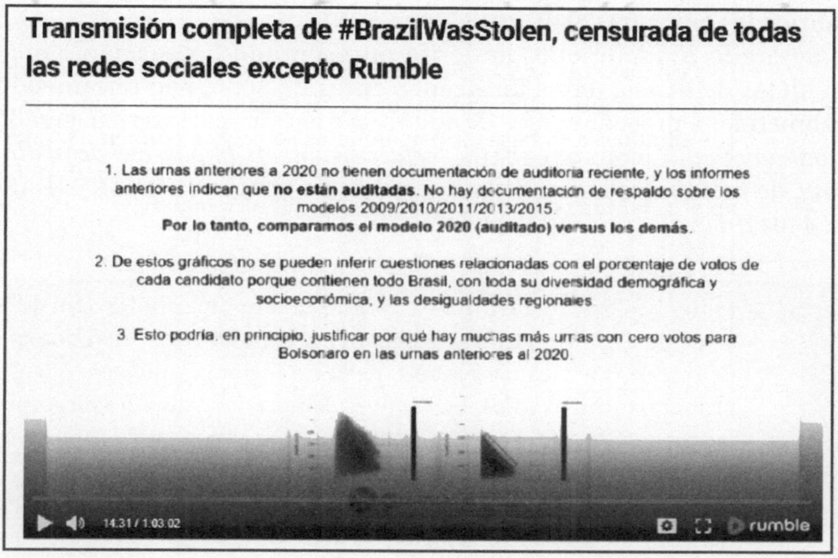

Apurou-se que as inverdades disseminadas em escala internacional por Cerimedo haviam sido fabricadas por pessoas ligadas à organização criminosa, a quem MAURO CID chamou de "*nosso pessoal*". A informação foi revelada em troca de mensagens de *WhatsApp* entre MAURO CID e o Tenente-Coronel SÉRGIO RICARDO CAVALIERE DE MEDEIROS.[55] Na conversa, datada de 8.11.2022, MAURO CID afirmou, em tom comemorativo, após receber uma notícia falsa sobre a apuração eletrônica de votos, que o material havia sido produzido pelo "*nosso pessoal*" e que teria sido a base do "*argelino*", referindo-se ao argentino Fernado Cerimedo (RAPJ n. 4401196/2023):

55 Na agenda telefônica de MAURO CID, o contato de SÉRGIO CAVALIERE estava salvo como "Cavalo".

Cavalo
Encaminhada
Isso é o que dois *hackers* do interior de sp descobriram e colocaram na internet antes do segundo turno. Na conclusão, eles consideram que a fraude se embasa, principalmente, sobre procedimentos. Saldo da fraude, por exemplo: nordeste teve mais de 2 milhões de votos após as 6 horas da tarde. (2022-11-07 23:09:55 -03:00)
Cavalo
Encaminhada
Muito boa essa análise desses caras! Fizeram uma abordagem diferente do argentino e que complementa a auditoria. A metodologia de fraude que eles comentam, de certa forma, explica porque no primeiro turno os votos do Nordeste demoraram para serem computados! (2022-11-07 23:09:55 -03:00)
Mauro Cid
Nosso pessoal que fez... Haaahahahaahha.
(2022-11-08 07:51:59 -03:00)
Isso foi a base do argelino.
(2022-11-08 07:53:26 -03:00)

A preparação do material divulgado contou com a relevante contribuição do Major da reserva ANGELO MARTINS DENICOLI, que fazia o elo do grupo criminoso com o influenciador Fernando Cerimedo. Identificou-se que uma pasta no serviço de nuvem *Google Drive,* disponibilizada pelo argentino, fora alimentada com arquivo de autoria de DENICOLI. O fato foi divulgado, em 12.12.2022, por um usuário no *Twitter* e, depois, pela mídia nacional:

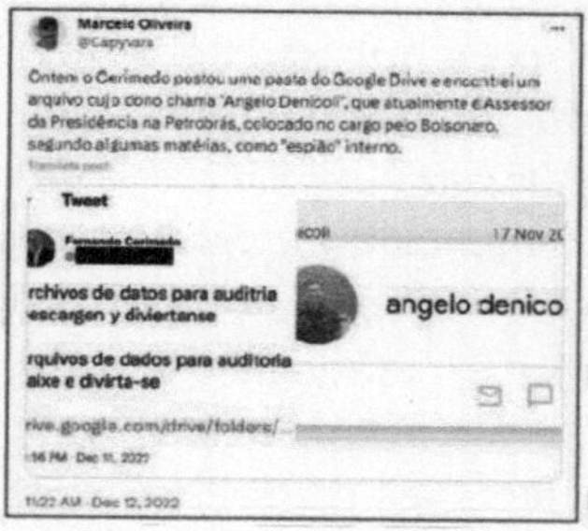

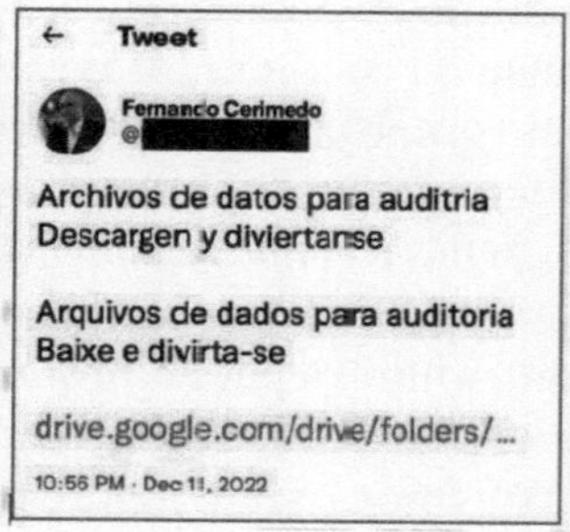

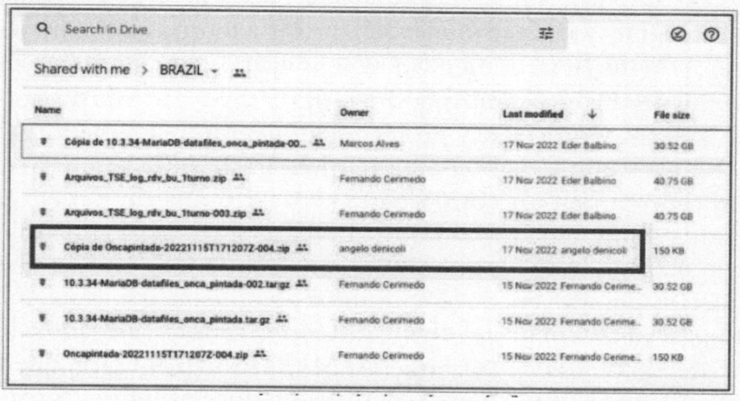

Os diálogos de *WhatsApp* encontrados no aparelho celular de MAURO CID reforçaram a proximidade entre DENICOLI e Cerimedo. Ao receber uma mensagem do apresentador de rádio e TV PAULOFIGUEIREDO, perguntando sobre o "*telefone do argentino*", em 8.2.2023, MAURO CID afirmou que o conseguiria. Logo em seguida, o Ajudante de Ordens encaminhou o pedido a DENICOLI, que compartilhou o contato de Fernando Cerimedo (RAPJ n. 4401196/2023).

Ouvido em sede de colaboração premiada,[56] MAURO CID confirmou a ligação do Major DENICOLI com o "*argentino*", em referência à Fernando Cerimedo. Segundo MAURO CID, o Major DENICOLI

---

56 Termo de Depoimento n. 3576708/2023.

integrava um grupo de pessoas empenhadas em encontrar fraudes nas urnas eletrônicas. O colaborador reconheceu que nada de concreto foi encontrado pelo grupo, ao afirmar "*QUE o grupo tentava encontrar algum elemento concreto de fraude, mas a maioria era explicada por questões estatísticas; (...) QUE o grupo não identificou nenhuma fraude nas urnas; (...) QUE esse grupo tinha ligação com o Argentino*".

Além de contribuírem para a produção do material que sabiam ser inverídico, os denunciados garantiram a sua ampla divulgação, valendo-se de mecanismos para driblar as decisões do Tribunal Superior Eleitoral, que já havia determinado a exclusão de conteúdos similares.

Os dados extraídos do aparelho celular de MAURO CID, consubstanciados no RAPJ n. 4401196/2023, revelaram que os denunciados editaram o material fraudulento apresentado por Fernando Cerimedo, bem como produziram tantos outros a partir dele, a fim de diversificar o acesso ao conteúdo falso e propagá-lo indiscriminadamente.

No dia 4.11.2022, logo após a realização da *live*, Tércio Arnaud Tomaz[57] compartilhou com MAURO CID um *link* de *Google Drive* contendo a íntegra da *live* promovida por Fernando Cerimedo, com duração de uma hora e um minuto e, na sequência, enviou o vídeo editado, cuja duração era de oito minutos e cinquenta e nove segundos, dizendo: "*resumo*".

Ouvido em Termo de Declarações n. 690840/2024, Tércio Arnaud Tomaz assumiu ter tido a "*iniciativa*" de realizar o *download* da *live* "*por receio*" de que a transmissão "*fosse derrubada*", confirmando o dolo dos denunciados de propagar informações que sabiam ser contrárias à Justiça.

O *modus operandi* do grupo criminoso também foi reforçado pela troca de mensagens identificada entre MAURO CID e o Tenente- Coronel GUILHERME MARQUES ALMEIDA. No dia da transmissão ao vivo de 4.11.2022, às 17h15, MARQUES ALMEIDA enviou para MAURO CID o *link* original da *live* no canal *La Derecha Diario,* no *YouTube,* com a *hashtag* "*BrazilWasStolen*". Pouco tempo depois, o militar reenviou para CID, por três vezes seguidas, mensagens idênticas, contendo igualmente o

57 As condutas de Tércio Arnaud Tomaz serão analisadas em autos apartados.

link da transmissão ao vivo com a legenda "*Fraude comprovada! Acabou para o Lula!!! #BrazilWasStolen*". O objetivo do militar, claramente, era o de ampliar, propagar e diversificar as opções de acesso ao conteúdo falso sobre a apuração das eleições no Brasil.

No dia seguinte, em 5.11.2022, às 0h50, MARQUES ALMEIDA enviou para MAURO CID o *link* oficial do sítio eletrônico "*Brazil Was Stolen*" e escreveu: "*Para quem ainda não viu a denúncia de fraude pelo vídeo argentino... Em português-español-English*". À 1h10, o Tenente-Coronel mandou nova mensagem para MAURO CID, afirmando que o sítio eletrônico havia sido retirado do ar e que ele enviaria o arquivo, em formato mp4, para quem "*precisasse*", uma vez que teria feito o *download*.

Na sequência, à 1h12, MARQUES ALMEIDA enviou para MAURO CID dois *links* alternativos de acesso à *live* do argentino, um deles direcionando à plataforma de *streaming* "Clouthub", cuja conta responsável pela publicação é do canal "Terça Livre", controlado por Allan Lopes dos Santos, investigado por propagação de conteúdos falsos e foragido nos Estados Unidos:

> Marques Almeida
> Tiraram do ar. Quem precisar, tenho baixado. Só avisar que envio o arquivo em mp4.
> (2022-11-05 01:10:29 -03:00)
> Attachment:
> "Outras opções do vídeo da auditoria das urnas abaixo:
> 1 "https://clouthub.com/v/7R5n3NoQ?s=08" 2 "https://rumble.com/v1rky44-brazil-was-stolen-auditoria-resultados-das-eleies-presidenciais- 2022.html"
> AUDITORIA PRIVADA – DIRETO DA ARGENTINA – 04/11
> (2022-11-05 01:12:49 -03:00)

Ainda em 5.11.2022, às 13h, MARQUES ALMEIDA enviou para MAURO CID um novo *link* de sítio eletrônico do canal "*Brazil Was Stolen*", afirmando que, dessa vez, o *site* era oriundo de Portugal, porque o do Brasil havia sido "*derrubado*". Na mensagem, o militar noticiou a criação de "*um site completo*" que contemplava "*todo o material da investigação sobre a maior fraude do século*", referindo-se ao dossiê apócrifo apresentado pelo argentino na *live*. MARQUES ALMEIDA complementou dizendo: "*Nosso time é bom demais*", evidenciando que a criação do sítio eletrônico hospedado em Portugal com o material fraudulento foi realizada pela organização criminosa.[58]

MARQUES DE ALMEIDA, à época, estava lotado no Comando de Operações Terrestres (COTER),[59] cujas atribuições, entre outras, era "*informar e influenciar grupos e indivíduos*", "*afetar o ciclo decisório de oponentes*" e "*evitar, impedir ou neutralizar os efeitos das ações adversas na Dimensão Informacional*". Foi também designado para participar do Intercâmbio de Especialistas em Cibernética e Informações, realizado na Alemanha em outubro de 2022.

As mensagens identificadas revelaram que o militar, valendo-se de seus conhecimentos especiais, desempenhava, na organização criminosa, o papel necessário de criar e propagar, em larga escala, conteúdos espúrios sobre o Poder Judiciário e as eleições brasileiras, com o intuito de perpetuar o sentimento de desconfiança popular contra os poderes constitucionais.

Além da interlocução com MAURO CID, os dados extraídos do aparelho celular de GUILHERME MARQUES ALMEIDA,[60] confirmaram a produção e disseminação massiva, inclusive por meio de listas de transmissão em aplicativos de mensagens instantâneas, de conteúdo falso e antidemocrático. O conteúdo era produzido, muitas vezes, sem

---

58 Confira-se o teor da mensagem na íntegra:
Marques Almeida
Fizeram um site completo, com todo o material da investigação sobre a maior fraude do século! Nosso time é bom demais, incrível. Esse está hospedado em Portugal. O site que estava no Brasil foi derrubado.
brazilwasstolen.com/pt/
(2022-11-05 13:00:18 -03:00)

59 De acordo com os dados levantados pela Polícia Federal, o COTER, à época, era comandado pelo também denunciado General ESTEVAM THEÓPHILO.

60 A análise dos dados encontra-se sistematizada na Informação de Polícia Judiciária (IPJ) n. 4214392/2024.

destinatário específico, para ser indiscriminadamente difundido e compartilhado nas redes sociais.

Em relação à *live* promovida por Fernando Cerimedo, a investigação descortinou mensagens de áudio criadas pelo Tenente- Coronel MARQUES ALMEIDA, durante a transmissão ao vivo, a fim de reforçar e viralizar a falsa narrativa de que "*sempre as urnas velhas dão muito em favor do LULA e as urnas novas sempre dão em favor do BOLSONARO*".

Na ocasião, MARQUES ALMEIDA mostrou-se ciente de que o objetivo da transmissão era o de manter as pessoas mobilizadas em frente às instalações militares: "*Hoje, depois desse vídeo, hoje eu acho que as manifestações não voltam mais, o pessoal não volta mais pra casa*" (IPJ n. 4214392/2024).[61]

---

61 É o caso, por exemplo, das seguintes mensagens encontradas em seu aparelho celular:
Áudio 04/11/2022 (17:45:20) PTT – 20221104-WA0237.opus
Hash: D660766D79A4622FB383AD0C979C33F0
MARQUES ALMEIDA: Porra, velho, eu estou ao vivo aqui assistindo, cara. O cara está mostrando que as urnas do modelo antigo, elas, dão muito mais em favor de LULA que de BOLSONARO, entendeu? E ele falou que a diferença é gritante. Então, por exemplo, pega uma cidadezinha pequena, onde seria mais ou menos um, uma, deveria haver uma homogeneidade entre as pessoas. Uma urna do lado da outra, né? Uma sessão do lado da outra. E aí uma sessão tem a urna velha, pô, deu quase tudo LULA, a outra não, a outra deu quase tudo BOLSONARO, entendeu? É uma discrepância muito grande. E isso acontece em todas as cidades, em todas as localidades, no norte, no sul do país, no interior, nas capitais. Não é? Sempre as urnas velhas dão muito em favor do LULA e as urnas novas sempre dão em favor do BOLSONARO, né?
Áudio 04/11/2022 (18:05:33) PTT-20221104-WA0243.opus
Hash: E81D2BA2AC9D4BD5A7D8AF598E752591
MARQUES ALMEIDA: Boa tarde, General! Tudo bem? É, esse vídeo, esse link aí em cima é para um vídeo que está sendo transmitido agora, ao vivo, da, da, diretamente da Argentina. Eu estou acompanhando aqui. É, começou com 200.000 na hora que eu cheguei, já está com quase 400.000, é, pessoas assistindo ao mesmo tempo. Está subindo bem rápido.
É, o cara está explicando a fraude nas urnas, mostrando o resumo, né? É, o cara está explicando espanhol e tem uma mulher fazendo a tradução paralela em português. E

Apurou-se, ainda, a ascendência de MARQUES ALMEIDA sobre os seus interlocutores, especialmente no meio castrense, que aderiam facilmente à sua narrativa. Em mensagem de áudio recebida pelo denunciado, um contato não identificado pediu que ele identificasse as mensagens que "*podiam*" ser divulgadas e solicitou orientações sobre como proceder com os apoiadores que precisavam de "*uma palavra*", "*uma esperança*".[62]

---

ele falou que isso aí foi feito, é a várias mãos, com gente que é hispanoablante, com o pessoal, é que fala inglês e português. É, bom, ele está mostrando por A mais B estatisticamente, com gráfico, com tudo ali. E a conclusão que ele chega é o seguinte, as urnas antigas, né, que foram utilizadas, as mais antigas deram, é, vitória para LULA. E é gritante a diferença das urnas novas, né? E ele mostra que, por exemplo, em uma mesma cidade, é pequena, que teria teoricamente as pessoas, um público mais ou menos homogêneo, né? É, por região do país, assim, numa mesma cidade, ele fala que numa mesma sessão, com urna velha e com urna nova, todas as novas deram BOLSONARO e todas as velhas deram, é, LULA.

E aí ele compara isso com o que acontece em outras áreas do Brasil, então, seja capital, seja interior, seja estados do sul, do norte da Amazônia, né, do sudeste, né, de cidade grande, cidade pequena, cidade rural, cidade mais urbanizada. Sempre acontece o mesmo padrão, a urna velha dá LULA e a urna nova dá BOLSONARO, né? Então, é, exatamente esse, vamos dizer assim, esse aspecto que ele está chegando a conclusão, e tá demonstrando, é matematicamente aí na, nessa, nessa exposição dele. Aí, eu não se se vão tirar do ar, é, além desse link aí que foi passado, também está no GETTR, que é uma, aquela, o GETTR é aquela rede social do Trump, né, que ele, que ele fundou. E isso aí, provavelmente os caras vão colocar disponível mais em outros lugares. Deve ter gente gravando, né? Mas, enfim, é só para o senhor ficar ciente que, é, hoje esse vídeo aí está sendo, vai ser mais um divisor de águas aí nesse processo, né? Hoje, depois desse vídeo, hoje eu acho que as manifestações não voltam mais, o pessoal não volta mais pra casa. Porque era o que todo mundo estava esperando, era uma prova de, de fraude, né? E eu acho que esse vídeo aí está servindo, é, como esse, esse instrumento.

62 Teor da mensagem na íntegra:

Hash: 3CB8D1EEB3839E6E882B07243698B170

HNI 8: Boa noite, meu irmão. Boa noite, meu amigo. Comandante. Só que assim, Comandante, essas coisas assim, quando for algo que eu não posso divulgar, aí só o

Outro interlocutor, dois dias após a *live* de Cerimedo, em 6.11.2022, disse que divulgaria "*sim*" o material anteriormente enviado pelo Tenente-Coronel nos grupos de *WhatsApp*, descortinando a prévia solicitação de MARQUES ALMEIDA para disseminação do conteúdo fraudulento apresentado pelo argentino.[63]

O uso de técnicas militares pelo denunciado para "*influenciar determinado público-alvo e moldar seus comportamentos*" ficou ainda mais evidente no áudio por ele enviado, em 6.11.2022, para o contato "Renata", no qual confessou sua participação em "*vários grupos civis*", insuflando e direcionando as manifestações antidemocráticas, ao incutir a ideia de que "*não adianta protestar na frente do QG do Exército, tem que ir pro Congresso*". O denunciado ainda celebrou a *live* do argentino Fernando Cerimedo, dizendo que os vídeos "*da fraude da urna são bons, porque mantém o povo mobilizado*":[64]

---

senhor me avisa, porque, pra não ficar um negócio meio. É assim, muita gente na frente do batalhão aqui em Belém tá, tá uma coisa, uma euforia muito louca. Mas assim, honestamente, não sei o fundamento ainda até o presente momento, se, se vai valer a pena, se pode surtir algum efeito, ou se está na hora de acomodarmos e engolir a bucha, aí. É isso que eu, que eu queria assim, um entendimento, entendeu? Pra poder manifestar, explicar, entendeu, orientar. Por exemplo, tem várias igrejas aqui, querem estar lá, querem ir, querem participar, mas tem a, tem medo de ser em vão, entendeu? Essa que é a realidade. Tem que ter assim um, um, uma palavra assim, uma esperança, ou tirar a esperança, porque é um sofrimento da, do caramba lá hoje. Hoje foi só muita chuva, muita chuva. Imagine aquele povo na chuva? Horrível

63 Teor da mensagem na íntegra:
Áudio 06/11/2022 (08:34:51) PTT-20221106-WA0092.opus
Hash: D0A9282A371FC70FAD9884F2D0205211
HNI 9: Bom dia, coronel MARQUES ALMEIDA. É, vamos estar divulgando sim nossos grupos do WhatsApp. Nós esperamos aí que semana que vem aconteça alguma coisa em especial no nosso Brasil, porque isso não pode ficar assim. Um abraço. Conte conosco sempre. Selva!

64 Informação de Polícia Judiciária (IPJ) n. 4214392/2024.

> Áudio 06/11/2022 (14:00:02) PTT-20221106-WA0169.opus
> Hash: B0B4A4E7EBF99924B61ADFDD034F9AEB
> MARQUES ALMEIDA: Renata, investe um tempinho, ouve o Olavo de Carvalho nesse, nesse vídeo aí, tá? É, lógico que ele fala um monte de besteira, né? Como sempre, né? Ele é radical de direita, né? Eu não gosto muito dele, principalmente quando ele fala mal dos militares. Mas, fora o que ele vai falar mal dos militares, ele vai falar, ele vai descrever aí uma manobra a ser realizada. Né? Porra, esse cara já morreu tem tempo, mas, enfim, o que ele falou é válido, tá? Então assim, primeira coisa, se tu tiver alguma possibilidade de influenciar alguém dos movimentos, eu creio que não, mas é, **eu estou tentando plantar isso nas redes onde eles estão.**
> **Eu tô participando de vários grupos civis, e estou falando, não adianta protestar na frente do QG do Exército, tem que ir pro Congresso, porque o Executivo é envolvido, o Judiciário não vai fazer nada. Então só sobrou o Legislativo. E as Forças Armadas vão agir por iniciativa de algum poder.**

O Tribunal Superior Eleitoral (TSE), por meio de nota, desmentiu todo o conteúdo apresentado pelo argentino na *live* de 4.11.2022.[65] Ainda assim, o argumento falso apresentado por Fernando Cerimedo sobre a fraude nas urnas eletrônicas fabricadas antes de 2020 também serviu para outros desdobramentos do golpe.[66]

Dia 9.11.2022

O dia 9.11.2022 foi marcado por uma série de ações coordenadas da organização criminosa que, mais uma vez, ampliava as suas frentes de

---

65 Disponível em <https://www.justicaeleitoral.jus.br/fato-ou-boato/checagens/todos-os-equipamentos-utilizados-nas-eleicoes-gerais-de-2022-passaram-por-auditoria/#>. Acesso em 15 nov 2024.

66 As condutas em questão estão descritas em tópicos próprios.

ação. Além de perenizar a narrativa de fraude eleitoral, o grupo deu início à fase mais violenta de seu projeto de poder.

Na mesma data em que houve a publicação tardia do Relatório de Fiscalização do Sistema Eletrônico de Votação do Ministério da Defesa (que deveria ter sido apresentado antes do segundo das eleições), foi criado e impresso, nas dependências do Palácio do Planalto, o plano denominado "Punhal Verde Amarelo", para apresentação a JAIR MESSIAS BOLSONARO e seu endosso.

O Relatório de Fiscalização do Sistema Eletrônico de Votação do Ministério da Defesa

O Tribunal Superior Eleitoral, por meio da Portaria n. 578/2021, instituiu a Comissão de Transparência Eleitoral, com a finalidade de ampliar a transparência, a segurança e a participação social na preparação e fiscalização das eleições. Dentre as instituições públicas escolhidas para integrar a Comissão, as Forças Armadas tiveram representante na pessoa do General de Divisão Heber Garcia Portella, Comandante de Defesa Cibernética.

A participação das Forças Armadas no processo eleitoral gerou grande expectativa, dada a relação propalada por JAIR BOLSONARO com o meio militar. Ansiava-se pela conclusão da instituição sobre a higidez do pleito eleitoral, que custou a ser divulgado. Por isso, em 10.10.2022, após o primeiro turno das eleições, o Tribunal de Contas da União oficiou ao Ministério da Defesa, solicitando o encaminhamento do "*relatório de auditoria ou de documento correlato que revele o resultado da fiscalização daquele órgão acerca do processo eleitoral relativo ao primeiro turno de votação*" (RAPJ n. 4401196/2023).

Matérias jornalísticas publicadas no dia seguinte, contudo, anunciavam que o então Presidente da República JAIR MESSIAS BOLSONARO desautorizara a divulgação do relatório de fiscalização elaborado pelo Ministério da Defesa (RAPJ n. 4401196/2023).

As notícias da imprensa se confirmaram pela inércia do Ministério da Defesa até o encerramento de todo o pleito eleitoral. Em 18.10.2022, o Tribunal Superior Eleitoral ainda tentou impedir o atraso, determinando a entrega do documento pelo Ministério da Defesa no prazo de 48h (quarenta e oito horas), mas não obteve resposta no tempo estipulado.

As investigações revelaram que a demora não foi acidental e consistiu em manobra da organização para manter viva a narrativa de fraude no sistema eletrônico de votação. A publicidade do relatório no momento adequado haveria de afetar a credibilidade da campanha de JAIR BOLSONARO, arrefecer os ânimos populares e prejudicar um cenário de ruptura constitucional em caso de derrota no pleito.

Logo após o primeiro turno das eleições, nos dias 4 e 5 de outubro de 2022, trocas de mensagens entre MAURO CID e seu pai confirmaram que o Relatório das Forças Armadas já estava pronto antes do segundo turno, revelando a malícia de todos os atos subsequentes da organização criminosa. Na ocasião, o General Lourena Cid revelou sua ciência do teor do documento e se referiu à conveniência de se postergar a sua divulgação (RAPJ n. 4401196/2023):

> Gen Cid – APEX Miami: Há ruído nas redes sociais sobre a existência de um relatório do ComDCiber que concluiria pela não identificação de irregularidades no processo eleitoral do primeiro turno. Muitos consideram inoportuna e perigosa a divulgação de tal documento antes do final do pleito (2022-10-04 20:28:55-03:00).
>
> Gen Cid – APEX Miami: Por isso há grande receio de uma manifestação precipitada de endosso do MD ao processo no primeiro turno (2022-10-05 08:52:19 -03:00).

O Brigadeiro Carlos de Almeida Baptista Junior, Comandante da Aeronáutica à época dos fatos, confirmou que, pela celeridade e dinâmica do trabalho da Comissão de Fiscalização, teria sido possível divulgar o relatório antes do segundo turno das Eleições:[67]

> QUE a equipe da Comissão de Fiscalização, desde antes do primeiro turno das eleições, passando pelo 1º turno de votação, não

67 Termo de Depoimento n. 603105/2024 (fls. 2.239/2.250, vol. 9).

> identificou qualquer irregularidade ou fraude no sistema eletrônico de votação; QUE, pela celeridade e dinâmica do trabalho da Comissão de Fiscalização, acredita que teria sido possível divulgar antes o Relatório da Comissão de Fiscalização do Ministério da Defesa;

Sobre a ordem do então presidente JAIR BOLSONARO para que não fosse divulgada a conclusão do Relatório de Fiscalização do Sistema Eletrônico do Primeiro Turno, Baptista Junior informou saber que a determinação existiu:

> INDAGADO se o ex-presidente JAIR BOLSONARO não autorizou a divulgação dos resultados apurados no Relatório de Fiscalização do Sistema Eletrônico do 1° turno de Votação, respondeu QUE não participou, mas ouviu que houve uma determinação para não divulgar o Relatório de Fiscalização do Sistema Eletrônico do 1° turno de Votação; QUE não se recorda quem teria falado sobre o pedido para atrasar a divulgação do relatório; INDAGADO se o ex-presidente JAIR BOLSONARO era informado dos dados levantados pela Aeronáutica (ou Ministério da Defesa) a respeito da fiscalização das eleições 2022 respondeu QUE sim; QUE o então Presidente da República tinha ciência de que a Comissão de Fiscalização não identificou qualquer fraude nas eleições de 2022, tanto no primeiro, quanto no segundo turno;

A ordem emitida por JAIR MESSIAS BOLSONARO torna indubitável o dolo da organização criminosa. O conhecimento da inexistência de fraude eleitoral revela que o objetivo do grupo, ao postergar a divulgação do Relatório, era o de propiciar condições políticas para o atentado em curso contra a ordem constitucional.

No mesmo sentido, o General Freire Gomes, então Comandante do Exército, asseverou que o Presidente da República JAIR BOLSONARO tinha plena ciência de que a Comissão de Fiscalização não identificara nenhuma fraude no pleito de 2022.[68]

---

68 Termo de Depoimento n. 826726/2024 (fls. 2.258/2.279, vol. 9).

> INDAGADO se foi encontrada alguma irregularidade que colocasse em risco o resultado das eleições 2022, respondeu Q U E não; QUE o relatório não identificou qualquer irregularidade que colocasse em risco a credibilidade do resultado das eleições de 2022, dentro do que foi verificado; (...)INDAGADO se o então presidente JAIR BOLSONARO tinha ciência que que a Comissão de Fiscalização Eleitoral não tinha identificado nenhuma fraude nas eleições de 2022, respondeu QUE sim.

O colaborador MAURO CID, por sua vez, não apenas reforçou a existência da manobra dolosa na divulgação retardada do relatório, como acrescentou que o Presidente JAIR BOLSONARO tentara interferir na conclusão das Forças Armadas de que não tinha havido fraude:[69]

> Que em relação a um dos assuntos que mais insuflava a população contra a Justiça Eleitoral e o Poder Judiciário como um todo, dando azo aos radicais que queriam golpe de Estado, ou seja, em relação à inexistente fraude das urnas eletrônicas, o colaborador se recorda que a primeira conclusão da comissão das Forças Armadas era pela inexistência de qualquer fraude no processo eleitoral e na utilização das urnas eletrônicas, porém, o então Presidente Jair Bolsonaro não aceitou essa conclusão das Forças Armadas e exigia do então Ministro da Defesa, General Paulo Sérgio, que demonstrasse a existência de supostas fraudes.

Em reforço ao relato do colaborador, as investigações descobriram o envolvimento de REGINALDO VIEIRA DE ABREU[70] na tentativa de manipulação do conteúdo do Relatório das Forças Armadas.[71] As mensagens encontradas pela Polícia Federal demonstram que REGINALDO VIEIRA DE ABREU atuou para "*alinhar*" o conteúdo do relatório com os

---

69 Depoimento prestado ao Supremo Tribunal Federal no dia 21.11.2024.

70 REGINALDO VIEIRA DE ABREU é coronel do Exército Brasileiro e, à época dos fatos, ocupava o cargo de Chefe de Gabinete do então Secretário-Executivo da Secretaria-Geral da Presidência da República, MÁRIO FERNANDES.

71 As diligências policiais em questão estão documentadas no Despacho n. 5142414/2024.

dados falsos apresentados "*pelo pessoal da Argentina*" (em referência a Fernando Cerimedo), a fim de conferir-lhes "*veracidade*":

> Força, Kid Preto! Essa apresentação do pessoal da Argentina, o nosso relatório do exército tem que estar no mínimo, no mínimo, alinhado com eles. Pra dar... veracidade ao nosso. Não pode estar... não pode estar dizendo que não tem nada. No mínimo tem que ser igual o dos caras pra...ser o tal do batom na cueca, se nada aparecer até lá.

Revelando ciência da trama criminosa, REGINALDO VIEIRA DE ABREU chegou a sugerir que JAIR MESSIAS BOLSONARO fizesse uma reunião apenas com o grupo disposto a atuar à margem da legalidade e da moralidade, os que denominou de "*rataria*", excluindo o "*pessoal acima da linha da ética*":

> Kid Preto, o presidente, ele tem que fazer uma reunião Petit comité. O pessoal ia fazer uma reunião essa semana, o comandante do exército, aí chegou Paulo Guedes, chegou o pessoal da TCU, da AGU, aí não pode, tem esse pessoal, é... Esse pessoal acima da linha da ética não pode estar nessa reunião, tem que ser Petit comité, pô. Tem que ser a Rataria, ele e a Rataria. Com o comandante do exército, mas Petit comité, essa galera não pode estar aí, porra, aí tem que debater o que que vai ser feito.

Na certeza de que as ações de interferência seriam exitosas, o grupo criminoso chegou a minutar um documento, antes da divulgação oficial do Relatório das Forças Armadas, dizendo que as ações de fiscalização realizadas configuravam "fato novo" para o questionamento do resultado das eleições.

O arquivo foi identificado no aparelho celular de MAURO CID,[72] em formato "docx", com o título "*bolsonaro min defesa 06.11- semi-final.docx*", endereçado ao General PAULO SÉRGIO NOGUEIRA DE OLIVEIRA, e enviado por MAURO CID ao General da reserva WALTER BRAGA NETTO.

---

72 RAPJ n. 4401196/2023.

O documento é datado de 5.11.2022 e consistia numa minuta a ser assinada por representante de partido político, com informações sobre supostas fraudes nas urnas eletrônicas (RAPJ n. 4401196/2023):

> (...)
> NOVOS DADOS sobrevieram pondo em discussão a higidez do elo entre a manifestação do eleitor e o voto apurado na urna eletrônica (...);
> **FATO NOVO que surgiu ao apagar das luzes da construção do relatório castrense e que obriga seja examinado.**
> Afinal, é um atentar contra a inteligência da população e o equilíbrio nas eleições aceitar que, praticamente todas as urnas com zero votos Bolsonaro eram modelos não-2020, tanto no 1º quanto no 2º turno. Lembrando que havia urnas modelo 2020 em locais em que as urnas não-2020 deram zero votos Bolsonaro. Tais urnas incluem exemplos em que houve mais de 50 a 100 votos para deputados da legenda do Bolsonaro e zero votos para ele. (sem grifos no original)

A minuta listava os documentos que lhe serviriam de anexo, constando entre eles o arquivo relacionado ao "consultor político" Fernando Cerimedo (Item II), confirmando o objetivo de alinhamento entre o relatório castrense e o material "*do pessoal da Argentina*" (RAPJ n. 4401196/2023):

> Anexos para EXAME imprescindível:
> I. Base de Dados do TSE, dos Boletins de Urnas associados aos modelos de Urna.
> **II. Relatório preliminar de análise das urnas eletrônicas usadas na eleição presidencial do brasil no Primeiro Turno – 02 de outubro de 2.022.**
> III. Relatório preliminar de análise das urnas eletrônicas usadas na eleição presidencial do Brasil no Segundo Turno – 30 de outubro de 2.022. (sem grifos no original)

A organização criminosa, contudo, não conseguiu alterar a conclusão do relatório. Segundo o colaborador MAURO CID, o grupo conseguiu apenas que a divulgação do documento fosse evasiva quanto à possibilidade de fraudes no processo eleitoral:[73]

> O colaborador se recorda que a primeira conclusão da comissão das Forças Armadas era pela inexistência de qualquer fraude no processo eleitoral e na utilização das urnas eletrônicas, porém, o então Presidente Jair Bolsonaro não aceitou essa conclusão das Forças Armadas e exigia do então Ministro da Defesa, General Paulo Sérgio, que demonstrasse a existência de supostas fraudes. O relatório final, segundo o próprio colaborador, ficou no meio termo dessas posições, uma vez que o Ministério da Defesa alterou sua conclusão para afirmar que não era possível dizer que jamais poderia ocorrer uma fraude. A alteração dessa conclusão se deu exclusivamente pela determinação e insistência do então Presidente da República Jair Messias Bolsonaro.
> (...)

Somente em 9.11.2022, houve a publicação de nota oficial pelo Ministério da Defesa, intitulada de "*Defesa encaminha ao TSE relatório de fiscalização do sistema eletrônico de votação*". O ofício encaminhado pelo então Ministro PAULO SÉRGIO NOGUEIRA DE OLIVEIRA ao TSE assinalou que "*o trabalho restringiu-se à fiscalização do sistema eletrônico de votação, não compreendendo outras atividades, como, por exemplo, a manifestação acerca de eventuais indícios de crimes eleitorais*" (RAPJ n. 4401196/2023).

Logo em seguida, o Tribunal Superior Eleitoral divulgou nota afirmando que "*recebeu com satisfação o relatório final do Ministério da Defesa, que não apontou a existência de nenhuma fraude ou inconsistência nas urnas eletrônicas e no processo eleitoral deste ano*" (RAPJ n. 4401196/2023).

Para evitar que a mensagem final sobre o processo eleitoral fosse positiva, o então Ministro da Defesa PAULO SÉRGIO NOGUEIRA DE

73 Depoimento prestado ao Supremo Tribunal Federal no dia 21.11.2024.

OLIVEIRA divulgou nova nota oficial, em 10.11.2022, insinuando não ter sido descartada a possibilidade de fraude (RAPJ n. 4401196/2023):

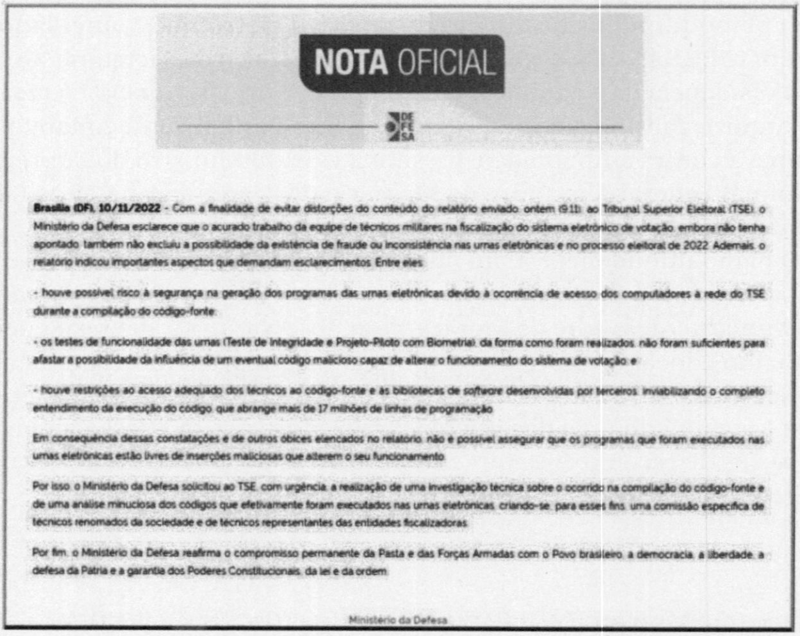

NOTA OFICIAL

DEFESA

Brasília (DF), 10/11/2022 - Com a finalidade de evitar distorções do conteúdo do relatório enviado, ontem (9.11), ao Tribunal Superior Eleitoral (TSE), o Ministério da Defesa esclarece que o acurado trabalho da equipe de técnicos militares na fiscalização do sistema eletrônico de votação, embora não tenha apontado, também não excluiu a possibilidade da existência de fraude ou inconsistência nas urnas eletrônicas e no processo eleitoral de 2022. Ademais, o relatório indicou importantes aspectos que demandam esclarecimentos. Entre eles:

- houve possível risco à segurança na geração dos programas das urnas eletrônicas devido à ocorrência de acesso dos computadores à rede do TSE durante a compilação do código-fonte;

- os testes de funcionalidade das urnas (Teste de Integridade e Projeto-Piloto com Biometria), da forma como foram realizados, não foram suficientes para afastar a possibilidade da influência de um eventual código malicioso capaz de alterar o funcionamento do sistema de votação; e

- houve restrições ao acesso adequado dos técnicos ao código-fonte e às bibliotecas de *software* desenvolvidas por terceiros, inviabilizando o completo entendimento da execução do código, que abrange mais de 17 milhões de linhas de programação.

Em consequência dessas constatações e de outros óbices elencados no relatório, não é possível assegurar que os programas que foram executados nas urnas eletrônicas estão livres de inserções maliciosas que alterem o seu funcionamento.

Por isso, o Ministério da Defesa solicitou ao TSE, com urgência, a realização de uma investigação técnica sobre o ocorrido na compilação do código-fonte e de uma análise minuciosa dos códigos que efetivamente foram executados nas urnas eletrônicas, criando-se, para esses fins, uma comissão específica de técnicos renomados da sociedade e de técnicos representantes das entidades fiscalizadoras.

Por fim, o Ministério da Defesa reafirma o compromisso permanente da Pasta e das Forças Armadas com o Povo brasileiro, a democracia, a liberdade, a defesa da Pátria e a garantia dos Poderes Constitucionais, da lei e da ordem.

Ministério da Defesa

A afirmação ambígua e ardilosa de que o relatório, "*embora não tenha apontado, também não excluiu a possibilidade da existência de fraude ou inconsistência nas urnas eletrônicas e no processo eleitoral de 2022*", deu ensejo à continuidade da execução dos planos da organização criminosa, mantendo em descrédito as instituições democráticas.

"Punhal Verde Amarelo"

As ações da organização no campo informacional se viram acompanhadas de outra frente de operações que radicalizava o embate. Em 9.11.2022, o grupo finalizava a formalização de plano para "neutralizar" autoridades públicas centrais do sistema democrático. À estratégia de enfraquecer as instituições pelo discurso seguia-se a de, confiada no aval conquistado da opinião pública, agir materialmente, com sequestros, prisões e mortes, com interferências físicas sobre os Poderes enfim.

O plano foi identificado em dispositivo eletrônico[74] vinculado a MÁRIO FERNANDES, à época Secretário-Executivo da Secretária- Geral da Presidência da República, com o nome "Fox_2017.docx".[75] O texto do arquivo continha o título "Planejamento Punhal Verde Amarelo" e tramava contra a liberdade e mesmo a vida do Ministro do Supremo Tribunal Federal Alexandre de Moraes e dos candidatos eleitos Luiz Inácio Lula da Silva e Geraldo Alckmin Filho.[76]

O plano minudenciava providências de reconhecimento operacional, prevendo o acompanhamento de "*locais de frequência e estadia*" do Ministro Alexandre de Moraes, com observação de sua residência, trabalho e local de prática de esportes. Estipulava o monitoramento de seus itinerários, horários, agenda oficial e pessoal, além do efetivo que o acompanhava e dos veículos utilizados para seu deslocamento. As ações de reconhecimento eram previstas para ocorrer no Distrito Federal e em São Paulo. Confira-se:

---

74 HD Externo Seagate (Item 3-M do termo de apreensão n. 520656/2024).

75 A investigação policial verificou que MÁRIO FERNANDES possuía o hábito de nomear arquivos sensíveis com a inicial ou sigla de seus veículos particulares, alterando posteriormente o título do documento para fins de compartilhamento e impressão.

76 O plano utilizava o codinome "Jeca" para Lula da Silva e "Joca"para Geraldo Alckmin. ainda visava atingir um quarto alvo, apresentado com o codinome "Juca", que ainda não foi identificado pela autoridade policial.

Planejamento – Punhal Verde Amarelo

1. Demandas de Rec Op (Levantamentos) → RECONHECIMENTO OPERACIONAL

a. Locais de Frequência e Estadia

- Residência
- Trabalho
- Academia

b. Itinerários (Pontos de Controle)

- Eixo Monumental
- Av Exército
- L4

c. Horários (Rec) → RECONHECIMENTO

d. Agendas Oficial e Pessoal (e.Ag)

e. Pessoal / Bolhas de Seg Pes → SEGURANÇA PESSOAL

- Efetivos (4 PF e 2 Mot) → (4 POLICIAIS FEDERAIS E 2 MOTORISTAS)
- Instrução (Cpcd) → CAPACIDADE
- Condições Gerais (Col Balístico, Armt Ind Pst, Gr LS e 2 Fz 5,56 mm) → COLETE BALÍSTICO, ARMAMENTO INDIVIDUAL PISTOLA, GRANADA DE LUZ E SOM E 2 FUZIS CALIBRE 5,56 MM

f. Veículos de Seg Pes

- Modelos (SUV Pretas - Placas)
- Quantidades (2 SUV)
- Blindagens (1 SUV Bld) → BLINDADO

g. Armt Seg Pes → ARMAMENTO DA SEGURANÇA PESSOAL

- Individuais (Col Balístico, Armt Ind Pst e 2 Fz 5,56 mm) → COLETE BALÍSTICO, ARMAMENTO INDIVIDUAL PISTOLA E 2 FUZIS 5,56 MM
- Coletivas (Gr LS, Psb Gr Lacrim e Pimenta) → GRANADA DE LUZ E SOM, POSSIBILIDADE DE GRANADA DE LACRIMOGÊNEO E PIMENTA

h. Danos Colaterais passíveis e aceitáveis

- Passíveis (100% Baixa)
- Aceitáveis (100% Baixa)

i. Tempo Ideal (Rec)

- Mínimo de 2 Semanas (Região DF e SP)

O documento criado por MÁRIO FERNANDES também previa os recursos necessários para a concretização da ação de neutralização das autoridades públicas. Como será descrito em tópico posterior, a previsão feita de 6 telefones celulares descartáveis, com *chip* da operadora Tim, coincidiu exatamente com os equipamentos utilizados na operação de campo "Copa 2022", de execução do Plano Punhal Verde Amarelo. A mesma convergência foi observada na previsão sobre o quantitativo de pessoas necessárias para executar a ação – seis indivíduos com formação em Forças Especiais ("kids pretos").

As exigências bélicas do plano revelaram o considerável poder destrutivo da organização criminosa, que previa o uso de pistolas, fuzis, metralhadora, lança granada e lançador de foguetes antitanque. Confira-se:

2. Demandas para a Prep e Condução da Ação (Meios) → PREPARAÇÃO

a. Meios Ind → INDIVIDUAIS

- 6 Col Balísticos → COLETES BALÍSTICOS

- Eqp Com (Bx Frequência) → EQUIPAMENTOS DE COMUNICAÇÃO (BAIXA FREQUÊNCIA)

- 6 Tlf Cel Descartáveis (Chip TIM) → TELEFONES CELULARES

b. Armt Ind → ARMAMENTO INDIVIDUAL

- 4 Pst 9 mm ou .40 → PISTOLA

- 4 Fz 5,56 mm, 7,62 mm ou .338 → FUZIL

c. Mun não rastreável – recarga → MUNIÇÃO

- 160 Mun 9 mm ou .40 (Frangíveis)

- 160 Mun 5,56 mm, 7,62 mm ou .338 (Perfurantes)

d. Armt Coletivo → ARMAMENTO COLETIVO

- 1 Mtr M249 – MAG – MINIMI (7,62 mm ou 5,56 mm) → METRALHADORA

- 1 Lç Gr 40 mm → LANÇA-GRANADAS

- 1 Lç Rj AT4 → LANÇA ROJÃO AT4

e. Mun não rastreável – recarga

- 100 Mun Perfurantes (7,62 mm ou 5,56 mm)

- 4 Gr 40 mm (HE) → GRANADA 40 MM

- 08 Gr Mão Of/Def → GRANADA DE MÃO OFENSIVA/DEFENSIVA

f. Tempo Ideal (Prep) → PREPARAÇÃO

- Mínimo 2 Semanas

g. Tempo Ideal (Ação)

- Cerca de 8 horas

3. Demandas de Pes → PESSOAL

- Mínimo de 2 Equipes de 2 homens cada (Aç Pcp) → AÇÃO PRINCIPAL

- Mínimo de 2 Equipes de 1 homem cada (P Bloq - Aprox e Afastado) → PONTO DE BLOQUEIO - APROXIMADO E AFASTADO

> 4. Condições de Execução
>
> - Viável, com significativas restrições para uma execução imediata! Somente os Rec permitirão uma avaliação mais precisa quanto ao tempo para o cumprimento da Missão.
>
> POSSIBILIDADE
>
> - Psb Êxito (Médio, tendendo a Alto).
>
> - Riscos (Danos Colaterais – Muito Alto / Captura – Alto / Baixas – Alto).
>
> - Impactos e Sensibilidade (Pol – Muito Alto / Social – Muito Alto).
>
> POLÍTICO
>
> - Os Rec já estão em curso, com dificuldades relativas, principalmente, ao Comboio de Segurança do Alvo e os Protocolos de Segurança que o mesmo já vem adotando há algum tempo.
>
> AÇÃO PRINCIPAL
>
> - Algumas Psb já foram levantadas para a Aç Pcp, entretanto, ainda são necessárias avaliações quanto aos locais viáveis, condições para execução (tiro à curta, média ou longa distância, emprego de munição e/ou artefato explosivo), possibilidades de reforço (PF) e proteção do alvo, bem como a intervenção de outras Forças de Segurança.
>
> POLÍCIA FEDERAL
>
> - Outra possibilidade foi levantada para o cumprimento da Missão, buscando com elemento químico e/ou biológico, o envenenamento do Alvo, preferencialmente, durante um Evento Oficial Público. O nosso Rec também está levantando as condições para tal L Aç.
>
> LINHA DE AÇÃO
>
> - Na análise realizada, também foram levantados outros Alvos possíveis, cuja sensibilidade no momento e suas respectivas Seg Pes não restringem tanto a uma ação de neutralização:
>
> SEGURANÇAS PESSOAIS
>
> → Jeca (considerando a vulnerabilidade de seu atual estado de saúde e sua frequência a hospitais – Envenenamento ou uso de química / remédio que lhe cause um colapso orgânico, a sua neutralização abalaria toda a Chapa vencedora, colocando-a, dependendo da interpretação da Lei Eleitoral, ou da manobra conduzida pelos 3 Poderes, sob a tutela principal do PSDB);
>
> → Joca (considerando a inviabilidade do 01 eleito, por questão saúde, a sua neutralização extinguiria a Chapa vencedora). Como reflexo da ação, não se espera grande comoção nacional; e
>
> → Juca (como Iminência Parda do 01 e das lideranças do futuro Gov, a sua neutralização desarticularia os Planos da Esquerda mais radical). Como reflexo da ação, não se espera grande comoção nacional.

O documento ainda avaliava as chances de êxito em classe de "*médio tendendo a alto*" e admitia a possibilidade de danos colaterais *muito altos*, indicando a aceitação da ocorrência de mortes.

A leitura do arquivo evidenciou que algumas medidas já se encontravam em execução quando o plano foi reduzido a escrito em 9.11.2022. Daí a anotação que nele se lê de que "*os rec já estão em curso, com dificuldades relativas, principalmente, ao comboio de segurança do alvo e os protocolos de segurança que o mesmo já vem adotando há algum tempo*". Nesse particular, para vencer os aparatos de segurança do Ministro Alexandre de Moraes, cogitou-se da possibilidade de disparo de armamento, artefato explosivo ou mesmo envenenamento em algum evento oficial público.

Em relação aos demais alvos, a estratégia de neutralização seria diferente, pelo entendimento de que a "*sensibilidade no momento e suas respectivas Seg Pes*[77] *não restringem tanto uma ação de neutralização*". Para o candidato eleito Luiz Inácio Lula da Silva, por exemplo, contemplou-se o envenenamento ou uso de remédio que induzisse o seu colapso orgânico, "*considerando a vulnerabilidade de seu atual estado de saúde e sua frequência a hospitais*".

O documento Punhal Verde Amarelo, renomeado "Plj.docx", foi impresso[78] por MÁRIO FERNANDES no Palácio do Planalto, no próprio dia 9.11.2022, e posteriormente levado ao Palácio da Alvorada[79] para tratativas com JAIR MESSIAS BOLSONARO. Na mesma hora, MAURO CID também se encontrava no local.[80]

---

77 Seguranças Pessoais.

78 Conclusão alcançada pela investigação policial a partir da análise dos logs de impressão das impressoras do Palácio do Planalto e do Palácio da Alvorada em 2022. MÁRIO FERNANDES modifica o arquivo original (Fox 2017) e imprime arquivo renomeado (Plj) em seguida, com o mesmo número de páginas do original. (IPJ n. 44/2024, fls. 241/417 da PET 13.236).

79 Conforme registro de entradas, MÁRIO FERNANDES foi registrado no Palácio da Alvorada em 9.11.2022 às 17h48, com saída às 18h56. (Ofício n. 38/2023/GAB/GSI/PR e Termo de Apreensão n. 5173648/2023).

80 Conforme registro de entradas, MAURO CÉSAR BARBOSA CID foi registrado no Palácio da Alvorada em 9.11.2022 às 16h03, com saída às 19h37 (Ofício n. 38/2023/GAB/GSI/PR e Termo de Apreensão n. 5173648/2023).

A ciência do plano pelo Presidente da República e a sua anuência a ele são evidenciadas por diálogos posteriores, comprobatórios de que JAIR BOLSONARO acompanhou a evolução do esquema e a possível data de sua execução integral.[81] Assim, em áudio por *WhatsApp* de 8.12.2022, MÁRIO FERNANDES relata a MAURO CID que havia estado pessoalmente com JAIR BOLSONARO e debatido o momento ideal de serem ultimadas as ações tramadas:

> *"Durante a conversa que eu tive com o presidente, ele citou que o dia 12, pela diplomação do vagabundo, não seria uma restrição, que isso pode, que qualquer ação nossa pode acontecer até 31 de dezembro e tudo. Mas (...) ai na hora eu disse, pô presidente, mas o quanto antes, a gente já perdeu tantas oportunidades".*

Frise-se que o documento apresentado a JAIR MESSIAS BOLSONARO indicava a existência de ações de monitoramento já em curso, o que igualmente reforça a ciência prévia da alta cúpula da organização criminosa sobre a ideia que passou a ser operacionalizada segundo o plano "Punhal Verde Amarelo".

Planejamentos estratégicos seguintes ao "Punhal Verde Amarelo" – "Operação Luneta", "Operação 142" e "Discurso Pós-Golpe"

O plano "Punhal Verde e Amarelo", de execução, como visto, então já iniciada, está em linha com outros documentos relevantes, descobertos em poder dos denunciados, que, embora sem data, forneceram as diretrizes estratégicas que orientaram a formalização da estratagema operacional.

Em poder de HÉLIO FERREIRA LIMA,[82] foi encontrado um desses documentos. Trata-se de uma planilha com o nome de "Desenho Op Luneta", que minudenciava as etapas de implementação do Golpe de

---

81 Essa realidade será tema de exposição mais adiante.

82 Pendrive marca KINGSTON, modelo DT101 G2, analisado na Informação de Polícia Judiciária n. 55/2024.

Estado, com análise de fatores estratégicos de planejamento.[83] Ali, era declinado o objetivo de "*reestabelecer a lei e a ordem por meio da retomada da legalidade e da segurança jurídica e da estabilidade institucional*", confirmando o intuito da organização criminosa de desconstituir as estruturas vigentes com base em suas próprias noções de lei e ordem. Havia previsão de não admitir governo ligado a ideologias de esquerda.[84]

O documento apresentava subdivisão em cinco etapas que evidenciaram o dolo dos denunciados de romper de forma violenta com o Estado Democrático de Direito, impedindo e restringindo o exercício dos poderes constitucionais.

A primeira etapa, denominada "*estado atual*",[85] indicava a existência de fatores geradores de instabilidade no Supremo Tribunal Federal, a serem superados no "*estado final desejado da força legalista*",[86] quando

---

83 Denominados de fatores fisiográfico, psicossocial, político, militar, econômico e de produção.

84 Na visão dos denunciados, a assunção da esquerda ao poder já representaria abalo à lei e à ordem. O plano buscava impedir a "*apropriação da máquina pública em favor de ideologias de esquerda ou projetos escusos de poder*".

85 O bloco "estado atual" contava com 12 subdivisões: "1. Existência de fatores geradores de instabilidade no STF", "2. Instabilidade institucional", "3. Ameaça à coesão interna das Forças Armadas", "4. Ameaça da credibilidade das FA diante da população brasileira", "5. Insegurança gerada pela instabilidade política, econômica e social", "6. Estado Democrático de Direito questionado pela população (Congresso e Executivo sobrepassados)", "7. Ameaça à soberania por países da AL (América Latina)", "8. Risco de sanções internacionais em caso de ruptura", "9. Ameaça de quebra de pacto federativo e controle das polícias militares por parte do Judiciário", "10. Ameaças à segurança interna por parte de ORCRIM e MST (Organização Criminosa e Movimento Sem Terra)", "11. Necessidade de retomada da transparência e da confiança em relação à legalidade e à segurança jurídica no Brasil" e "12. Instabilidade social em níveis alarmantes".

86 O bloco "estado final desejado da força legalista" contava com 9 subdivisões: "1. Elementos geradores de instabilidade do STF neutralizados", "2. Estabilidade institucional retomada", "3. Coesão interna da força legalista retomada e reforçada", "4. Credibilidade

haveria a "*neutralização*" dos referidos fatores. Na terceira etapa, chamada de "*tendência natural*",[87] visualizava-se o recrudescimento do controle do Estado sobre os elementos geradores de instabilidade, até se alcançar o "*EFD (Estado Final Desejado) das principais ameaças*",[88] onde seria implementado o "*controle total*" do grupo criminoso sobre os "*3 poderes*". A última etapa indicava as "*principais deduções do diagrama de relações*",[89] almejando a retomada da "*normalidade institucional*" por meio da retirada dos elementos geradores de "*ilegalidade e instabilidade*".

---

da FA retomada diante da população", "5. Regime jurídico e credibilidade do processo eleitoral reestabelecidos", "6. Estado Democrático de Direito retomado", "7. Soberania nacional preservada", "8. Segurança interna garantida pelo Estado" e "9. População assistida e estabilidade social normalizada".

87 O bloco "tendência natural" contava com 7 subdivisões: "1. Recrudescimento do controle do Estado por parte dos elementos geradores de instabilidade política e social", "2. Descrédito das Forças Armadas no seio de sua população", "3. População coagida por falta de proteção do próprio Estado (insegurança interna agravada)", "4. Perda de coesão interna, quebra de liderança, hierarquia e disciplina", "ameaça à soberania por meio de presença estrangeira", "impossibilidade ou grande dificuldade de reação tardia por parte das FA devido à mudança das leis e ressentimento popular", "enfraquecimento gradativo das Forças Armadas".

88 O bloco "EFD das principais ameaças" contava com 3 subdivisões: "controle total dos 3 poderes", "coação da população brasileira" e "enfraquecimento das forças armadas".

89 "1. Coesão interna da força", "2. Retomada da credibilidade perante ao povo por meio da legalidade e legitimidade", "3. Reforço da relação histórica com as políticas militares", "4. Pressão informacional institucional no Congresso Nacional, com base na legalidade e legitimidade diante do povo", "5. Presença e dissuasão diante dos países da América Latina", "6. Retomada da normalidade institucional por meio da retirada dos elementos/fatores geradores de ilegalidade e instabilidade", "7. Presença e dissuasão diante dos ORCRIM e MST", e "8; Exposição constante de legalidade e legitimidade no cenário internacional".

A planilha também continha sete linhas de operações[90] em cinco blocos temporais,[91] que englobavam o período de dezembro de 2021 a agosto de 2023, dentre as quais figurava a meta de "*neutralizar a capacidade de atuação do Min AM*", em clara referência ao Ministro do Supremo Tribunal Federal Alexandre de Morais – exatamente o que veio a ser operacionalizado pelo plano "Punhal Verde Amarelo".

Baseando-se na alegação de fraude eleitoral no pleito de 2022, a planilha propunha a realização de novas eleições, bem como a investigação e emissão de relatório sobre o processo eleitoral anterior. Pretendia, ainda, a prisão dos envolvidos nas supostas irregularidades verificadas nas eleições de 2022, dentre eles "*pessoas consideradas geradoras de instabilidade*", indicadas pelo documento como integrantes do Supremo Tribunal Federal. As novas eleições propostas seriam coordenadas e fiscalizadas por integrantes da organização.[92]

O documento antecipava um decreto a ser assinado por JAIR MESSIAS BOLSONARO, a fim de institucionalizar a tomada do Poder, e apontava a necessidade de uma "*estrutura de apoio para o estabelecimento de um gabinete central de crise e gabinetes estaduais*".

Em suas linhas de operação denominadas "*Eleições Limpas*", "*Legalidade*" e "*Informacional*", a planilha apresentava diretrizes ligadas ao processo eleitoral. O tópico "*Eleições Limpas*" contava com sete subdivisões indicativas do caminho que deveria ser percorrido pelo grupo: "*Base probatória de fraude eleitoral divulgada*", "*Inquérito eleições limpas aberto*", "*Acesso total ao processo eleitoral de 2022*", "*Publicação de novos relatórios de irregularidades no processo eleitoral realizadas*", "*Novo pleito*

---

90 Fronteiras, Pontual, Segurança Interna, Eleições Limpas, Legalidade, SOS Brasil e Informacional.

91 Modelando o ambiente – Dezembro (provavelmente 2021); Reestabelecimento da legalidade – jan a junho (provavelmente 2022); Manutenção da lei e da ordem – junho a dezembro (provavelmente 2022); Normalização – janeiro a maio (2023); Reversão – junho a agosto (2023).

92 A planilha cita como um de seus objetivos "*realizar a segurança e participar da coordenação e fiscalização de novo pleito eleitoral*".

eleitoral marcado", *"Processo eleitoral totalmente transparente divulgado"* e novas *"Eleições presidenciais"*.

A organização criminosa iniciou a execução do planejamento traçado, com a sua tentativa incessante de construir a *"Base probatória de fraude eleitoral"*; vendo-se frustrada nesse tópico, à falta de dados minimamente consistentes que pudessem desacreditar a higidez das eleições.

O tópico *"Legalidade"* possuía cinco subdivisões e abordava o arcabouço jurídico necessário para legitimar a ruptura institucional. Novamente, havia a indicação de um Decreto presidencial, além da sugestão de prisão de opositores.[93] Mais adiante, foi elaborada uma minuta inicial do Decreto seguindo exatamente o planejamento traçado, inclusive estabelecendo a prisão de autoridades públicas.

O tópico *"Informacional"*, por sua vez, lidava com a recepção midiática da ruptura institucional, buscando legitimá-la nacional e internacionalmente – justamente o que a organização criminosa buscou implementar com os pronunciamentos públicos de JAIR BOLSONARO.[94] Propunha-se a formação de uma *"equipe informacional"* para explorar as ações da organização criminosa de forma favorável.[95]

---

93 Propunha-se, em síntese, uma *"Base jurídica consolidada em decreto presidencial com apoio do congresso nacional"* e a *"Composição da força legalista conjunta, multidisciplinar e interagências"*. Com a *"Denúncia aceita, inquérito aberto"*, previam-se *"Mandados coercitivos emitidos"* e *"Mandados de prisão contra envolvidos em indícios de irregularidades no processo eleitoral publicados"*.

94 Assim, a reunião do Presidente da República com representantes diplomáticos em 18.7.2022, já abordada nesta denúncia.

95 Nos seguintes termos: *"Exploração da base legal nos cenários interno e externo"*, *"Exploração global dos indícios de fraude eleitoral realizada"*, *"Exploração da execução dos mandados coercitivos realizada; operação segurança presente explorada amplamente"*, *"Exploração do início da campanha de assistência aos mais vulneráveis realizada; op presença e dissuasão divulgada amplamente; mandados de prisão explorados amplamente"*, *"Exploração da legalidade do novo processo eleitoral realizada; exploração da execução dos mandados coercitivos realizadas amplamente"*, *"Detalhes da tentativa de destruição da democracia brasileira divulgada amplamente"* e *"Exploração de indicadores de sensação de segurança jurídica realizada"*.

A planilha continha dois quadros de informações intitulados *"análise do centro de gravidade das forças legalistas"* e *"análise do centro de gravidade das ameaças"*. No primeiro, estabeleceu-se como meta a prisão preventiva dos *"juízes supremos considerados geradores de instabilidade"*, acompanhada da criação de gabinete de crise. No segundo, foram apresentadas as *"capacidades críticas"*, em 13 subtópicos, descrevendo situações que ameaçavam os planos da organização criminosa. Ali, estão listadas decisões proferidas pelo STF e TSE sobre o processo eleitoral de 2022.

No tópico *"desenvolvendo soluções"*, novamente foi proposto o afastamento, investigação e julgamento de *"agentes públicos que tenham cometido ou participado de decisões fora da CF88 com influência nas eleições"*.[96]

O arquivo encontrado deixa claro que as diversas frentes de atuação da organização, narradas ao longo desta denúncia, foram fruto de planejamento prévio, que antecipavam desde os ataques ao processo eleitoral até a concretização do golpe de Estado, mediante assinatura de Decreto Presidencial, neutralização de autoridades públicas e controle da narrativa nacional e internacional sobre a ruptura institucional.

Outros documentos físicos apreendidos na sede do Partido Liberal - PL,[97] de conteúdo muito semelhante, reforçam a unidade de desíg-

---

96 Outros elementos do tópico "desenvolvendo soluções" são "analisar, programar e criar ambiente seguro para realização de novo pleito eleitoral", "investigar e emitir relatório, em caráter de urgência, o processo completo do pleito eleitoral de 2022", "reforçar a segurança nas fronteiras", "reforçar a comunicação estratégica interna e externa do país", "neutralizar a capacidade de controle das entidades administrativas e financeiras, por parte do STF, até a regulamentação dos procedimentos acerca de aplicação de decisões judiciais", "aprimorar a comunicação entre as forças de segurança do Brasil e sua população", "conduzir novo processo eleitoral no mais curto prazo", "reforçar a segurança interna do Brasil, de forma integrada, conjunta, multidisciplinar e interagências", "conduzir, em ambiente conjunto, multidisciplinar e interagências, a implementação de programa imediato de atendimento às populações mais vulneráveis diante da atual crise no país".

97 Conforme IPJ-RA n. 060/2024.

nios dos integrantes da organização criminosa. Na mesa ocupada pelo Coronel Flávio Botelho Peregrino, então Assessor de WALTER BRAGA NETTO, foi encontrada a pasta denominada “memórias importantes”, que continha esboço da denominada “Operação 142”.

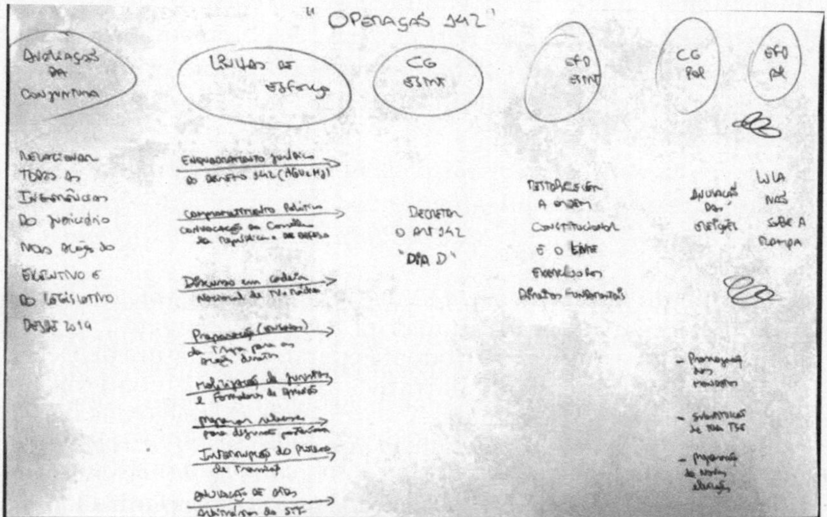

Imagem 03: Manuscrito denominado "Operação 142"

Para facilitar a leitura do documento, a Polícia Federal elaborou réplica digital do plano encontrado (IPJ-RA n. 060/2024):

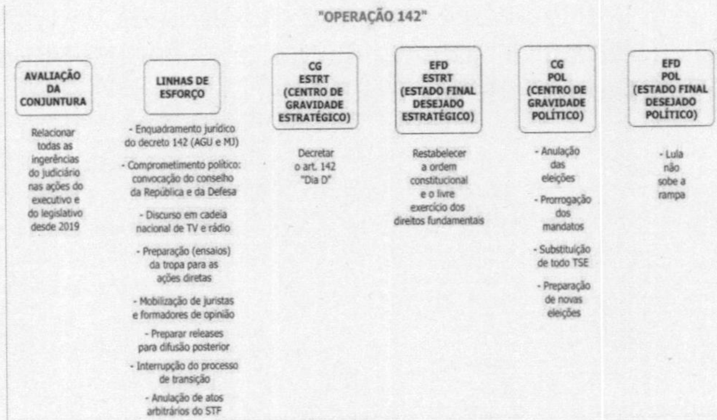

O documento aludia ao art. 142 da Constituição e traçava estratégias muito similares às encontradas na "Operação Luneta", ao prever ofensivas contra o Supremo Tribunal Federal, a assinatura de Decreto Presidencial e o controle da narrativa midiática. O plano também previa ações claramente voltadas à restrição de exercício das instituições democráticas, como "*Anulação das eleições*", "*Prorrogação dos mandatos*", "*Substituição de todo TSE*" e "*Preparação de novas eleições*".

Dentro do tópico "*Linhas de esforço*", o arquivo propunha ações de "*interrupção do processo de transição*", "*mobilização de juristas e formadores de opinião*" e "*enquadramento jurídico do decreto 142 (AGU e MJ)*", deixando evidente o escopo do grupo de depor o governo legitimamente eleito e permanecer no poder de forma autoritária. Esse objetivo chegou a ser declarado de forma expressa ao final do documento: "*Lula não sobe a rampa*".

O objetivo comum de permanência no poder também é extraído de outro documento encontrado na sede do Partido Liberal, na sala do próprio ex-presidente JAIR BOLSONARO.[98]

O material arrecadado consistia num texto impresso sobre declaração de "*Estado de Sítio*" e decretação de "*Operação de Garantia da Lei e da Ordem*". Tratava-se do discurso a ser recitado pelo ex- presidente JAIR BOLSONARO no momento da efetivação do golpe de Estado (IPJ-RA n. 060/2024). O mesmo texto também foi encontrado no aparelho celular de MAURO CID (RAPJ n. 2272674/2023). Este o seu teor:

98 Termo de Apreensão n. 531659/2024, item 27.

Ordem e Progresso: o lema de nossa bandeira requer nossa constante luta pela "segurança jurídica" e pela "liberdade" no Brasil, uma vez que não há ordem sem segurança jurídica, nem progresso sem liberdade. Nossa Constituição Federal de 1988, a Constituição Cidadã, reúne normas gerais favoráveis à "segurança jurídica" e à liberdade da sociedade brasileira na medida em que direitos e garantias (como o direito à vida, a liberdade e a igualdade), princípios fundamentais (como o devido processo legal, o contraditório e a imparcialidade) e remédios constitucionais (como o Habeas Corpus ou o Habeas Data) foram criados pelo Constituinte em linha com os interesses de todos os membros da sociedade brasileira.

Sem dúvida, neste contexto, a ideia de justiça para o Direito do Estado presume que o Poder emana do povo e que a realização da justiça é um imperativo para a sociedade e os agentes público (sic). É dizer, numa perspectiva constitucional, a ideia de justiça para o Direito depende de leis justas e legítimas no Estado Democrático de Direito, assim como de decisões judiciais justas e legítimas. Para tanto, devemos considerar que a legalidade nem sempre é suficiente: por vezes a norma jurídica ou a decisão judicial são legais, mas ilegítimas por se revelarem injustas na prática. Isto ocorre, quase sempre, em razão da falta de constitucionalidade, notadamente pela ausência de zelo à moralidade institucional na conformação com o ato praticado.

Devemos lembrar que a Constituição Federal de 1988 inovou ao prever expressamente o "princípio da moralidade" no caput de seu artigo 37.

Este princípio constitucional (de inspiração humanista e iluminista) surgiu na jurisprudência do Conselho de Estado Francês há mais de 100 anos, como forma de controle para o desvio de finalidade na aplicação da lei. Para além de seu reconhecimento e aplicação na França, o Princípio da Moralidade também vem servindo de baliza para o exercício dos agentes públicos em outros países.

À evidência, de forma louvável e pautada por este precedente, a Constituição Federal de 1988 converteu a "moralidade" em fator de controle da

Imagem 09: Primeira parte do discurso

"legalidade", inclusive quanto à interpretação e aplicação do texto constitucional e de suas lacunas, justamente para conferir a justa e esperada "legitimidade" aos atos praticados pelos agentes públicos do Executivo, do Legislativo e do Judiciário.

Insta dizer que o Princípio da "Moralidade Institucional" presume a probidade de todo e qualquer agente público, ou seja, sua honestidade e lisura. Ele proíbe o desvio de finalidade, enquanto arbitrariedade supralegal. Enfim, não permite que leis e/ou decisões injustas sejam legitimadas por atos autoritários e afastados do marco constitucional.

De modo geral, todo servidor público (seja ele um Ministro do Supremo Tribunal Federal ou um "gari" de uma cidadezinha do interior) deve atuar sempre de acordo com o "Princípio da Moralidade Institucional": deve atuar de forma íntegra e legítima, sempre de acordo com a justa legalidade!

O "servidor público" no exercício da magistratura não pode aplicar a lei de forma injusta, ou seja, contra a Constituição, em especial de modo contrário ao Princípio da Moralidade Institucional, isto porque, este mandado constitucional não pode ser afastado, nem ter o seu alcance mitigado: deve sempre ser considerado aplicado. Do contrário, teremos uma atuação ilegítima.

O juiz de direito (seja ele ministro do STF, ou não) nunca pode agir sem a devida e esperada conformação de suas decisões à moralidade institucional.

Enquanto "guardiões da Constituição", os Ministros do Supremo Tribunal Federal, STF, também estão sujeitos ao "Princípio da Moralidade", inclusive quando promovem o ativismo judicial.

Aliás, o desmedido "ativismo judicial" e a aparente "legalidade" (desprovidas de legitimidade; contrárias ao Princípio da Moralidade Institucional; e, assim injustas) não podem servir de pretextos para a desvirtuação da ordem constitucional pelos Tribunais Superiores, senão vejamos, entre outros, algumas situações recentes:

Imagem 10: Segunda parte do discurso

1) as normas legítimas autorizando a atuação de juízes suspeitos (nestas eleições, o Ministro Alexandre de Moraes nunca poderia ter presidido o TSE, uma vez que ele e Geraldo Alckimin possuem vínculos de longa data, como todos sabem);
2) as decisões legítimas permitindo a censura prévia (restringindo as prerrogativas profissionais da imprensa e de parlamentares, por exemplo);
4) as decisões afastando muitas "causas justas" da apreciação da Justiça (o TSE não apurou a denúncia relativa à falta de inserções de propaganda eleitoral);
3) as decisões limitando a transparência do processo eleitoral e impedindo o reconhecimento de sua legitimidade (impedindo o acesso do Ministério da Defesa ao "código fonte" das urnas, não apurando a denúncia do PL quanto às urnas velhas; e, ainda, impondo multa arbitrária e confiscatória para constranger o PL em razão de suposta litigância de má-fé – aliás, os dois primeiros dígitos da multa imposta coincidem com o número do partido político em questão); e
4) as decisões abrindo a possibilidade de revisão do "trânsito em julgado" de importantes matérias já pacificadas pelo STF (notadamente, para prejudicar os interesses de certos e determinados contribuintes)

É importante dizer que todas estas supostas normas e decisões são ilegítimas, ainda que sejam aparentemente legais e/ou supostamente constitucionais, isto porque, são verdadeiramente inconstitucionais na medida em que ferem o Princípio da Moralidade Institucional: maculando a segurança jurídica e na prática se revelando manifestamente injustas. Para além deste fundamento comum de verdadeira inconstitucionalidade, outros princípios, direitos e garantias também restam vulnerados de forma pontual. Enfim, são normas e decisões aparentemente constitucionais, mas inconstitucionais, em

Imagem 11: Terceira parte do discurso

verdade) que colocam em evidência a necessidade de restauração da segurança jurídica e de defesa às liberdades em nosso país.

Não à toa, encontramos ao longo da história algumas ideias convergentes ao apelo de nosso discurso. Na Antiguidade, "Dar a cada um o que é seu" já era uma ideia defendida por Aristóteles, como definição de justiça e princípio de direito. No Iluminismo, a necessidade de "resistência às leis injustas" já era uma ideia defendida por Tomás de Aquino. Mais recentemente, após a Segunda Guerra Mundial, Otto Bachof defendeu na Alemanha a possibilidade de controle das normas constitucionais inconstitucionais, em especial ao reconhecer a existência de um direito supralegal, ou seja, um direito pressuposto natural acima da Constituição e de suas normas.

[Aqui, tratar de forma breve das decisões inconstitucionais do STF]

Afinal, diante de todo o exposto e para assegurar a necessária restauração do Estado Democrático de Direito no Brasil, jogando de forma incondicional dentro das quatro linhas, com base em disposições expressas da Constituição Federal de 1988, declaro o Estado de Sítio; e, como ato contínuo, decreto Operação de Garantia da Lei e da Ordem, com [...]

Imagem 12: Parte final do discurso

O discurso encontrado na sala de JAIR MESSIAS BOLSONARO reforça o domínio que este possuía sobre as ações da organização criminosa, especialmente sobre qual seria o desfecho dos planos traçados – a sua permanência autoritária no poder, mediante o uso da força.

Nota dos Comandantes das Forças Armadas em 11.11.2022

Embora a nota técnica emitida pelo Ministério da Defesa, em 10.11.2022, tenha minimizado as conclusões do Relatório de Fiscalização das Forças Armadas, o cenário ainda inspirava insegurança aos apoiadores de JAIR BOLSONARO a propósito do suporte armado para o movimento. O Presidente da República, então, ordenou que fosse emitida nota oficial a favor da "liberdade de expressão". Sabia que a mensagem seria recebida por seus apoiadores como sinal de aquiescência das Forças Armadas aos acampamentos espalhados pelo país. A Nota à Imprensa foi publicada em 11.11.2022, às 10h30, na página oficial da Força Aérea Brasileira na internet.[99]

O colaborador MAURO CÉSAR BARBOSA CID confirmou que a nota foi emitida por ordem do então Presidente JAIR MESSIAS BOLSONARO, com o objetivo de manter seus apoiadores mobilizados:[100]

> "*O então Presidente sempre dava esperanças que algo fosse acontecer para convencer as Forças Armadas a concretizarem o golpe. O colaborador inclusive afirma que esse foi um dos motivos pelos quais o então Presidente Jair Bolsonaro não desmobilizou as pessoas que ficavam na frente dos quarteis.* ***Em relação a isso, o colaborador também se recorda que os Comandantes das Três Forças assinaram uma nota autorizando a manutenção da permanência das pessoas na frente dos quarteis por ordem do então Presidente Jair Bolsonaro***" (PET 11.767) (sem grifos no original)

---

99 Fl. 91, PET 12.100.

100 Depoimento prestado ao Supremo Tribunal Federal no dia 21.11.2024.

A mensagem enviada por MAURO CID, via aplicativo UNA,[101] ao General Freire Gomes, no próprio dia 11.11.2022, confirma a manobra da organização para encorajar os manifestantes. O então Ajudante de Ordens elogiou a nota publicada e declarou que os movimentos estavam "*se sentindo seguros pra dar um passo à frente*".

Conhecedor dos próximos passos, MAURO CID ressaltou que as lideranças populares direcionariam os movimentos para o "*Congresso, STF, Praça dos Três Poderes basicamente*",[102] mirando a data comemorativa de 15 de novembro, o que se viabilizaria pelo que era divulgado como apoio das Forças Armadas.

No mesmo sentido, a troca de mensagens entre MAURO CID e RAFAEL MARTINS DE OLIVEIRA, ainda no dia 11.11.2022, reforça que a organização se aproveitou do aparente respaldo militar para insuflar os manifestantes.

Na oportunidade, RAFAEL MARTINS DE OLIVEIRA perguntou: "*Ae... o pessoal tá querendo a orientação correta da manifestação. A pedida é ir para o CN e STF? As FFAA vão garantir a permanência lá??/Perguntas*

---

101 Informação de Polícia Judiciária n. 4401196/2023 – SAOP/DICINT/CCINT/CGCINT/DIP/ PF.

102 Comandos, general. Bom dia! Só pra passar a percepção dos movimentos populares que já tão em contato.
Então, com a Carta das Forças Armadas, o pessoal elogiou muito, eles estão se sentindo seguro pra dar um passo à frente. Então, os organizadores dos movimentos vão canalizar todos os movimentos previstos (inaudível) o dia 15 como ápice, a partir de agora, lá pro Congresso, STF, Praça dos Três Poderes basicamente. E o que eles entenderam dessa carta? Que, obviamente, que os movimentos vão ser convocados de forma pacífica, e eles estão sentindo o respaldo das Forças Armadas, porque agora esses movimentos, e, e é o que os caras querem, eles vão botar o nome deles no circuito pra aparecer lideranças que puxa o movimento pro, pro, pro, pro, pro STF e pro...para o Congresso. Então, os caras vão colocar o nome deles é...à frente disso aí. E ai o medo deles é retaliação por parte do Alexandre de Moraes. Então, no entendimento deles, essa carta significa que as forças armadas vão garantir a segurança deles. Manifestação pacífica é livre. Então, se eles forem lá e forem presos as Forças Armadas vão garantir a segurança deles. Esse é o entendimento e é nessa linha que os movimentos populares tão indo agora.

recebidas", ao que MAURO CÉSAR BARBOSA CID respondeu. "*Cn e stf / Vão*".[103]

Evidenciou-se, assim, que os movimentos populares eram encorajados por ações previamente calculadas da organização criminosa. As manifestações realizadas não eram orgânicas, os locais escolhidos não eram acidentais, mas fruto de direcionamento pelos denunciados, especialmente pelos militares com formação em Forças Especiais, que estavam em constante interlocução com as lideranças populares.

Reunião na residência do General BRAGA NETTO em 12.11.2022

As técnicas das Forças Especiais eram utilizadas pela organização criminosa não apenas no contato com os movimentos populares, mas especialmente no desenho das estratégias de ruptura institucional, como já sinalizavam os planos encontrados em poder dos denunciados. A contribuição ainda mais contundente dos militares especializados ocorreu na fase de execução das operações traçadas.

É o que se verificou a partir de reunião realizada em 12.11.2022, na residência funcional do General WALTER SOUZA BRAGA NETTO, com a presença de RAFAEL MARTINS DE OLIVEIRA, HÉLIO FERREIRA LIMA e MAURO CÉSAR BARBOSA CID, onde os denominados "kids pretos"[104] debateram as ações clandestinas enfeixadas sob o nome "Copa 2022", destinadas a neutralizar o Ministro Alexandre de Moraes, nos moldes previstos pelo plano "Punhal Verde Amarelo".

A reunião foi descoberta a partir dos diálogos encontrados nos dispositivos eletrônicos dos denunciados. Em 8.11.2022, MAURO CÉSAR BARBOSA CID enviou mensagem, via aplicativo *WhatsApp, a* RAFAEL MARTINS DE OLIVEIRA, solicitando: "*rascunha alguma coisa*", e obteve como resposta: "*fica tranquilo!! Ta sendo feito!!*". Recorde-se que, no dia seguinte, MÁRIO FERNANDES imprimiu o planejamento "Punhal Verde Amarelo" no Palácio do Planalto, dirigindo-se em seguida ao Palácio da Alvorada para apresentação do plano a JAIR MESSIAS BOLSONARO,

---

103 IPJ n. 4401196/2023 – SAOP/DICINT/CCINT/CGCINT/DIP/PF, fl. 346.

104 Nomenclatura atribuída a militares com formação em Forças Especiais.

em horário coincidente com a presença de MAURO CÉSAR BARBOSA CID no local.

Em 10.11.2022, RAFAEL MARTINS DE OLIVEIRA conversou novamente[105] com MAURO CÉSAR BARBOSA CID, a fim de agendar uma nova reunião. Na ocasião, RAFAEL MARTINS DE OLIVEIRA perguntou "*qual o horário amanhã? Quando puder me avise!*", ao que MAURO CÉSAR BARBOSA CID respondeu: "*Ta, eu vou acertar, mas vamos deixar mais pro final da tarde, tá? No começo da noite ai*".

Ao confirmar o horário, RAFAEL MARTINS DE OLIVEIRA questionou se a ideia da reunião havia sido bem recebida pelos destinatários, revelando que a pauta já era de conhecimento da alta cúpula da organização criminosa: "*Isso!! Acerte e me informe!! Pode ser no final da tarde. Receberam bem a possibilidade? Ae... a ideia é fazer a visita amanhã... tarde/noite!! Selva!*".

A reunião veio a se concretizar somente dois dias depois, em 12.11.2022. Na referida data, RAFAEL MARTINS DE OLIVEIRA e MAURO CÉSAR BARBOSA CID trocaram mensagens combinando o local do encontro.[106] No mesmo dia, HÉLIO FERREIRA LIMA informou[107] a MAURO CÉSAR BARBOSA CID da sua chegada ao local da reunião, a superquadra em que WALTER SOUZA BRAGA NETTO residia.

---

105 Informação de Polícia Judiciária n. 4401196/2023 – SAOF/DICINT/CCINT/CGCINT/DIP/PF, fl. 345.

106 MAURO CÉSAR BARBOSA CID envia áudio pelo aplicativo *WhatsApp* para RAFAEL MARTINS DE OLIVEIRA às 14h25, afirmando "*De Oliveira, ou vai la pro Alvorada, tá, que eu to la, que eu chegando la. Ou vai pra 112 Sul, bloco B, a gente se encontra lá. O que for melhor pra vocês ai!*". RAFAEL MARTINS DE OLIVEIRA responde "*Opa. Blz. Vamos para a 112*". MAURO CÉSAR BARBOSA CID responde "*ok*", enquanto RAFAEL MARTINS DE OLIVEIRA envia às 15h36 "*já estamos aqui*".

107 HÉLIO FERREIRA LIMA envia áudio a MAURO CÉSAR BARBOSA CID via aplicativo *WhatsApp* às 15h26 afirmando "*Tamo chegando na 112*", seguido de "*Tamo aqui cara. Tem mais algum ponto ai nessa pista de orientação ou não?*". MAURO CÉSAR BARBOSA CID responde "*não. To chegando. Bloco B. Tão na frente do Bloco B?*", *sendo respondido com "Tamo na banca de revista aqui na, na esquina do Bloco B"*.

O colaborador MAURO CÉSAR BARBOSA CID confirmou a realização da reunião em 12.11.2022, indicou os participantes envolvidos e resumiu a pauta discutida: promover uma ação de forte impacto social, para justificar a assinatura de um Decreto por JAIR MESSIAS BOLSONARO. Confira-se:[108]

> O colaborador relata que estava em Goiânia/GO, onde iria assumir o Comando das Tropas de Forças Especiais, o Batalhão de Ações de Comando, quando foi procurado pelo Coronel Oliveira e Coronel Ferreira Lima. Recorda-se que foi entre 9 e 11 de novembro de 2022, no hotel de trânsito de oficiais de Goiânia/GO. Ambos os coronéis, Oliveira e Ferreira Lima, demonstraram sua indignação com o resultado das Eleições e afirmaram que algo precisaria ser feito para que causassem um caos e com isso conseguissem a decretação do estado de defesa ou estado de sítio. A sugestão de ambos os coronéis, Oliveira e Ferreira Lima foi que o colaborador procurasse o General Braga Netto, pois esse era quem mantinha contato entre os manifestantes acampados na frente dos quartéis e o Presidente da República. O colaborador entrou em contato com o General Braga Netto, agendando uma reunião. Essa reunião ocorreu no dia 12 de novembro de 2022, na casa do General Braga Netto, com a participação do próprio colaborador, do Coronel Oliveira e do Coronel Ferreira Lima. Na reunião se discutiu novamente a necessidade de ações que mobilizassem as massas populares e gerassem caos social, permitindo, assim, que o Presidente assinasse o estado de defesa, estado de sítio ou algo semelhante. O General Braga Netto, juntamente com os coronéis Oliveira e Ferreira Lima concordavam com a necessidade de ações que gerassem uma grande instabilidade e permitissem uma medida excepcional pelo Presidente da República. Uma medida excepcional que impedisse a posse do então Presidente eleito, Luís Inácio Lula da Silva. (...) O colaborador retifica o seu depoimento anterior à Polícia Federal, onde afirmou que a reunião do dia 12 de novembro de 2022, na casa do General Braga Netto,

108 Depoimento prestado perante o Supremo Tribunal Federal.

> tinha sido somente para que o Coronel Oliveira tirasse uma foto com o referido General e que a mensagem do dia 8 de novembro, onde o colaborador pediu para o Coronel De Oliveira fazer um esboço, refere-se às questões que ambos os coronéis lhe apresentaram pessoalmente, sobre a indignação com a situação do país e a necessidade de ações concretas.

Os diálogos mantidos após a reunião indicaram a aprovação, inclusive financeira, do plano por BRAGA NETTO. Em 14.11.2022,[109] RAFAEL MARTINS DE OLIVEIRA indagou a MAURO CID: "*alguma novidade??*", e acrescentou: "*vibração máxima! Recurso zero!!*".

A resposta de MAURO CID evidenciou que o financiamento da ação já havia sido debatido pelo grupo: "*qual a estimativa de gastos?* Falei pra deixar comigo", "*só faz uma estimativa com hotel. Alimentação. Material. 100 mil?*". Acrescentou que a estimativa também deveria abarcar os recursos "*para trazer um pessoal do rio*", enfatizando: "*vai precisar*".

No dia seguinte, em 15.11.2022, RAFAEL MARTINS DE OLIVEIRA enviou para MAURO CÉSAR BARBOSA CID o documento "*Copa 2022*", protegido por senha, e perguntou: "*como tá por ai? To com as necessidades iniciais*". Recomendou: "*depois apaga*".

MAURO CÉSAR BARBOSA CID pediu novamente: "*manda uma estimativa de valor total*" e ressaltou precisar dos dados com urgência. RAFAEL MARTINS DE OLIVEIRA confirmou o valor estimado no dia anterior, dizendo: "*Ok!! Aquele valor de 100 se encaixa nessa estimativa*". Complementou: "*incluso vou transformar o material em dinheiro. Além da locomoção*".

Em sua colaboração premiada,[110] MAURO CID esclareceu o meio encontrado pela organização criminosa para obter o montante necessário à realização da operação, ressaltando o relevante papel de BRAGA NETTO no financiamento da ação. Confira-se:

---

109 Informação de Polícia Judiciária n. 4401196/2023 – SAOF/DICINT/CCINT/CGCINT/DIP/PF, fls. 363/367.

110 Depoimento prestado perante o Supremo Tribunal Federal.

> Dois dias após esta reunião, o Coronel Oliveira entrou em contato com o colaborador solicitando dinheiro para realizar as operações que havia discutido com o General Braga Netto e o Coronel Ferreira Lima na reunião do dia 12 de novembro de 2022.
>
> (...) Alguns dias após, o Coronel De Oliveira esteve em reunião com o colaborador e o General Braga Netto no Palácio do Planalto ou da Alvorada, onde o General Braga Netto entregou o dinheiro que havia sido solicitado para a realização da operação. O dinheiro foi entregue numa sacola de vinho. O General Braga Netto afirmou à época que o dinheiro havia sido obtido junto ao pessoal do agronegócio.

O colaborador MAURO CID não precisava nem mesmo pormenorizar o conteúdo do arquivo "Copa 2022". Os fatos que se seguiram não deixam dúvidas de que a operação visava à *neutralização* do Ministro Alexandre de Moraes.

Início das ações de monitoramento 21.11.2022

Poucos dias após a obtenção dos recursos necessários, RAFAEL MARTINS DE OLIVEIRA e HÉLIO FERREIRA LIMA, militares Forças Especiais ("kids pretos"), iniciaram os atos de monitoramento do Ministro Alexandre de Moraes.

Isso está retratado nos extratos de Estação Rádio Base (ERB) que registram que, entre os dias 21.11.2022 e 23.11.2022, os dois militares se dirigiram da cidade de Goiânia para as áreas de Brasília frequentadas habitualmente pelo Ministro Alexandre de Moraes, como a sua residência funcional e o Supremo Tribunal Federal. Operavam as primeiras ações de reconhecimento.

Eis os pormenores:

Na manhã do dia 21.11.2022, HÉLIO FERREIRA LIMA encontrava-se na cidade de Porto Alegre e se deslocou para a cidade de São Paulo, onde pegou voo com destino à Goiânia, em viagem não oficial.[111] Na

111 Após requisição policial, a empresa Gol Linhas Aéreas confirmou que HÉLIO FERREIRA

mesma data, RAFAEL MARTINS DE OLIVEIRA, que já se encontrava em Goiânia, alugou o veículo VW T Cross, placa RMG6A61, retirando-o no aeroporto de Goiânia no momento da chegada de HÉLIO FERREIRA LIMA.

Os extratos de ERB levantados pelas investigações confirmam que HÉLIO FERREIRA LIMA e RAFAEL MARTINS DE OLIVEIRA estiveram na mesma região do aeroporto de Goiânia em 21.11.2022, em horários coincidentes.

A partir de Goiânia, o aparelho de HÉLIO FERREIRA LIMA se conectou à antena em Brasília entre 21h04 e 21h13, enquanto o dispositivo de RAFAEL MARTINS DE OLIVEIRA se conectou à antena da mesma região entre 21h04 até 21h48, indicando a vinda concomitante dos denunciados à Capital Federal.

Os registros posteriores reforçam a ação conjunta. No dia seguinte, em 22.11.2022, os aparelhos de RAFAEL MARTINS DE OLIVEIRA e HÉLIO FERREIRA LIMA se conectaram a antenas na região Sudoeste, em Brasília.[112] O aparelho de RAFAEL MARTINS DE OLIVEIRA se conectou[113] a duas antenas que cobriam a região do restaurante "Gibão Carne de Sol", local que, como se verá adiante, foi utilizado como base na operação realizada em 15.12.2022, voltada ao monitoramento e neutralização do Ministro Alexandre de Moraes. Após, os dispositivos de ambos se conectaram a antenas na região Sudoeste de Brasília desde a noite de 22.11.2022 até a madrugada de 23.11.2022.[114]

Ainda em 22.11.2022, a atividade da conta *Google* associada ao e-mail gioerafa@gmail.com, vinculado a RAFAEL MARTINS DE OLIVEIRA, revelou que o denunciado pesquisou direções para locais próximos à residência do Ministro Alexandre de Moraes[115] e explorou o mapa

---

LIMA viajou no dia 21.11.2022 de São Paulo para Goiânia. O fato de a passagem ter sido comprada apenas três dias antes do voo (18.11.22), por meio da empresa DECOLAR, reforça ter sido uma viagem para fins particulares.

112 RAFAEL MARTINS DE OLIVEIRA de 15h04 às 21h13 e HÉLIO FERREIRA LIMA de 9h58 a 21h51.

113 De 21h31 a 22h16 e às 22h48.

114 HÉLIO FERREIRA LIMA de 21h52 até 9h32 de 23.11.2022 e RAFAEL MARTINS DE OLIVEIR de 0h42 até 7h22.

115 Academia *SmartFit*.

de locais por onde o Ministro trafegava habitualmente,[116] nos moldes fixados no plano "Punhal Verde Amarelo".

As pesquisas sinalizaram as ações de monitoramento que seriam realizadas no dia seguinte.

Em 23.11.2022, o aparelho de HÉLIO FERREIRA LIMA se conectou[117] a uma antena que cobria a região do Supremo Tribunal Federal, data em que ocorria a 34ª Sessão Ordinária de Julgamento, com a presença do Ministro Alexandre de Moraes. No mesmo dia, o aparelho de RAFAEL MARTINS DE OLIVEIRA se conectou[118] à antena na região da residência funcional do Ministro do Supremo Tribunal Federal.

Após o reconhecimento dos locais sensíveis, os denunciados retornaram brevemente às suas origens, mas mantiveram ativas as ações de monitoramento até o mês de dezembro, quando seria concluída a Operação "Copa 2022".

Representação Eleitoral para Verificação Extraordinária Apresentada pelo Partido Liberal em 22.11.2022

Em paralelo às ações militares, a organização criminosa fomentava continuamente a narrativa de fraude eleitoral, para manter seus apoiadores mobilizados e favoráveis às ações armadas. O grupo buscava formas de se comunicar com a população periodicamente, a fim de encorajá-los a permanecerem acampados e insuflar o sentimento de revolta neles incutido.

Em 22.11.2022, o grupo decidiu valer-se de ação judicial para transmitir aos seus apoiadores a falsa mensagem de que havia surgido prova da inidoneidade de diversas urnas eletrônicas. Mesmo que não obtivessem êxito, estaria dada a mensagem de estarem esgotadas as vias jurisdicionais para questionar o processo eleitoral. Com isso, as medidas extraordinárias de imposição da vontade do grupo haveriam de ser pressentidas como inevitável.

---

116 Eixo Monumental, Avenida L4 e regiões do Sudoeste, Cruzeiro e Octogonal.

117 De 9h32 a 17h20.

118 De 18h19 a 22h30.

O Partido Liberal, JAIR MESSIAS BOLSONARO e WALTER SOUZA BRAGA NETTO deram ao protocolo do Tribunal Superior Eleitoral inicial de "Representação Eleitoral para Verificação Extraordinária".[119] Pediam a invalidação dos votos decorrentes das urnas dos modelos UE2009, UE2010, UE2011, UE2013 e UE2015. Ocorre que a ação estava ancorada em relatório técnico que havia sido objeto de manipulação maliciosa por integrante de instituto contratado para elaborá-lo. A organização criminosa sabia do falseamento de dados, ainda que, até o momento, não se haja estabelecido que o presidente do Partido também o soubesse.

A representação funcionou também como a forma de se comunicar à população que o Presidente da República não aceitava o resultado das eleições e que havia fundamento para a insurgência civil.

A representação se baseava em laudo de auditoria feito pelo Instituto Voto Legal (IVL), contratado pelo Partido Liberal, em que se disse, de forma inverídica, haver "*desconformidades irreparáveis de mau funcionamento*" nas urnas fabricadas antes de 2020. O documento aduzia, falsamente, que cinco modelos de urnas "*apontaram a repetição de um mesmo número de identificação, quando, na verdade, deveriam apresentar um número individualizado no campo do código de identificação da urna*". Sustentava, assim, a conformidade dos votos computados apenas nas urnas do modelo UE2020, que correspondiam a 40,82% do total dos equipamentos eletrônicos utilizados no segundo turno.

Com base nos dados falsos, os denunciados contestaram o resultado das eleições presidenciais e defenderam que JAIR MESSIAS BOLSONARO seria o vencedor das Eleições Gerais de 2022, uma vez que teria obtido 51,05% dos votos nas urnas "válidas".

O relatório técnico era expressão de sabida e desejada deturpação de dados. Veja-se o que ocorreu:

O Instituto Voto Legal[120] fora contratado pelo Partido Liberal para prestar serviços de auditoria do funcionamento das urnas eletrônicas.

---

119 Confira-se a íntegra disponível em: https://www.conjur.com.br/wp-content/uploads/2023/09/representacao-pl-urnas.pdf. Acesso em 22 nov 2024.

120 Conforme Relatório de Pesquisa n. 164/2025, a sede do Instituto coincide com a

Era presidido por CARLOS CEZAR MORETZSOHN ROCHA, que subcontratou a pequena empresa Gaio Innotech Ltda., que tinha por sócio-proprietário Éder Lindsay Magalhães Balbino. A Éder cabia fornecer suporte técnico de análise de dados, mediante o uso de sistemas e *softwares* específicos.[121]

A análise dos dispositivos apreendidos com Éder Balbino[122] revelou intensa troca de mensagens entre os denunciados e ele em torno da metodologia de trabalho que deu origem ao Relatório apresentado pelo IVL. Assim, CARLOS ROCHA haveria de selecionar teses hipotéticas de indícios de fraude nas urnas eletrônicas, que circulavam nas redes sociais para verificação pela empresa Gaio. Na medida em que testadas, as hipóteses logo eram refutadas por Éder Balbino, seja porque *(i)* eram manifestamente frágeis; *(ii)* possuíam premissas equivocadas; *(iii)* faziam interpretações errôneas dos dados; *(iv)* não haviam contemplado a integralidade dos dados; e/ou *(v)* não eram embasadas em amostra representativa.

Em 1º.11.2022, CARLOS ROCHA enviou, para apreciação de Éder Balbino, o arquivo "*Urnas eleições 2022 – É muito difícil justificar..pdf*", afirmando tê-lo recebido em outro "*grupo*" e achado "*interessante*". Disse, ainda, que buscaria "*a base de dados*" para análise da Gaio.[123]

A Polícia Federal localizou, em fontes abertas, documento com *thumbnail* idêntico ao enviado por CARLOS ROCHA e cujos metadados indicavam sua criação no mesmo dia, em 1º.11.2022, horas antes de ser enviado para Éder Balbino. O arquivo especulava sobre fraude nas urnas eletrônicas com base no modelo de fabricação. Descobriu também vinculação entre o *site* em que fora publicado o documento compartilhado e a notícia "*Brazil Was Stolen: Auditoría privada muestra*

---

residência do sócio-administrador e não há registros de que tenha produzido outros trabalhos indicadores de expertise com relação ao objeto do contrato.

121 O contrato entre o IVL e a Gaio foi celebrado pela quantia de treze mil reais, conforme descrito na IPJ n. 2898485/2024 (fl. 200 do Relatório Final).

122 Consubstanciada na Informação de Polícia Judiciária (IPJ) n. 2898485/2024 – SAOP/DICINT/CCINT/CGCINT/DIP/PF.

123 IPJ n. 2898485/2024.

anomalías en los resultados de las elecciones de Brasil", publicada no sítio eletrônico *La Derecha Diario*, de Fernando Cerimedo.[124] A descoberta evidenciou que o mesmo conteúdo falso publicado pelo argentino Fernando Cerimedo serviu para embasar a representação eleitoral protocolada pelo PL em 22.11.2022, reforçando a forte coordenação ideológica entre os integrantes da organização criminosa.[125]

Logo depois de CARLOS ROCHA haver enviado o arquivo para Éder Balbino, ambos trocaram mensagens sobre a hipótese de fraude com base no modelo das urnas. No dia 5.11.2022, o presidente do Instituto Voto Legal cobrou uma resposta objetiva de Éder Balbino sobre a viabilidade da tese de que JAIR MESSIAS BOLSONARO "*teria vencido as eleições*" se apenas as urnas fabricadas em 2020 tivessem sido usadas no pleito (IPJ n. 2898485/2024):

> Carlos Rocha
> Precisamos responder à pergunta, objetivamente, que Se a eleição tivesse usado somente as urnas eletrônicas modelo 2020, o Bolsonaro teria vencido as eleições?
> (2022-11-05 18:06:38 -3:00)
> Éder Balbino
> Ok
> (2022-11-05 18:08:47 -3:00)

Em 6 e 7.11.2022, Éder Balbino respondeu que, aprofundando o exame da base de dados relevante, a tese hipotética levantada não procedia. Ressaltou não ter encontrado nenhum indício de favorecimento ao

124 Fernando Cerimedo é o argentino que também aparece como personagem de fatos narrados em tópico anterior desta denúncia. Não está demonstrado até aqui que Cerimedo sabia que o relatório era fabricado com inverdade.

125 Recorde-se que o mesmo conteúdo também fundamentou o documento denominado "bolsonaro min defesa 6.11-semifinal.docx", que tinha como destinatário o General Paulo Sérgio Nogueira de Oliveira, então Ministro da Defesa, e foi identificado em mensagem de *WhatsApp* enviada por MAURO CID ao General BRAGA NETTO.

candidato opositor de JAIR MESSIAS BOLSONARO em razão do modelo de urna utilizado (IPJ n. 2898485/2024).

No dia 9.11.2022, CARLOS ROCHA encaminhou para Éder Balbino mensagens que trocara com Tony Calleri França, graduado em Engenharia da Computação pelo Instituto Tecnológico de Aeronáutica (ITA). Também Tony França concluíra que não era viável cogitar da hipótese de fraude nas urnas fabricadas antes de 2020. Em uma das mensagens, Tony Calleri França afirmava, ainda, ter descoberto "*um fato novo que aparentemente enfraquece a crença na fraude de urna velha vs. urna nova*", uma vez que não se havia percebido da existência da "*coluna NR_LOCAL_VOTACAO na tabela bu*", que não teria sido transportada para a "*tabela urna*" (IPJ n. 2898485/2024).

Na mesma data, às 22h47, CARLOS ROCHA encaminhou para Éder Balbino nova mensagem atribuída a Tony Calleri França, em que o engenheiro do ITA afastou categoricamente a tese de fraude nas urnas fabricadas antes de 2020, ao concluir: "*achei a informação do local de votação. Agrupando as urnas por local de votação, a correlação entre urna velha e vantagem pro lula desaparece!!*" (IPJ n. 2898485/2024).

Em 15.11.2022, CARLOS ROCHA enviou duas mensagens a Éder Balbino, que, não obstante tenham sido apagadas e não recuperadas, indicavam o envio de um arquivo submetido à apreciação do proprietário da empresa Gaio Inotech. Às 15h30 do mesmo dia, Éder enviou mensagem de áudio para CARLOS ROCHA, sinalizando que teria "*algumas considerações*" a fazer sobre o documento.

Na noite do dia 15.11.2022, CARLOS ROCHA disse a Éder Balbino que "*alguém vazou uma versão em construção*" do relatório no qual estavam trabalhando e que teria sido publicada pelo sítio eletrônico "Antagonista". Éder Balbino, então, expressou surpresa e desconforto com o conteúdo divulgado, que não seria exato. Escreveu para CARLOS ROCHA que seria "*possível identificar que aquele log é daquela urna*", ou seja, que cada urna poderia ser identificada individualmente, ao contrário do que queria crer CARLOS ROCHA. Por isso, o documento que o diretor do IVL lhe encaminhara não seria "*coerente por esse aspecto*" e, "*por isso, precisava de uma série de ajustes*" (IPJ n. 2898485/2024).

A resposta de Éder deixa claro que o arquivo enviado e apagado por CARLOS ROCHA era a versão inacabada do relatório de auditoria, que vazou para a imprensa. Revela, igualmente, que os denunciados tinham ciência de que as cogitadas fraudes nas urnas eletrônicas não existiam.

A fim de evitar que a narrativa falaciosa da organização criminosa pudesse ser fragilizada por Éder Balbino, CARLOS ROCHA orientou o sócio da Gaio, caso fosse procurado, a não fazer nenhuma manifestação sobre o trabalho desenvolvido: "*como é confidencial, somente o PL pode fazer declarações sobre o tema*". Ao notar a aflição de Éder Balbino sobre o conteúdo apócrifo contido no relatório publicado, CARLOS ROCHA prosseguiu: "*O trabalho da Gaio é estritamente relacionado com análise de dados. Qualquer opinião técnica sobre os resultados é de responsabilidade do IVL*".

A preocupação de Éder com o vazamento de dados falsos foi reiterada a CARLOS ROCHA no dia seguinte. Na primeira hora do dia 16.11.2022, às 0h37, Éder Balbino informou a CARLOS que lhe enviara "*um e-mail fazendo as considerações quanto ao relatório preliminar*". Ante o silêncio de CARLOS ROCHA, Éder Balbino enviou pelo *WhatsApp* o arquivo nomeado "Analise Report Preliminar.pdf" e indagou ao presidente do IVL se havia visto o e-mail por ele enviado "*com esse documento*", ao que CARLOS ROCHA respondeu "*Sim, vamos falar*".

No referido arquivo, Éder desenvolveu apontamentos técnicos sobre o conteúdo do relatório vazado para a imprensa, assinalando, ponto a ponto, todas as inverdades que ali haviam sido declinadas sobre o sistema de apuração eletrônica de votos. Éder Balbino repeliu com firmeza a suposição de existência de fraude eleitoral, dado ser possível "*correlacionar cada arquivo Log de Urna com o Boletim de Urna correspondente*", a partir da análise feita pela Gaio, sua empresa, "*com a equipe IVL*". Ficou evidenciada a ciência inequívoca de CARLOS ROCHA de que não havia a vulnerabilidade das urnas.

A íntegra do documento foi extraída dos dispositivos eletrônicos apreendidos em poder de Éder Balbino (IPJ n. 2898485/2024):[126]

126 Éder Balbino, no contexto das investigações, encaminhou para a Polícia Federal cópia do e-mail enviado para CARLOS ROCHA, posicionando-se de forma contrária aos dados apresentados no relatório do IVL que subsidiou a Representação Eleitoral do PL (fl. 202 do Relatório Final).

Bom dia Carlos, tudo bem?

Antes de mais nada, me sinto honrado em trabalhar com pessoas tão qualificadas como você e os demais do IVL.

Referente ao Relatório (*PL - Relatório Técnico - Logs Inválidos das Urnas Eletrônicas v0.71*) que vazou nos meios de comunicação, seguem minhas considerações.

> **Para fiscalizar o comportamento das urnas eletrônicas no 1º e no 2º turnos, utilizando a análise inteligente de dados, o IVL fez uma parceria com a Gaio.io. A empresa brasileira é formada por uma equipe de especialistas em tecnologia da informação e estatística, que**

Trocar texto o texto sublinhado em vermelho por "**por meio da análise inteligente de dados, o IVL utilizou a plataforma Gaio.io**".

> **c. É possível correlacionar cada arquivo Log de Urna com o Boletim de Urna correspondente?**

Pela análise que nós da Gaio juntamente com a equipe IVL fizemos, sim, é possivel devido ao nome do arquivo do log gerado pela Urna. O nome do arquivo tem um padrão onde estão: o código do município, o número da zona e o número da seção.

> **d. É possível correlacionar cada arquivo Log de Urna com a urna identificada por seu código de identificação?**

Com bastante esforço computacional, é possível dado que a identificação presente no nome do arquivo de log pode ser usada juntamente com o Boletim de Urna para identificação do número da urna.

Nos arquivos Log de Urna que não contêm o código de identificação da urna eletrônica correto, é impossível correlacionar univocamente esse log com o Boletim de Urna, invalidando a possibilidade de auditoria.

É possível correlacionar pelo fato de no nome do arquivo de log conter código do município, número da zona e número da seção, que juntamente com o boletim de urna revelará o número da urna.

- **Resposta ao Quesito d**

Em continuação a resposta anterior, e levando-se em conta a Resposta ao Quesito a, esta correlação só é possível nas urnas UE2020, não sendo possível nas urnas modelos anteriores pela falta do código de identificação da urna eletrônica no arquivo Log de Urna.

É possível correlacionar pelo motivo já explicado anteriormente.

Abaixo consta um exemplo de Log de Urna de uma urna modelo UE2015, que não apresenta o número de identificação da urna, exibindo em seu lugar um número espúrio que invalida a vinculação do Log de Urna com a urna.

A melhor palavra seria **"dificulta"**.

Abaixo consta a imagem do painel de análise estatística de dados da Gaio.io com a comprovação de que são inválidos os arquivos Log de Urna de todas as urnas eletrônicas de modelos de fabricação diferentes do modelo UE2020, ou seja, modelos 2009, 2010, 2011, 2013 e 2015.

O texto adequado seria: **"o número da urna não está presente nas linhas do"**

São inválidos porque exibem um valor espúrio no lugar do valor correto no campo de código de identificação da urna eletrônica, tornando impossível vincular cada arquivo Log de Urna com a respectiva urna física.

Trocar o primeiro sublinhado vermelho por **"errados"**.

Trocar o segundo sublinhado vermelho por **"tornando confuso"**.

Eder Balbino
CEO Gaio

Ressalte-se que, no Termo de Declarações n. 4698422/2024, CARLOS ROCHA reconheceu a participação Major ÂNGELO DENICOLI em reunião de elaboração do relatório apresentado pelo IVL.

CARLOS ROCHA, enfim, ignorando as inconsistências informadas por Éder Balbino via e-mail, mentiu ao afirmar ser "*impossível associar o registro de cada atividade ao hardware, ao equipamento físico que teria gerado aquela atividade*", conforme transcrito na IPJ n. 2898485/2024:

Decorridos 00:09:00 do vídeo CARLOS diz:
... Quando nós fomos analisar as urnas antigas, que são as urnas de modelos de UE2009 até UE2015, essas urnas... tem pouco mais de 279.000 urnas. Que dá 59,2% do total das urnas. Nessas urnas, infelizmente, encontramos esse número inválido, na 4ª coluna do log. Esse é um indício muito forte, porque, de falha, de mau funcionamento da urna, porque ***é impossível associar o registro de cada atividade ao hardware, ao equipamento físico que teria gerado aquela atividade.*** *Isso, evidentemente, se tornou um problema porque é muito desagradável ter esse indício de mau funcionamento, porque gera incerteza, agora, nos dados que são gerados por essas urnas...* Grifou-se.

Sabe-se do destino da ação judicial. No mesmo dia em que protocolada, o Ministro Alexandre de Moraes, Presidente do Tribunal Superior Eleitoral à época, proferiu despacho determinando o aditamento da petição inicial, justamente que o pedido abrangesse os dois turnos das eleições. Os denunciados, por razões óbvias, quedaram-se inertes, provocando o indeferimento liminar da representação, tanto em razão de sua inépcia, como pela total ausência de indícios que pudessem justificar a instauração de uma verificação eleitoral extraordinária. O Presidente do TSE fundamentou a decisão de indeferimento, esclarecendo a rastreabilidade das urnas eletrônicas de modelos antigos. Houve condenação por litigância de má-fé, tendo em vista ser o pedido formulado:

> (...) ostensivamente atentatório ao Estado Democrático de Direito e realizado de maneira inconsequente com a finalidade de incentivar movimentos criminosos e antidemocráticos que, inclusive, com graves ameaças e violência vem obstruindo diversas rodovias e vias públicas em todo o Brasil, ficou comprovada, tanto pela negativa em aditar-se a petição inicial, quanto pela total ausência de quaisquer indícios de irregularidades e a existência de uma narrativa totalmente fraudulenta dos fatos.

Não bastasse, em 30.11.2022, foi realizada no Senado Federal a 32ª Reunião Extraordinária,[127] que visava "discutir a fiscalização das inserções de propagandas políticas eleitorais".[128] No evento, dentre os palestrantes,[129] CARLOS ROCHA, do IVL, foi ouvido e, de novo, se apoiou nos "estudos" falseados sobre fraude nas urnas eletrônicas, assestando ataques ao Poder Judiciário:[130]

Carlos Rocha – IVL (Instituto Voto Legal)

(...) Em julho perdão, o Partido Liberal contratou uma equipe técnica, que é altamente qualificada e politicamente isenta. A nossa atuação é estritamente técnica porque o estatuto do instituto veda qualquer ação política. O objeto do contrato com o partido foi realizar uma fiscalização de todas as fases da votação, apuração, totalização. O trabalho se iniciou em julho e foi concluído em dezembro."**O primeiro indício de mau funcionamento foi um erro do código de identificação da urna nas linhas dos logs de todas as urnas de modelos antigos. Ou seja, naquelas linhas onde deveria estar o código de identificação correto, está publicado nos logs fornecidos pelo TSE um código espúrio, um valor espúrio, que não representa qualquer urna**. Então, evidentemente, isso prejudicou associar cada atividade, cada linha do log com a urna física em que ocorreu aquele log."

"O segundo ponto de atenção relevante é o travamento da urna eletrônica. E como é que se identificou o travamento? Ao fazer uma análise do log, verificou-se uma atividade que é uma desligada pela chave. (...) É importante destacar que esses **eventos de desligamento ocorreram durante a votação de um eleitor**, ou seja, o eleitor estava votando, a urna travou, e o mesário foi lá e desligou. **Claramente uma urna travar não é um evento esperado. Então ele é um indício de mau funcionamento.**"

Ouvido em Termo de Declarações n. 689531/2024,[131] Éder Lindsay Magalhães Balbino confirmou ter sido orquestrada ação dolosa dos denunciados, afirmando que, em sua análise, "*não viu absolutamente nada que vislumbrasse qualquer fraude nas eleições brasileiras de 2022*".

---

127 Organizada pela Comissão de Transparência, Governança, Fiscalização e Controle e Defesa do Consumidor.

128 O evento ocorreu após o Requerimento n. 59/2022.

129 Os Desembargadores aposentados Sebastião Coelho (TJDFT) e Ivan Ricardo Garisio Sartoni (TJSP) também se pronunciaram em prol da aplicação do art. 142 da Constituição Federal.

130 Fls. 7.937/7938.

131 Fl. 2.327.

No mesmo sentido, o então Comandante da Aeronáutica Baptista Júnior narrou à Polícia Federal que, no dia 14.11.2022, em reunião no Palácio da Alvorada, teve acesso ao "*estudo do IVL*", que lhe foi entregue impresso, e em mãos, por JAIR MESSIAS BOLSONARO. Afirmou ter apreciado e refutado, na companhia do Coronel Wagner, representante da Comissão de Transparência Eleitoral, "*a tese disseminada por FERNANDO CERIMEDO e, posteriormente, apresentada pelo IVL para subsidiar o pedido do Partido Liberal*".

O Comandante confirmou ter sido iniludível ao alertar JAIR MESSIAS BOLSONARO de que "*o documento estava mal redigido, com vários erros técnicos e se tratava de um sofisma*". Relatou ter explicado, em ligação telefônica, "*as inconsistências*" do estudo do IVL para CARLOS ROCHA, que "*ouviu o depoente, sem questionar*". Segundo Baptista Júnior, o Coronel WAGNER chegou a reproduzir a "*falha*" apontada pelo IVL e descartou "*qualquer influência no resultado das eleições*", garantindo "*a lisura do resultado eleitoral*", à luz da existência de "*diversas outras formas de relacionar as tabelas dos bancos de dados*":

> (...)
> QUE em seguida, ao ler o relatório, o depoente ressaltou ao Presidente que o documento estava mal redigido e com vários erros técnicos e se tratava de um sofisma; QUE diante disso, o Presidente ligou para CARLOS ROCHA, Presidente do IVL, para que o depoente explicasse as inconsistências do estudo; QUE CARLOS ROCHA ouviu o depoente, sem questionar; QUE, em seguida, o depoente solicitou ao Coronel WAGNER para analisar o relatório do IVL; QUE o Coronel WAGNER identificou uma falha, reproduziu a falha e constatou que não haveria qualquer influência no resultado das eleições; QUE seria apenas uma pequena falha de programação; QUE haveria diversas outras formas de relacionar as tabelas do banco de dados, garantido a lisura do resultado eleitoral; QUE posteriormente, ratificou ao então Presidente da República, possivelmente, por meio do Ministério da Defesa, que o erro não geraria qualquer inconsistência no resultado das eleições; QUE não se tratava de uma fraude; INDAGADO se foi encontrada alguma irregularidade que colocasse

em risco o resultado das eleições 2022, respondeu QUE, conforme exposto, não encontrou qualquer irregularidade.

A ciência inequívoca dos denunciados sobre a inexistência de fraude no processo eleitoral e os pronunciamentos públicos que se seguiram ao protocolo da ação, replicando os fundamentos sabidamente falsos, confirmam que a representação eleitoral tinha em mira tornar admissível pela opinião pública a ruptura das estruturas democráticas, sob o pretexto de que elas já não estavam sendo observadas pelo Judiciário.

O Decreto do golpe gestado

O cenário de instabilidade social provocado pela organização criminosa tinha por objetivo criar condições de aceitação política da assinatura por JAIR BOLSONARO de Decreto que rompesse com as estruturas democráticas. A representação eleitoral mencionada, o início da operação "Copa 2022", a proximidade do término regular do mandato, tudo operava para que a organização agilizasse, em paralelo, a elaboração do Decreto golpista.

Apurou-se que, em 18.11.2022, FILIPE GARCIA MARTINS PEREIRA e JAIR BOLSONARO reuniram-se no Palácio da Alvorada justamente para esse fim. O colaborador MAURO CID confirmou a existência da reunião, cuja pauta era precisamente os termos do decreto golpista. De fato, os registros fornecidos pelo Gabinete de Segurança Institucional da Presidência da República (GSI/PR) indicaram que FILIPE GARCIA MARTINS PEREIRA chegou ao Palácio da Alvorada, às 14h59 do dia 19.11.2022, nos exatos moldes relatados por MAURO CID.

Reunião dos FE ("Kids Pretos") em 28.11.2022 e elaboração da Carta ao Comandante

Com o decreto em elaboração, era necessário garantir a adesão do Alto Comando do Exército às iniciativas golpistas. No meio militar, circulavam notícias sobre a resistência dos comandantes à ruptura institucional, o que poderia dificultar a implementação do próprio decreto de intervenção militar.

Para assegurar o êxito da empreitada criminosa, os denunciados com formação em Forças Especiais ("Kids Pretos") decidiram organizar reunião para desenvolver estratégias de pressão sobre os Comandantes renitentes.

No dia 26.11.2022, às 12h48, o Coronel BERNARDO ROMÃO CORRÊA NETTO, então Assistente do Comandante Militar do Sul, enviou mensagem, pelo *WhatsApp,* ao Coronel FABRÍCIO MOREIRA DE BASTOS: "*resolvi tomar uma iniciativa e conto com o apoio do NILTON para isso. Reunir alguns FE em funções chaves para termos uma conversa sobre como podemos influenciar nossos chefes. Para isso vamos fazer uma reunião em BSB*". FABRÍCIO BASTOS aderiu à proposta – "*Bora*" – e CORREA NETTO acrescentou: "*O Nilton está vendo onde*" (IPJ n. 4812470/2024).

Os diálogos confirmam a ideia de reunir exclusivamente militares com formação em Forças Especiais que poderiam, de algum modo, influenciar seus comandantes, valendo-se também dos seus conhecimentos táticos especializados. As mensagens faziam referência ao General NILTON DINIZ RODRIGUES, que assumira, no período, a função de Assistente do General Marco Antônio Freire Gomes. A necessidade do apoio de NILTON se justificava exatamente por sua proximidade com o Comandante do Exército, que notoriamente repelia ações intervencionistas.

Na sequência do diálogo, CORREA NETTO apresentou sugestões de nomes para participarem da reunião – "*Tenho alguns nomes a sugerir. Vê se você pensa em outros – Você – Cleverson – Eu – Drumond – Tocão – Felipe – Bernardo – Visconte – Cid – Schimidt*". Em resposta, o Coronel BASTOS sugeriu outros dois nomes: Deco e MÁRCIO RESENDE.[132]

MÁRCIO NUNES DE RESENDE JÚNIOR é Coronel do Exército, integrava o grupo de *whatsapp* "Dossss!!!!", administrado por MAURO CID, composto somente por oficiais das Forças Especiais.[133] Ao tempo, o

---

132 IPJ n. 4812470/2024.

133 Mensagens posteriores encontradas no grupo "Dossss!!!!", referentes aos dias 21.12.2022 e 4.1.2023, confirmaram que MÁRCIO RESENDE estava plenamente imbuído do dolo de ruptura violenta da ordem democrática e de concretização do Golpe de Estado. Confira-se (RAPJ n. 2272674/2023, fls. 63/64):

Coronel MÁRCIO RESENDE atuava no Estado-Maior do Exército sob ordens do General Valper Stumpf, militar integrante do Alto Comando, que também repudiou o intento golpista.[134] As mensagens que se seguiram revelam que a reunião planejada ocorreu no dia 28.11.2022, no salão de festas do edifício onde o Coronel MARCIO NUNES DE RESENDE JÚNIOR residia, situado na SQN 305, BL I, Asa Norte, Brasília/DF.

Em 28.11.2022, o Tenente-Coronel CORREA NETO encaminhou, às 10h52, mensagem para MAURO CID contendo o endereço e o horário da reunião: "*Salão de festas SQN 305 BL I 19:00. Hoje*". Ao receber as coordenadas, MAURO CID enviou três mensagens e as apagou na sequência, a tempo, porém, de que CORREA NETO respondesse "*Sim, claro*". Sobre o motivo da exclusão das mensagens, MAURO CID afirmou: "*Muitas coisas vazam*".[135]

Quanto aos participantes da reunião, MAURO CID perguntou: "*O do Estevão vai estar?*" e complementou: "*Ele é o mais importante*". CORREA NETO respondeu: "*Vai*"; "*Vai sim*" e, quando indagado por MAURO CID sobre quem seria, informou: "*Cleverson*", em referência ao Coronel de Infantaria, CLEVERSON NEY MAGALHÃES, lotado no COTER

MARCIO RESENDE: Se o Bolsonaro acionar o 142, não haverá general que segure as tropas. Ou participa ou pede pra sair!!! (2022-12-21 15:13:50 -03:00)

MARCIO RESENDE: Se a gente não tem coragem de enfrentar o cabeça de ovo e uma fraude eleitoral, vamos enfrentar quem??? (2022-12-21 18:57:59 03:00)

MARCIO RESENDE: Ainda acho que vcs estão com medo demais... Se alguém tiver lido nossas mensagens, vai preferir fingir que não leu. Primeiro que além desse grupo, existem milhares outros. Vão mandar prender ou punir todo mundo??? Na bucha eles preferem fingir que está tudo bem, que as FA não são golpistas. Nem o camarada *print* me preocupa. Vão fazer o que com isso? Talvez alguns carrapatos (E olha que tera que ser carrapato pra caralho, e muita gente). mas na prática ninguém quer mais instabilidade ainda. Imagina o AM mexendo nesse vespeiro!!! Ou imagina dentro da própria Força essa eventual caça às bruxas!!! = apagar fogo com gasolina. (2023-01-04 12:03:20 -03:00)

134 RAPJ n. 2272674/2023 e IPJ n. 481240/2024.

135 RAPJ n. 4401196/2023 e IPJ n. 4812470/2024.

(Comando de Operações Terrestres), assistente do General de Exército ESTEVAM CALS THEOPHILO GASPAR DE OLIVEIRA.[136]

A relevância da participação do Coronel CLEVERSON NEY MAGALHÃES na reunião se explica pelo fato de que, dentro do planejamento para implementação do golpe, a adesão do Comando de Operações Terrestres (COTER) seria de especial importância, por ser a unidade militar que coordena e prepara o emprego da Força Terrestre. Além disso, o seu comandante gozava de prestígio assinalado no Exército.

Os diálogos prosseguiram e MAURO CID questionou sobre a presença de outros militares assistentes de Generais da ativa: "*Do Julio?*", possivelmente se referindo ao General JÚLIO CÉSAR DE ARRUDA, então Chefe do Departamento de Engenharia e Construção. CORREA NETO respondeu: "*Não é FE*"; "*Só chamamos FE*", indicando que o militar não tinha o curso de Forças Especiais e, por isso, não se encaixava no perfil estratégico da reunião.[137]

MAURO CID, então, perguntou: "*Do espora dourada não né?*", ao que CORREA NETO indagou: "*Qual dos dois? O meu ou o outro?*" e foi respondido: "*O outro*". Mais uma vez, CORREA NETO explicou que o Assistente de General não iria à reunião por não ter passado pelas fileiras das Forças Especiais. O termo "espora dourada" é utilizado pelos interlocutores para identificar a arma a que o militar pertence, no caso, a Cavalaria. CORREA NETO, à época, assistia o General de Exército (Arma Cavalaria) Fernando José Sant'Ana Soares e Silva, atual Chefe do Estado Maior do Exército Brasileiro (RAPJ n. 4401196/2023 e IPJ n. 4812470/2024).

No momento em que conversava com MAURO CID, CORREA NETTO também trocava mensagens com FABRICIO BASTOS. Às 10h40 do dia 28.11.2022, CORRÊA NETTO informou ao Coronel BASTOS o endereço da reunião (salão de festas do Bloco I, da Quadra 305 Norte, na Asa Norte, em Brasília/DF) e, às 11h41, enviou o que seria um dos temas do encontro: a minuta de uma "*Carta ao Comandante do Exército de*

136 RAPJ n. 4401196/2023 e IPJ n. 4812470/2024.

137 RAPJ n. 4401196/2023 e IPJ n. 4812470/2024.

Oficiais Superiores da Ativa do Exército Brasileiro" (RAPJ n. 4401196/2023 e IPJ n. 4812470/2024).

O diálogo evidenciou que o documento já vinha sendo construído pelos denunciados para se referendado na reunião do dia 28.11.2022. Tratava-se de mais um instrumento de pressão sobre o Alto Comando do Exército. A análise dos aparelhos celulares apreendidos em poder de SERGIO CAVALIERE e RONALD FERREIRA DE ARAÚJO JÚNIOR e a nova perícia realizada no telefone celular de MAURO CID[138] [139] confirmaram a preparação prévia do arquivo e toda a dinâmica de confecção e divulgação da carta.

Em 26.11.2022, assim que tomou conhecimento sobre a ideia do documento, SÉRGIO CAVALIERE indagou a MAURO CID: *01 sabe disso?*", e foi respondido positivamente: "*sabe...*". A plena ciência de JAIR MESSIAS BOLSONARO sobre a ação dos denunciados foi confirmada no depoimento prestado por SÉRGIO RICARDO CAVALIERE DE MEDEIROS à Polícia Federal:[140]

> INDAGADO por qual motivo após o declarante falar com o Coronel de Infantaria ANDERSON LIMA DE MOURA perguntou: "o 01 sabe disso?", respondeu **QUE "01" era uma referência ao Presidente da República (JAIR MESSIAS BOLSONARO); QUE quis saber do TC MAURO CESAR BARBOSA CID se o Presidente tinha conhecimento da "Carta Aberta aos Oficiais"**, ou seja, se ele tinha conhecimento acerca desse assunto; **QUE acredita que o TC MAURO CESAR BARBOSA CID respondeu que sim, que o Presidente tinha conhecimento**; (sem grifos no original)

---

138 A perícia realizada no telefone celular de MAURO CID, materializada no Laudo Pericial n. 3113/2024, trouxe novas conversas do aplicativo *Whatsapp*. As mensagens encontradas estavam embaralhadas ("Scrambled"), apresentadas de forma aleatória e sem pontuação e acentuação. A análise pericial, porém, realizou o encadeamento lógico das frases e conseguiu reconstruir diálogos relevantes para as investigações (IIPJ n. 4812470/2024 e 4275089/2024).

139 SÉRGIO CAVALIERE informou a MAURO CID – "Falei com ele" – e indagou: "01 sabe disso?", ao que MAURO CID respondeu positivamente: "sabe...".

140 Termo de Declarações n. 696806/2024 (fls. 2.315/2.326, vol. 9).

No dia 28.11.2022, CAVALIERE e RONALD também conversaram sobre a carta. CAVALIERE afirmou que o documento havia sido enviado, até então, somente ao Comandante do Exército (EB), mas ironizou: "*Logicamente que, 'acidentalmente', irá vazar*". Em resposta, RONALD afirmou: "*é... a versão que vai sem querer parar na mão de alguém aí, que eu até já sei quem, ela vai também com os nomes*".

Sobre o vazamento, ambos demonstraram saber quem seria a pessoa a divulgar o documento, posteriormente descoberta pelas investigações, como sendo PAULO RENATO DE OLIVEIRA FIGUEIREDO FILHO, então integrante de programas de rádio e TV exibidos pela emissora Jovem Pan e influenciador com grande capacidade de penetração no meio militar, pelo fato de ser neto do ex- Presidente da República, o General João Baptista Figueiredo.

Como forma de preparar o ambiente para a publicização da Carta, que seria concluída na noite do dia 28.11.2022, os denunciados anteciparam seu conteúdo ao influenciador PAULO FIGUEIREDO. O objetivo era inserir os Comandantes resistentes ao golpe em uma máquina de amplificação de ataques pessoais e aumentar a adesão ao documento produzido. Os alvos eleitos passaram a ser objeto de disseminação de notícias falsas para a destruição de suas reputações, principalmente no meio militar, a fim de que cedessem à pressão pela ruptura institucional.

No dia 28.11.2022, às 11h08, CORREA NETTO enviou uma mensagem a MAURO CID, para que assistisse ao programa "Pingo nos Is", da emissora Jovem Pan, afirmando que algumas pessoas (militares) seriam expostas – "*Assista o Pongo nos Is hoje. O Prec, o Espora Dourada e o Bigode serão expostos*". MAURO CID respondeu prontamente: "*Eu sei...Hahhahaha*", evidenciando a sua atuação concertada com PAULO FIGUEIREDO.

De fato, em 28.11.2022, às 21h03, o denunciado PAULO FIGUEIREDO anunciou, em seu perfil (@realpfigueiredo) na plataforma Twitter (atualmente "X"): "*É hora de colocar Os Pingos nos Is – hoje vou falar sobre o verdadeiro clima entre os militares – e, com prometido, vou dar nomes aos bois!*" (RAPJ n. 4401196/2023 e IPJ n. 4812470/2024).

Durante a transmissão realizada em 28.11.2022,[141] PAULO RENATO DE OLIVEIRA FIGUEIREDO FILHO expôs os nomes do Comandante Militar do Nordeste, General Richard Fernandes Nunes; do Comandante Militar do Sudeste, Tomás Miguel Miné Ribeiro Paiva e do Comandante Militar do Sul, General Valério Stumpf Trindade.[142] O apresentador afirmou, na ocasião, que os três militares se posicionavam contra "*uma ação mais direta, mais contundente das Forças Armadas*" e ainda confirmou haver recebido a informação de fontes internas do Exército – "*nem sempre nós aqui como jornalistas nós podemos falar tudo que essas fontes contam né*".

Ainda na mesma transmissão, PAULO FIGUEIREDO confirmou sua plena ciência das ações desenvolvidas pela organização criminosa e antecipou a existência da Carta ao Comandante, que seria exposta no dia seguinte. O apresentador chegou a afirmar que obteve acesso a um rascunho da carta e complementou, como forma de incitar os militares: "*e eu posso dizer (...) que eu nunca vi tanto descontentamento, tanto consenso de descontentamento*".[143]

O influenciador buscou forjar um cenário de coesão dentro do Exército Brasileiro sobre a necessidade da intervenção armada, retratando os dissidentes como *desertores*, merecedores de repudio pessoal e virtual. Aderiu, pois, ao projeto golpista da organização criminosa, do qual tinha ciência prévia, e instrumentalizou a sua condição de comunicador para provocar a cooptação do Alto Comando do Exército ao movimento golpista.

Após o início da reunião do dia 28.11.2022, às 20h02, CORREA NETO enviou a MAURO CID, por meio do aplicativo *WhatsApp*, a "*Carta ao Comandante do Exército de Oficiais Superiores da Ativa do Exército Brasileiro*", possivelmente a versão final referendada pelos denunciados no encontro realizado. O documento apresentava data coincidente com

---

141 Conforme RAPJ n. 4401196/2023.

142 O apresentador se equivocou quanto ao Comandante Militar do Sul, que era, em verdade, o General Fernando José Sant'ana Soares e Silva.

143 RAPJ n. 4401196/2023 e IPJ n. 4812470/2024.

a da reunião e consistia em manifesto sinalizador de atuação armada no país.[144]

Os diálogos que se seguiram entre os denunciados reforçam a pauta ilícita da reunião. Quando recebeu o documento, MAURO CID solicitou a CORREA NETO: "*mandar as observações*". Em resposta, CORREA NETTO relembrou a MAURO CID o combinado de apagar o conteúdo solicitado – "*(...) Apaguei essa parada. Não combinamos de apagar?*" – e, no dia seguinte, sugeriu "*Depois a gente se fala por ligação*".[145]

Outras mensagens recuperadas[146] do aplicativo de *WhatsApp* de BERNARDO ROMÃO CORREA NETTO, igualmente compatíveis com o horário da reunião, não deixaram dúvidas sobre a pauta discutida no dia 28.11.2022 – planejar e executar ações concretas para garantir a assinatura do Decreto golpista e manter o então Presidente JAIR BOLSONARO no poder.

Identificou-se que os denunciados, durante a reunião, utilizaram-se do aplicativo *WhatsApp* como um bloco de notas para registrar os temas e objetivos debatidos. Duas mensagens de conteúdo similar foram enviadas por FABRÍCIO BASTOS a CORREA NETO, às 21h03 e às 21h52. A segunda mensagem apresentava o texto mais completo que a primeira, revelando o avanço dos debates realizados e a conclusão alcançada pelos denunciados (RAPJ n. 4401196/2023 e IPJ n. 4812470/2024):

---

144 RAPJ n. 4401196/2023.

145 RAPJ n. 4401196/2023 e IPJ n. 4812470/2024.

146 Registre-se que BERNARDO ROMÃO CORREA NETTO atuou em clara supressão de provas, ao entregar um telefone celular novo no momento de sua prisão, sem registros de dados contemporâneos aos fatos investigados. Não obstante, a Polícia Federal, mediante a execução da medida cautelar de quebra de sigilo telemático, obteve êxito em recuperar os dados do aplicativo *Whatsapp* utilizado por CORREA NETTO no período de interesse para as investigações.

Mensagem enviada às 21h03	Mensagem enviada às 21h52
Ideias Força 1. Falta de coesão dentro da Força - Nec de atuação no curtíssimo prazo 2. Nec de alertar os C Mil A acerca da realidade 3. Rlz ações concretas no campo informacional (Com estratégica) 4. O EB deverá falar com o Presidentes do Poder Legislativo e Judiciário 5.	Ideias Força 1. Falta de coesão dentro da Força - Nec de atuação no curtíssimo prazo 2. Nec de alertar os C Mil A acerca da realidade 3. Rlz ações concretas no campo informacional (Com estratégica) 4. Criação de Gab Crise, inicialmente no campo informacional (proposta no COTER) 5. O EB deverá falar com o Presidentes do Poder Legislativo e Judiciário Estado Final Desejado: o estabelecimento de laços de confiança ente o PR e o Cmt EB Centro de gravidade: Alexandre de Moraes

O texto final da mensagem dividia-se em três partes (Ideias Força, Estado Final Desejado e Centro de Gravidade) e continha propostas similares às encontradas em outros planejamentos do grupo – vistos nos tópicos anteriores –, reforçando o alinhamento ideológico da organização criminosa.

As "Ideias Força" seriam as situações identificadas pelos investigados como vulneráveis, que deveriam ser objeto de ações pelos militares, para que o Comando do Exército concedesse o suporte necessário ao então Presidente da República.

Nesse ponto, foram estabelecidas as seguintes ideias-força: "*1. Falta de coesão dentro da Força - Nec de atuação no curtíssimo prazo*"; "*2. Nec de alertar os C Mil A acerca da realidade*"; "*3. Rlz ações concretas no campo informacional (Com estratégica)*"; "*4. Criação de Gab Crise, inicialmente no campo informacional (proposta no COTER)*"; "*5. O EB deverá falar com o Presidentes do Poder Legislativo e Judiciário*".[147]

147 IPJ n. 4812470/2024.

Quanto ao tópico "1", os denunciados estabeleceram que a falta de coesão dentro do Exército demandaria ação prioritária. Ao que tudo indica, os denunciados se referiam aos generais que repudiaram a ideia do golpe em contraste com os militares simpatizantes da insurreição.

Em relação ao tópico "2", os denunciados definiram a necessidade de alertar os Comandantes Militares de Área sobre o que eles entendiam ser a "realidade". Registre-se que os Comandantes Militares de Áreas são os Generais de Exército que estão à frente dos Comandos Militares da Amazônia, Leste, Nordeste, Norte, Oeste, Planalto, Sul e Sudeste, identificados como contrários ao movimento reelde e que deveriam ser objeto de ação de convencimento.

No tocante ao tópico "3", os denunciados programaram a realização de ações concretas no campo informacional (Comunicação estratégica). De acordo com o caderno de Ensino do Departamento de Educação e Cultura do Exército, a Comunicação Estratégica militar é:[148]

> a atividade na qual as Forças Armadas (FA) devem realizar esforços deliberados para atuar sobre os públicos designados para criar, fortalecer ou preservar condições favoráveis ao avanço dos interesses, políticas e objetivos da nação, afetando percepções, atitudes e comportamentos. Ela deve ser implementada através do alinhamento de ações, imagens e palavras e da sincronização do poder militar com todos os elementos do PN, incluindo ações militares, para alcançar objetivos estratégicos e é, portanto, integral ao planejamento e condução de todas as operações e atividades militares.

A menção à comunicação estratégica reforça que os denunciados empregaram os conhecimentos adquiridos na atividade militar para incitar os integrantes das Forças Armadas e criar ambiente propício para completar o golpe.

No tópico "4", os denunciados previram a criação de um Gabinete de Crise, inicialmente no campo informacional, com a ideia de ser

---

148 Disponível em: https://bdex.eb.mil.br/jspui/bitstream/123456789/12351/3/EB60_CE_11001_Comunicacao%20Estrategica_%20Ed%202023.pdf. Acesso em 18.2.2025.

instalado no COTER. A previsão reforça o motivo de MAURO CID considerar o Coronel CLEVERSON NEY MAGALHÃES, então assessor do Comandante do COTER, como o assistente de comandante mais importante a participar da reunião.

Como última ideia-força, os denunciados definiram, no tópico "5", a necessidade de o Exército Brasileiro falar com os Presidentes dos Poderes Legislativo e Judiciário.[149]

Fixados os cinco pontos de ação, a mensagem descreveu o que seria o Estado Final Desejado: "*o estabelecimento de laços de confiança entre o PR* [Presidente da República] *e o Cmt EB* [Comandante do Exército Brasileiro]", claramente a fim de garantir as condições necessárias para a assinatura do Decreto presidencial e a consumação do golpe.

Ao final, os denunciados elegeram o Ministro Alexandre de Moraes como "centro de gravidade",[150] jargão assim definido no glossário de Termos e Expressões para Uso no Exército (2018):

> Centro de Gravidade (CG)" significa "Fonte de força, poder e resistência física ou moral que confere ao contendor, em última análise, a liberdade de ação para utilizar integralmente seu poder de combate. O CG, uma vez conquistado ou atingido, poderá resultar no desmoronamento da estrutura de poder, uma vez que se trata de um ponto de equilíbrio que dá coesão às forças, à estrutura de poder e à resistência do adversário, sustendo o seu esforço de combate. Existe em todos os níveis de condução da guerra.

A fixação de um "centro de gravidade" reforça a concepção dos denunciados de que se encontravam em situação de "guerra", com necessidade de uso da força. A indicação do Ministro Alexandre de Moraes como alvo não deixa dúvida sobre a previsão de violência nas ações de "*neutralização*".

Logo após o término da reunião, iniciaram-se as ações no campo informacional previstas pelos denunciados. Em 29.11.2022, às 00h38,

---

149 IPJ n. 4812470/2024.

150 IPJ n. 4812470/2024.

o Coronel ANDERSON LIMA DE MOURA encaminhou para MAURO CID o *link* para assinatura da Carta no sítio "petição online", seguida de outra mensagem incitando a subscrição do documento, e afirmou "*Disparado*". MAURO CID enviou conteúdo idêntico ao seu próprio celular pelo aplicativo W*hatsApp*:[151]

> Mauro Cid:
> Concitamos a todos os senhores e senhoras que, conscientes do momento conturbado que vive a nossa Nação, leiam a CARTA DOS OFICIAIS SUPERIORES AO COMANDANTE DO EXÉRCITO BRASILEIRO, por meio do *link* que acompanha a presente mensagem, e a subscreva. Deixemos de lado nossos interesses particulares ou profissionais e, despindo-nos de qualquer tipo de vaidade, pensemos no futuro próspero para os nossos filhos e para nossa Nação. O que está em jogo é a nossa liberdade, a segurança nacional e a soberania do Brasil. Faça sua parte! Eu já fiz a minha! (2022-11-29 05:45:13 -03:00)

Além disso, como já havia sido previsto pelos denunciados, a Carta foi disponibilizada a PAULO RENATO DE OLIVEIRA FIGUEIREDO FILHO, para divulgação em seus programas, com o objetivo de pressionar os comandantes resistentes ao Golpe de Estado. No dia 29.11.2022, às 13h48, PAULO FIGUEIREDO anunciou em seu perfil no antigo *Twitter* (@realpfigueiredo):

---

151 RAPJ n. 4401196/2023 e IPJ n. 4812470/2024.

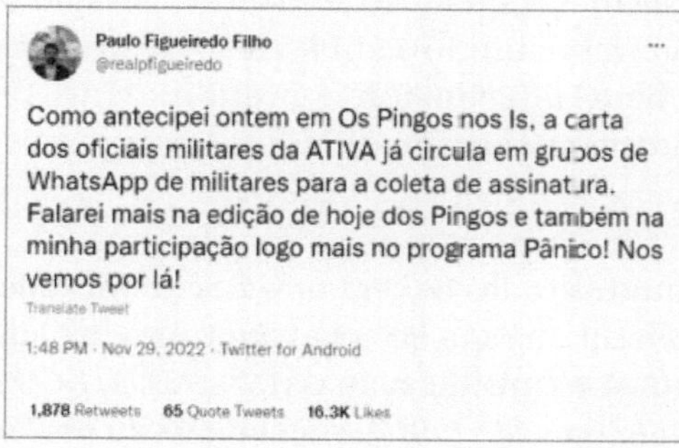

Paulo Figueiredo Filho
@realpfigueiredo

Como antecipei ontem em Os Pingos nos Is, a carta dos oficiais militares da ATIVA já circula em grupos de WhatsApp de militares para a coleta de assinatura. Falarei mais na edição de hoje dos Pingos e também na minha participação logo mais no programa Pânico! Nos vemos por lá!

Translate Tweet

1:48 PM · Nov 29, 2022 · Twitter for Android

1,878 Retweets 65 Quote Tweets 16.3K Likes

Igualmente no dia 29.11.2022, o Tenente-Coronel SÉRGIO CAVALIERE repassou para MAURO CID advertência feita pelo Comandante do Comando Militar do Sul aos seus subordinados – "*Srs bom dia Alertem aos seus subordinados que adesão a esse tipo de iniciativa é inconcebível. Eventuais adesões de militares da ativa serão tratadas, no âmbito do CMS, na forma da lei, sem contemporizações*"; "*Msg Cmt Mil Sul*" – e MAURO CID respondeu que o alerta "*Já era esperado*" (RAPJ n. 4401196/2023 e IPJ n. 4812470/2024).

O diálogo prosseguiu, reforçando a ciência de JAIR BOLSONARO sobre a ação golpista. SÉRGIO CAVALIERE ponderou: "*Espero que o PR não se esqueça dos que estão indo para o sacrifício*". Em resposta, MAURO CID confirmou o endosso do então Presidente da República à iniciativa: "*Cara, ele mesmo sabe o que é isso, né. Ele tomou vinte dias de cadeia quando era Capitão, porque escreveu carta à Veja. Foi pra Conselho de Justificação porque botaram na conta dele aquela, aquela operação pra, pra explodir Guandu, né. Se fodeu a vida toda. Então, ele sabe o que que é*" (RAPJ n. 4401196/2023 e IPJ n. 4812470/2024).

Em depoimento prestado à Polícia Federal,[152] SÉRGIO CAVALIERE confirmou que "PR" era uma referência ao então Presidente JAIR MESSIAS BOLSONARO:

152 Termo de Declarações n. 696806/2024 (fls. 2.315/2.326, vol. 9).

> INDAGADO sobre ao que se referia quando afirmou a MAURO CID ''Espero que o PR não se esqueça dos que estão indo para o sacrifício'' respondeu QUE " PR", nesse caso, trata-se do Presidente da República (JAIR MESSIAS BOLSONARO); QUE sacrifício se relacionava com as consequências que os militares sofreriam, caso aderissem à "Carta Aberta dos Oficiais";

O então Comandante do Exército, General Marco Antônio Freire Gomes, também confirmou à Polícia Federal os achados da investigação,[153] afirmando que a publicação da "*CARTA AO COMANDANTE DO EXÉRCITO DE OFICIAIS SUPERIORES DA ATIVA DO EXÉRCITO BRASILEIRO*", no dia 28.11.2022, foi realizada para pressioná-lo a aderir ao Golpe de Estado:

> INDAGADO se a publicação no dia 28.11.2022 do documento intitulado "CARTA AO COMANDANTE DO EXÉRCITO DE OFICIAIS SUPERIORES DA ATIVA DO EXÉRCITO BRASILEIRO" foi feita para pressionar o DEPOENTE a aderir ao Golpe de Estado respondeu QUE sim; INDAGADO se considera lícito oficiais da ativa das Forças Armadas emitirem manifestação política como a descrita na "CARTA AO COMANDANTE DO EXÉRCITO DE OFICIAIS SUPERIORES DA ATIVA DO EXÉRCITO BRASILEIRO", respondeu QUE não; QUE não é permitido qualquer manifestação política a oficiais da ativa;

O General acrescentou que houve, inicialmente, tentativa de convencimento pacífica, mas, tendo ele resistido, passaram aos ataques incisivos. O depoente reforçou que PAULO FIGUEIREDO foi um dos responsáveis pelos ataques pessoais e caluniosos que recebeu:

> QUE primeiramente tentaram convencer os comandantes a aderirem ao plano de Golpe de Estado; QUE posteriormente, após verificarem que os Comandantes não iriam aceitar qualquer ato atentatório à Democracia, começaram a realizar ataques pessoais, inclusive ao

---

153 Termo de Depoimento n. 826726/2024 (fls. 2.258/2.279, vol. 9).

> depoente; QUE se recorda que recebeu ataques pessoais e calúnias do economista PAULO FIGUEIREDO por não ter aderido a uma tentativa de Golpe de Estado; QUE ele possivelmente estava atuando no interesse de pessoas que queriam uma ruptura institucional no Brasil, sob o pretexto de "ações mais contundentes";

Os intensos mecanismos de pressão adotados contra o Alto Comando do Exército sinalizavam a aproximação dos atos derradeiros do processo da sedição.

Intensificação das ações militares. A chegada de dezembro de 2022.

A chegada do mês de dezembro e a proximidade da posse do novo Presidente eleito apressou as ações da organização. Intensificaram-se, a partir do dia 6.12.2022, os atos de monitoramento do Ministro Alexandre de Moraes voltados à ação de "neutralização" programada para poucos dias depois (15.12.2022).

O atentado ao Ministro do Supremo Tribunal Federal serviria para restringir de forma violenta o livre exercício dos poderes constitucionais, submetendo-os ao medo, em acinte à estrutura democrática.

Além disso, os denunciados sabiam que a denominada "ação de neutralização" geraria a comoção social necessária para a assinatura do Decreto elaborado pelo grupo. O documento jurídico seria o instrumento para impedir o governo legitimamente eleito de assumir o Poder, desde que as Forças Armadas colocassem suas tropas à disposição da organização criminosa. Por esse motivo, também a partir de 6.12.2022, foram concluídas as reuniões de preparação do Decreto, para posterior apresentação aos militares de alta patente.

Decreto Golpista e apresentação aos Comandantes das Forças Armadas

No dia 6.12.2022, o colaborador MAURO CID confirmou que JAIR MESSIAS BOLSONARO recebeu de FILIPE GARCIA MARTINS a minuta de Decreto que detalhava diversos "considerandos" (fundamentos dos atos a serem implementados), apontando supostas interferências do

Poder Judiciário no Poder Executivo e decretando, no final, a realização de novas eleições. Impunha também a prisão de autoridades, entre elas os Ministros do STF Alexandre de Moraes e Gilmar Mendes e o Presidente do Senado Rodrigo Pacheco. De acordo com o colaborador, JAIR BOLSONARO fez, adiante, ajustes na minuta, submetendo à prisão apenas o Ministro Alexandre de Moraes e se limitando à realização de novas eleições presidenciais.[154]

Com o Decreto concluído, JAIR BOLSONARO iniciou a fase de reuniões com os militares de alta patente, a fim de lhes apresentar o documento e de convencê-los a fornecer o suporte necessário.

No dia 7.12.2022, o Decreto foi apresentado pela primeira vez a integrantes do alto escalão do Governo Federal. As informações prestadas pelo colaborador MAURO CID indicam que a primeira versão do documento foi submetida à apreciação de representantes das Forças Armadas em reunião realizada no Palácio da Alvorada, na manhã do dia 7.12.2022. Na ocasião, JAIR BOLSONARO, com auxílio de FILIPE GARCIA MARTINS PEREIRA, apresentou a minuta ao General Freire Gomes, ao Almirante de Esquadra ALMIR GARNIER SANTOS e ao General e Ministro da Defesa PAULO SERGIO NOGUEIRA DE OLIVEIRA.[155]

A dinâmica dos fatos apresentada por MAURO CID encontra amparo nos registros de entrada e saída do portão principal do Palácio da Alvorada. Os dados obtidos revelam que, no dia 7.12.2022, o General PAULO SERGIO NOGUEIRA DE OLIVEIRA chegou ao Palácio às 8h25, seguido por FILIPE GARCIA MARTINS PEREIRA, General Freire Gomes e Almirante de Esquadra ALMIR GARNIER SANTOS, que chegaram juntos às 8h34. MAURO CID já se encontrava no local desde as 7h11.

A realização da reunião no dia 7.12.2022 foi confirmada pelo General Freire Gomes, em seu depoimento à Polícia Federal, no qual relatou ter sido JAIR MESSIAS BOLSONARO quem o convocou, por intermédio do Ministro da Defesa PAULO SERGIO NOGUEIRA DE OLIVEIRA.

---

154 Termo de Depoimento n. 3576708/2023 – CGCINT/DIP/PF.

155 Ausência do Tenente-Brigadeiro Baptista Junior, que se encontrava, naquela data, na Academia da Força Aérea Brasileira na cidade de Pirassununga/SP, proferindo aula para cadetes (Termo de Depoimento n. 603105/2024 – CGCINT/DIP/PF).

Confirmou, também, a lista de presentes informada por MAURO CID e indicada nos registros de entrada e saída fornecidos pelo GSI/PR. Segundo o General, FILIPE GARCIA MARTINS PEREIRA ficou encarregado da leitura do decreto, expondo os fundamentos "técnicos" da minuta.[156]

A realização da reunião de 7.12.2022 também foi confirmada pelos dados armazenados no serviço de nuvem pertencente ao General MÁRIO FERNANDES, então Secretário-Executivo da Secretaria-Geral da Presidência da República. Às 9h09 do dia 7.12.2022 – ou seja, durante a apresentação do decreto golpista –, MÁRIO FERNANDES encaminhou mensagem de áudio a MAURO CID de seguinte teor: "*Cid, acho que você está tendo uma reunião importante aí agora no Alvorada*".

Na ocasião, MÁRIO FERNANDES pediu a MAURO CID que mostrasse a JAIR BOLSONARO um vídeo (não recuperado) durante a reunião, afirmando que "*(...) a história é marcada por momentos como esse que nós estamos vivendo agora*". No mesmo horário, MÁRIO FERNANDES enviou mensagens de conteúdo similar ao General BRAGA NETTO e ao Capitão Sérgio Rocha Cordeiro. Após a apresentação do decreto, enviou a seguinte mensagem ao seu Secretário-Geral da Presidência da República, General Ramos: "*Kid Preto, falei com o Renato, o decreto é real, foi despachado ontem com o presidente*".

Nos dispositivos eletrônicos de MAURO CID,[157] foram encontrados registros fotográficos de uma versão do Decreto golpista. O arquivo apresentava uma série de digressões sobre o texto constitucional e apontava supostas ilegalidades praticadas pelo Poder Judiciário no contexto das eleições presidenciais de 2022, determinando a decretação de Estado de Sítio e a deflagração de Operação de Garantia da Lei e da Ordem. A última página da minuta, contudo, encontrava-se parcialmente obstruída por um papel que, propositalmente, ocultava as provisões finais:

---

156 Termo de Depoimento n. 826726/2024 – CGCINT/DIP/PF, grifos acrescidos.

157 RAPJ n. 2272674/2023.

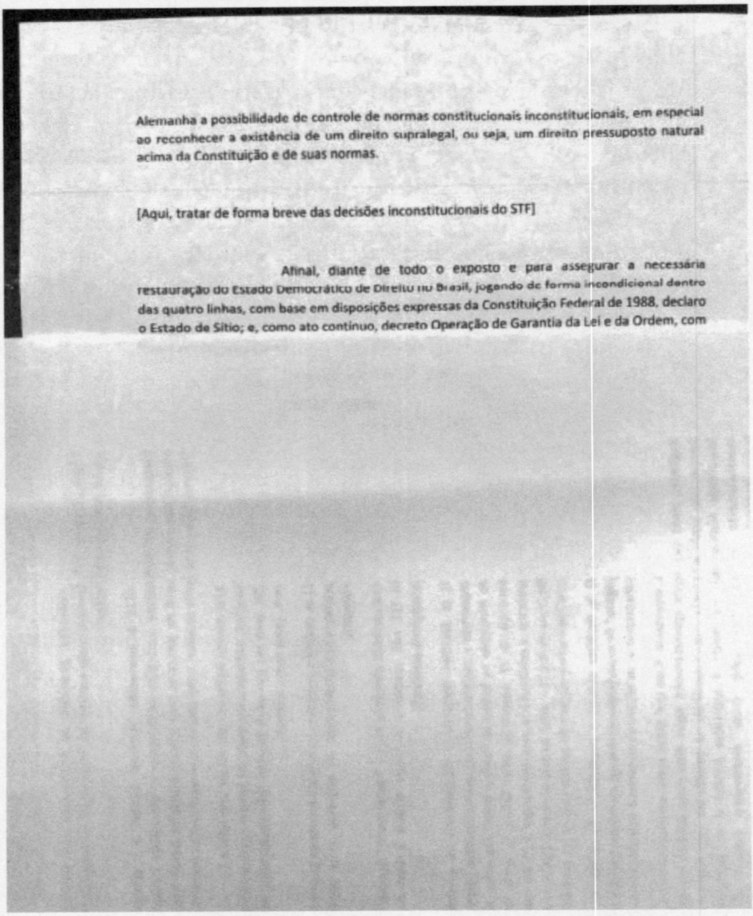

Alemanha a possibilidade de controle de normas constitucionais inconstitucionais, em especial ao reconhecer a existência de um direito supralegal, ou seja, um direito pressuposto natural acima da Constituição e de suas normas.

[Aqui, tratar de forma breve das decisões inconstitucionais do STF]

Afinal, diante de todo o exposto e para assegurar a necessária restauração do Estado Democrático de Direito no Brasil, jogando de forma incondicional dentro das quatro linhas, com base em disposições expressas da Constituição Federal de 1988, declaro o Estado de Sítio; e, como ato contínuo, decreto Operação de Garantia da Lei e da Ordem, com

Eis os trechos mais relevantes extraídos das imagens encontradas:

> Ordem e Progresso: o lema de nossa bandeira requer nossa constante luta pela "segurança jurídica" e pela "liberdade" no Brasil, uma vez que não há ordem sem segurança jurídica, nem progresso sem liberdade.
>
> (...)

Enquanto "guardiões da Constituição", **os Ministros do Supremo Tribunal Federal, STF, também estão sujeitos ao "Princípio da Moralidade", inclusive quando promovem o ativismo judicial.**
Aliás, o desmedido "ativismo judicial" e a aparente "legalidade" (desprovidas de legitimidade; contrárias ao Princípio da Moralidade Institucional; e, assim, injustas) não podem servir de pretextos para a desvirtuação da ordem constitucional pelos Tribunais Superiores, senão vejamos, entre outros, algumas situações recentes:

1) as normas ilegítimas autorizando a atuação de juízes suspeitos (nestas eleições, **o Ministro Alexandre de Moraes nunca poderia ter presidido o TSE, uma vez que ele e Geraldo Alckmin possuem vínculos de longa data, como todos sabem**);
2) as decisões ilegítimas permitindo a censura prévia (restringindo as prerrogativas profissionais da imprensa e de parlamentares, por exemplo);
4) as decisões afastando muitas "causas justas" da apreciação da Justiça (**o TSE não apurou a denúncia relativa à falta de inserções de propaganda eleitoral**);
3) as decisões limitando a transparência do processo eleitoral e impedindo o reconhecimento de sua legitimidade (**impedindo o acesso do Ministério da Defesa ao "código fonte" das urnas, não apurando a denúncia do PL quanto às urnas velhas; e, ainda, impondo multa arbitrária e confiscatória para constranger o PL em razão de suposta litigância de má-fé – aliás, os dois primeiros dígitos da multa imposta coincidem com o número do partido político em questão**); e
4) as decisões abrindo a possibilidade de revisão do "trânsito em julgado" de importantes matérias já pacificadas pelo STF (notadamente, para prejudicar os interesses de certos e determinados contribuintes).

É importante dizer que todas estas supostas normas e decisões são ilegítimas, ainda que sejam aparentemente legais e/ou supostamente constitucionais, isto porque são verdadeiramente inconstitucionais na medida em que ferem o Princípio da Moralidade Institucional:

> maculando a segurança jurídica e na prática se revelando manifestamente injustas.
>
> (...)
>
> **Afinal, diante de todo o exposto e para assegurar a necessária restauração do Estado Democrático de Direito no Brasil, jogando de forma incondicional dentro das quatro linhas, com base em disposições expressas da Constituição Federal de 1988, declaro o Estado de Sítio: e, como ato contínuo, decreto Operação de Garantia da Lei e da Ordem.**[158]

Durante a oitiva do General Freire Gomes, a autoridade policial lhe apresentou o arquivo encontrado nos dispositivos eletrônicos de MAURO CID. Após analisar o documento, o depoente confirmou se tratar do material que lhe fora mostrado na reunião do dia 7.12.2022.

Segundo o General Freire Gomes, FILIPE GARCIA MARTINS PEREIRA se retirou da sala após a leitura do texto e a reunião prosseguiu com a presença apenas de JAIR BOLSONARO e dos militares convocados. O então Comandante do Exército ressaltou que "*(...) sempre deixou evidenciado ao então Presidente da República JAIR BOLSONARO, que o Exército não participaria na implementação desses institutos jurídicos visando reverter o processo eleitoral*".[159] Informou que, no final da reunião, JAIR BOLSONARO disse aos presentes "*(...) que o documento estava em estudo e depois reportaria a evolução aos Comandantes*".[160]

Após a primeira apresentação, JAIR BOLSONARO dedicou- se a fazer ajustes no texto do Decreto, a fim de obter maior apoio por parte das Forças Armadas. Na manhã do dia 9.12.2022, reuniu-se com MARCELO CÂMARA, FILIPE GARCIA MARTINS PEREIRA e BRAGA NETTO no Palácio da Alvorada,[161] oportunidade em que decidiu dar seguimento ao plano golpista.

Uma das estratégias adotadas por JAIR BOLSONARO e seus subordinados, na manhã do dia 9.12.2022, para contornar a oposição do

---

158 RAPJ n. 2272674/2023, grifos acrescidos.

159 Termo de Depoimento n. 826726/2024 – CGCINT/DIP/PF.

160 Termo de Depoimento n. 826726/2024 – CGCINT/DIP/PF.

161 Registros de entrada e saída no Palácio da Alvorada fornecidos pelo GSI/PR.

General Freire Gomes ao Golpe de Estado, foi procurar apoio junto a outros integrantes do Alto Comando do Exército. Às 9h32, MAURO CID enviou mensagem de áudio ao General Freire Gomes, informando-o de que JAIR BOLSONARO havia "enxugado" o texto do decreto e convocado uma reunião com o General ESTEVAM CALS THEOPHILO GASPAR DE OLIVEIRA, então Comandante do Comando de Operações Terrestres (COTER):

> Boa tarde, General! Só para atualizar o senhor que vem acontecendo é o seguinte. **O presidente tem recebido várias pressões para tomar uma medida mais, mais pesada onde ele vai, obviamente, utilizando as forças, né?** Mas ele sabe, ele ainda continua com aquela ideia que ele saiu da última reunião, mas a pressão que ele recebe é de todo mundo. Ele está... É cara do agro. São alguns deputados, né? É né... Então é a pressão que ele tem recebido é muito grande. **É hoje o que que ele fez hoje de manhã? Ele enxugou o decreto né? Aqueles considerandos que o senhor viu e enxugou o decreto, fez um decreto muito mais, é, resumido, né? E o que ele comentou de falar com o General Theóphilo? Na verdade, ele quer conversar.** Ele gosta, ele gosta de bater papo, né? Acho que de alguma forma como ele está sem sair do Alvorada, como ele está preso no Alvorada, ali... É uma maneira que ele tem de, de desopilar ou de, de... Tocar para frente. **Porque se não for, se a força não incendiar, é o status quo mantém aí como o que estava previsto, que estava sendo feito, que estava sendo levado nas reuniões em consideração, tá?** Sim, é, mas obviamente tem muita gente (...).[162]

Em seu depoimento, Freire Gomes confirmou que tomou conhecimento da ida do General ESTEVAM CALS THEOPHILO GASPAR DE OLIVEIRA ao Palácio da Alvorada por meio da mensagem de áudio enviada por MAURO CID no dia 9.12.2022. Freire Gomes ressaltou que não sabia o motivo da reunião e que não partiu dele a ordem para que ESTEVAM CALS THEOPHILO GASPAR DE OLIVEIRA fosse até a residência presidencial. Salientou ter ficado "*(...) desconfortável com o*

162 IPJ-RA n. 4401196/2023 – SAOP/DICINT/CCINT/CGCINT/DIP/PF.

episódio, por desconhecer o teor da convocação e considerando o conteúdo apresentado nas reuniões anteriores”.[163]

O “desconforto” relatado por Freire Gomes se devia ao fato de que o General ESTEVAM CALS THEOPHILO GASPAR DE OLIVEIRA possuía grande prestígio no meio militar. O seu apoio ao plano de ruptura institucional significava, àquela altura, a possibilidade de consumação do golpe de Estado.

O COTER, que tinha à frente o General THEOPHILO, é o órgão do Exército encarregado de orientar e coordenar o emprego das forças terrestres. Trata-se de Órgão de Direção Operacional do Exército[164] ao qual o Comando de Operações Especiais (COPESP), sediado em Goiânia/GO, é vinculado para fins de preparo e emprego. Subordinadas ao Comando de Operações Especiais estão as unidades que “*integram a Força de Ação Rápida Estratégica e apoiam as operações de todos os Comandos Militares de Área do Exército Brasileiro*”, entre elas, o 1º Batalhão de Forças Especiais.[165] O COTER era, portanto, órgão relevante para a implementação do plano golpista, especialmente na execução de ações sensíveis, como a da prisão do Ministro Alexandre de Moraes.

Às 11h11 do dia 9.12.2022, o Tenente-Coronel CORREA NETTO encaminhou para MAURO CID o contato do Coronel CLEVERSON NEY MAGALHAES, à época assistente do General ESTEVAM CALS THEOPHILO GASPAR DE OLIVEIRA, para marcar a reunião do Comandante do COTER com JAIR BOLSONARO, no fim da tarde.[166]

---

163 Termo de Depoimento n. 826726/2024 – CGCINT/DIP/PF.

164 Art. 1º do Regulamento do Comando de Operações Terrestres – Portaria n; 914, de 24 de junho de 2019.

165 A propósito, confira-se: <http://copesp.eb.mil.br/index.php/institucional-2> acesso em 22.1.2025.

166 Importante frisar que o Coronel CLEVERSON NEY MAGALHÃES estava ciente das ações que estavam sendo realizadas para concretizar a ruptura institucional almejada pela organização criminosa, tendo participado da reunião ocorrida no dia 28.11.2022 em Brasília. Nessa reunião, definiu-se um conjunto de ações com o objetivo de contribuir para que o Exército aderisse ao Golpe de Estado.

Não por acaso, nesse mesmo dia, no período da tarde, pouco antes da reunião agendada, JAIR BOLSONARO fez a sua primeira aparição pública desde o anúncio da derrota eleitoral, ocasião em que centenas de apoiadores se deslocaram até a residência oficial para ouvi-lo.[167] Em seu discurso, JAIR BOLSONARO garantiu aos manifestantes que, com o apoio das Forças Armadas, tomaria providências para reverter o resultado do processo eleitoral:

> (...) **Tenho certeza que entre as minhas funções garantidas na Constituição é ser o Chefe Supremo das Forças Armadas.** As Forças Armadas são essenciais em qualquer país do mundo. Sempre disse ao longo desses quatro anos que **as Forças Armadas são o último obstáculo para o socialismo. As Forças Armadas, tenho certeza, estão unidas.** As Forças Armadas devem, assim como eu, lealdade ao nosso povo, respeito à Constituição. Então, um dos grandes responsáveis pela nossa liberdade.
> (...) **As decisões quando são exclusivamente nossas são menos difíceis e menos dolorosas. Mas quando elas passam por outros setores da sociedade elas são mais difíceis e devem ser trabalhadas. Se algo der errado é porque eu perdi a minha liderança.** Eu me responsabilizo pelos meus erros, mas peço a vocês não critiquem sem ter certeza absoluta do que está acontecendo. (...) **Todos nós sabemos o que aconteceu ao longo desses quatro anos, ao longo do período eleitoral e o que foi anunciado pelo TSE** (...). Nós temos assistido, dia após dia, absurdos acontecerem aqui em nossa pátria (...). E hoje estão vivendo um momento crucial. Uma encruzilhada. Um destino que o povo tem que tomar. **Quem decide o meu futuro, pra onde eu vou são vocês! Quem decide para onde vai as Forças Armadas são vocês!**[168]

Como combinado, no dia 9.12.2022, o General ESTEVAM CALS THEOPHILO GASPAR DE OLIVEIRA esteve no Palácio da Alvorada das

---

167 IPJ-RA n. 4401196/2023 – SAOP/DICINT/CCINT/CGCINT/DIP/PF.

168 IPJ-RA n. 4401196/2023 – SAOP/DICINT/CCINT/CGCINT/DIP/PF.

18h25 às 19h18.[169] Durante esse período, MAURO CID e o Tenente-Coronel CORREA NETTO trocaram mensagens sobre o andamento da reunião.[170] Às 18h57, CORREA NETTO perguntou a MAURO CID: "*e aí, vai ou não vai?*", ao que MAURO CID respondeu: "*dia a dia... As coisas estão sendo construídas*". CORREA NETTO indagou se a conversa havia sido positiva e alertou que "*dia a dia vai chegar dia 12 kkkkk*", apontando a conveniência de consumarem o golpe de Estado antes da diplomação de Lula e Alckmin.

MAURO CID respondeu que o encontro ainda não havia terminado e disse: "*mas ele quer fazer... Desde que o Pr assine*", confirmando que ESTEVAM CALS THEOPHILO GASPAR DE OLIVEIRA se comprometera a executar as medidas necessárias para a consumação da ruptura institucional, caso o decreto fosse assinado por JAIR BOLSONARO.

Ao final da conversa, CORREA NETTO perguntou sobre o apoio do General Freire Gomes ao golpe. MAURO CID respondeu: "*difícil ainda...*" e CORREA NETTO desabafou "*Que merda, velho! Na bucha é melhor parar de ter esperança, deixar o País se foder e torcer para que os responsáveis pela inação paguem mais caro que o resto*". MAURO CID reiterou a sua confiança na evolução do plano: "*dia a dia... passo a passo. Já esteve pior...*".

Nos dias seguintes, JAIR BOLSONARO voltou a se manifestar no Palácio da Alvorada. Em pronunciamento realizado em 12.12.2022, manifestantes erguiam faixas com os dizeres "*INTERVENÇÃO MILITAR COM BOLSONARO NO PODER! MILITARY INTERVENTION WITH BOLSONARO IN POWER*".[171]

Em paralelo, os denunciados prosseguiam nas interlocuções com os Comandantes das Forças Armadas. As investigações apuraram uma série de encontros, nem todos com data especificada, voltados à apresentação das medidas excepcionais. Os ex-Comandantes do Exército e

---

169 Registros de entrada e saída no Palácio da Alvorada fornecidos pelo GSI/PR.

170 Os registros fornecidos pelo GSI/PR apontam que MAURO CID estava na residência oficial durante a reunião entre JAIR BOLSONARO e ESTEVAM CALS THEOPHILO GASPAR DE OLIVEIRA, tendo permanecido no local entre 9h45 e 20h23.

171 IPJ-RA n. 4401196/2023 – SAOP/DICINT/CCINT/CGCINT/DIP/PF.

da Aeronáutica mencionaram, por exemplo, reuniões com a participação de ANDERSON GUSTAVO TORRES, em que foi debatida a utilização de instrumentos como Garantia da Lei e da Ordem (GLO) e Estado de Defesa. Segundo os depoentes, ANDERSON TORRES apresentava fundamentos jurídicos para adoção de tais medidas, se houvesse a assinatura do Decreto.

Dos encontros realizados, há evidências minuciosas de reunião ocorrida no dia 14.12.2022, onde uma nova versão do decreto golpista, já com os ajustes feitos por JAIR BOLSONARO, foi apresentada pelo General PAULO SERGIO NOGUEIRA DE OLIVEIRA aos Comandantes das três Forças Armadas. A reunião tinha o intuito de pressionar novamente os militares a aderirem à insurreição, garantindo, assim, o suporte armado para as medidas de exceção que deveriam ser adotadas.

No seu acordo de colaboração premiada, MAURO CID relatou que a reunião de 14.12.2022 ocorreu no gabinete do Ministro da Defesa, presentes apenas o General PAULO SERGIO NOGUEIRA DE OLIVEIRA, o General Freire Gomes, o Tenente-Brigadeiro Baptista Junior e o Almirante de Esquadra ALMIR GARNIER SANTOS.[172] De acordo com a descrição feita pelo colaborador, o General PAULO SERGIO NOGUEIRA DE OLIVEIRA ficou encarregado de apresentar a nova versão do decreto golpista aos chefes militares.

O relato do colaborador foi confirmado por outros meios de prova. Em termo de depoimento prestado à Polícia Federal, o Tenente- Brigadeiro Baptista Junior, comandante da Aeronáutica, confirmou ter sido convocado pelo General PAULO SERGIO NOGUEIRA DE OLIVEIRA para uma reunião no Ministério da Defesa na manhã do dia 14.12.2022, com os Comandantes das demais Forças Militares. O depoente ratificou as informações prestadas por MAURO CID e confirmou que o então Ministro da Defesa apresentou aos Comandantes a minuta de um decreto presidencial.[173]

O Tenente-Brigadeiro ainda descreveu a dinâmica da apresentação do decreto pelo General PAULO SERGIO NOGUEIRA DE OLIVEIRA.

---

172 Termo de Depoimento n. 1285929/2024 – CGCINT/DIP/PF.

173 Termo de Depoimento n. 603105/2024 – CGCINT/DIP/PF.

Relatou ter perguntado ao Ministro da Defesa se o Decreto previa "*(...) a não assunção do cargo pelo novo presidente eleito*", momento em que este permaneceu em silêncio, evidenciando que havia uma ordem impedindo a posse do novo governo. O depoente disse ter afirmado ao Ministro da Defesa que não receberia o documento e que a Aeronáutica não admitiria um golpe de Estado, retirando-se da sala. Baptista Junior acrescentou que o General Freire Gomes também se recusou a analisar o conteúdo da minuta.[174]

O depoimento prestado pelo General Freire Gomes vai ao encontro da narrativa apresentada pelo Tenente-Brigadeiro Baptista Junior. O Comandante do Exército confirmou a apresentação por PAULO SERGIO NOGUEIRA DE OLIVEIRA de uma minuta de decreto mais abrangente do que a que fora apresentada por JAIR BOLSONARO no dia 7.12.2022, prevendo a decretação de Estado de Defesa e a criação da "Comissão de Regularidade Eleitoral", com a finalidade de apurar a "*conformidade e legalidade do processo eleitoral*".

Tratava-se da minuta de Decreto apreendida na residência do ex-Ministro da Justiça ANDERSON TORRES, a seguir transcrita:

> Decreta Estado de Defesa, previsto nos arts. 136, 140 e 141 da Constituição Federal, com vistas a restabelecer a ordem e a paz institucional, a ser aplicado no âmbito do Tribunal Superior Eleitoral, para apuração de suspeição, abuso de poder e medidas inconstitucionais e ilegais levadas a efeito pela Presidência e membros do Tribunal, verificados através de fatos ocorridos antes, durante, e após o processo eleitoral presidencial de2022. O PRESIDENTE DA REPÚBLICA, no uso de suas atribuições que lhe conferem os artigos 84, inciso IX, 136, 140 e 141 da Constituição,
> DECRETA:
> Art. 1° Fica decretado, com fundamento nos arts. 136, 140, 141 e 84, inciso IX, da Constituição Federal, o Estado de Defesa na sede do Tribunal Superior Eleitoral, em Brasília, Distrito Federal, com o objetivo de garantir a preservação ou o pronto restabelecimento

174 Termo de Depoimento n. 603105/2024 – CGCINT/DIP/PF.

da lisura e correção do processo eleitoral presidencial do ano de 2022, no que pertine à sua conformidade e legalidade, as quais, uma vez descumpridas ou não observadas, representam grave ameaça à ordem pública e a paz social.

§1°. Fica estipulado o prazo de 30 (trinta) dias para cumprimento da ordem estabelecida no caput, a partir da data de publicação deste Decreto, podendo ser prorrogado uma única vez, por igual período.

§2°. Entende-se como sede do Tribunal Superior Eleitoral todas as dependências onde houve tramitação de documentos, petições e decisões acerca do processo eleitoral presidencial de 2022, bem como o tratamento de dados telemáticos específicos de registro, contabilização e apuração dos votos coletados por urnas eletrônicas em todas as zonas e seções disponibilizadas em território nacional e no exterior.

§3°. Verificada a existência de indícios materiais que interfiram no objetivo previsto no caput do art. 1° a medida poderá ser estendida às sedes dos Tribunais Regionais Eleitorais.

Art. 2° Na vigência do Estado de Defesa ficam suspensos os seguintes direitos:

I – sigilo de correspondência e de comunicação telemática e telefônica dos membros do Tribunal do Superior Eleitoral, durante o período que compreende o processo eleitoral até a diplomação do presidente e vice-presidente eleitos, ocorrida no dia 12.12.2022.

II – de acesso às dependências do Tribunal Superior Eleitoral e demais unidades, em caso de necessidade, conforme previsão contida no §3° do art. 1°.

§1°. Durante o Estado de Defesa, o acesso às dependências do Tribunal Superior Eleitoral será regulamentado por ato do Presidente da Comissão de Regularidade Eleitoral, assim como a convocação de servidores públicos e colaboradores que possam contribuir com conhecimento técnico.

Art. 3° Na vigência do Estado de Defesa:

I – Qualquer decisão judicial direcionada a impedir ou retardar os trabalhos da Comissão de Regularidade Eleitoral terá seus efeitos suspensos até a finalização do prazo estipulado no §1°. art. 1°.

II – a prisão por crime contra o Estado, determinada pelo executor da medida, será por este comunicada imediatamente ao juiz competente, que poderá promover o relaxamento, em caso de comprovada ilegalidade, facultado ao preso 0 requerimento de exame de corpo de delito à autoridade policial competente;
III – a comunicação será acompanhada de declaração, pela autoridade, do estado físico e mental do detido no momento de sua autuação;
IV – a prisão ou detenção de qualquer pessoa não poderá ser superior a dez dias, salvo quando autorizada pelo Poder Judiciário;
V – é vedada a incomunicabilidade do preso.
Parágrafo único. O Presidente da Comissão de Regularidade Eleitoral constituir-se-á como executor da medida prevista no inciso I, do §3° do art. 136, da Constituição Federal.
Art. 4° A apuração da conformidade e legalidade do processo eleitoral será conduzida pela Comissão de Regularidade Eleitoral, a ser constituída após a publicação deste Decreto, que apresentará relatório final consolidado conclusivo acerca do objetivo previsto no caput do art. 1°.
Art. 5° A Comissão de Regularidade Eleitoral será composta por:
I – 08 (oito) membros do Ministério da Defesa, incluindo a Presidência;
II – 02 (dois) membros do Ministério Público Federal;
III – 02 (dois) membros da Polícia Federal, ocupantes do cargo de Perito Criminal Federal;
IV – 01 (um) membro do Senado Federal;
V – 01 (um) membro da Câmara dos Deputados;
VI – 01 (um) membro do Tribunal de Contas da União;
VII – 01 (um) membro da Advocacia Gerai da União; e,
VIII – 01 (um) membro da Controladoria Geral da União.
Parágrafo único. À exceção das autoridades constantes do inciso I, cuja indicação caberá ao Ministro da Defesa, as indicações dos membros dos órgãos e instituições que integrarão a Comissão de Regularidade Eleitoral deverão ser feitas em até 24 (vinte e quatro) horas após a publicação deste Decreto no Diário Oficial da União,

devendo as designações serem formalizadas em ato do Presidente da Comissão de Regularidade Eleitoral.
Art. 6°. Serão convidados a participar do processo de análise do objeto deste Decreto, quando da apresentação do relatório final consolidado, as seguintes entidades:
I – 01 (um) integrante da Ordem dos Advogados do Brasil
II – 01 (um) representante da Organização das Nações Unidas no Brasil
III – 01 (um) representante da Organização dos Estados Americanos no Brasil
(Avaliar a pertinência da manutenção deste dispositivo na proposta)
Art. 7°. O relatório consolidado final será apresentado ao Presidente da República e aos Presidentes do Supremo Tribunal Federal, do Superior Tribunal de Justiça, do Senado Federal e da Câmara dos Deputados, e deverá conter, obrigatoriamente:
I – apresentação do objeto em apuração
II – a metodologia utilizada nos trabalhos
III – as contribuições técnicas recebidas
IV – as eventuais manifestações dos membros componentes
V – as medidas aplicadas durante o Estado de Defesa, com as devidas justificativas
VI – o material probatório analisado
VII – a relação nominal de eventuais envolvidos e os desvios de conduta ou atos criminosos verificados, de forma individualizada.
Parágrafo único. A íntegra do relatório final consolidado será publicada no Diário Oficial da União.
Art. 8° Este Decreto entra em vigor na data de sua publicação.[175]

Confrontado com a minuta, o General Freire Gomes confirmou que se tratava da versão do Decreto apresentada na reunião ocorrida no Ministério da Defesa em 14.12.2022, reforçando a influência de

175 O teor da minuta chegou a ser disponibilizado em fontes abertas no momento de sua apreensão.

ANDERSON TORRES nas tratativas para a implementação do Estado de Exceção.

As previsões de intervenção na sede do Tribunal Superior Eleitoral e a criação da "Comissão de Regularidade Eleitoral" coincidiam com o planejamento traçado no arquivo "*Desenho Op Luneta*".[176] O arquivo propunha justamente a investigação e a emissão de relatório sobre o processo eleitoral de 2022, para que, então, fosse decretada a prisão das autoridades consideradas como responsáveis pelas supostas irregularidades.

A versão de Decreto apresentada no dia 14.12.2022 preservava, portanto, os pontos que os denunciados consideravam ser a sustentação jurídica para a adoção de medidas mais gravosas, como a prisão de autoridades públicas e a anulação das eleições, com o consequente impedimento de o Governo eleito assumir as suas competências.

A Polícia Federal identificou troca de mensagens entre MAURO CID e o Tenente-Coronel CORREA NETTO ocorrida às 12h56 do dia 14.12.2022, no aplicativo *WhatsApp*, a respeito da reunião de apresentação do decreto golpista que acontecera naquela data. Em uma das mensagens, CORREA NETTO perguntou se o General Freire Gomes havia mantido a sua recusa.[177] MAURO CID respondeu positivamente e CORREA NETTO perguntou se ainda havia esperança quanto à última etapa do golpe. MAURO CID afirmou, então, "*cada dia menos*".[178]

Nesse mesmo sentido, às 20h50 do dia 14.12.2022, o militar da reserva AILTON GONÇALVES MORAES BARROS perguntou a MAURO CID se o "*FG voltou a negar porta*", ao que o então Ajudante de Ordens de JAIR BOLSONARO respondeu positivamente, confirmando a oposição do Comandante do Exército ao decreto golpista apresentado no Ministério da Defesa.

Embora o General Freire Gomes e o Tenente-Brigadeiro Baptista Junior se tenham posicionado contra o Golpe de Estado concebido

---

176 visto em tópico anterior.

177 Na mensagem, CORREA NETTO utilizou os seguintes dizeres: "*GFG cagou?*". Após a resposta de MAURO CID, lamentou: "*GFG cagou solenemente? Não acredito, irmão*".

178 IPJ-RA n. 4401196/2023 – SAOP/DICINT/CCINT/CGCINT/DIP/PF.

pela organização criminosa, o Almirante de Esquadra ALMIR GARNIER SANTOS e o General PAULO SERGIO NOGUEIRA DE OLIVEIRA a ele aderiram.

O General PAULO SERGIO NOGUEIRA DE OLIVEIRA além de ter participado da apresentação aos Comandantes Militares da primeira minuta, no dia 7.12.2022, no Palácio da Alvorada, foi responsável pela apresentação de uma segunda versão do decreto aos chefes militares, em reunião realizada no seu próprio gabinete do Ministério da Defesa, no dia 14.12.2022. A presença do Ministro da Defesa na primeira reunião em que o ato consumador do golpe foi apresentado, sem oposição a ele, sem reação alguma, significava, só por isso, endosso da mais alta autoridade política das Forças Armadas. Ao pela segunda vez insistir, em reunião restrita com os Comandantes das três Armas, na submissão de decreto em que se impunha a contrariedade das regras constitucionais vigentes, a sua integração ao movimento de insurreição se mostrou ainda mais indiscutível.

Um Ministro da Defesa não convoca Comandantes das 3 Armas ao seu gabinete e lhes apresenta um projeto de decreto do tipo em apreço senão por um de dois motivos – para concitá-los a medidas drásticas **contra** o Presidente da República proponente da quebra da normalidade constitucional ou para se expor favoravelmente à adesão ao golpe. A segunda hipótese foi a que se confirmou.

Em relação ao Almirante de Esquadra ALMIR GARNIER SANTOS, os depoimentos prestados pelo General Freire Gomes e pelo Tenente-Brigadeiro Baptista Junior apontam que, na reunião de 7.12.2022 no Palácio da Alvorada, o então Comandante da Marinha se colocou à disposição de JAIR BOLSONARO para seguir as ordens necessárias ao cumprimento do Decreto. O Almirante de Esquadra confirmou sua anuência na reunião do dia 14.12.2022.

A adesão de ALMIR GARNIER SANTOS também é percebida pelas ofensivas que a organização criminosa passou a dirigir ao General Freire Gomes e ao Tenente-Brigadeiro Baptista Junior. Ambos se tornaram alvos de ataques pessoais em virtude da oposição ao intento golpista. Já o Almirante ALMIR GARNIER SANTOS via-se enaltecido, retratando-se o seu apoio ao golpe como atitude de um verdadeiro patriota.

No dia 14.12.2022, o General da reserva Laércio Vergílio[179] encaminhou mensagem ao General Freire Gomes, a fim de pressioná-lo, oportunidade em que ressaltou a "*Marinha está coesa*", explicitando a adesão do Almirante de Esquadra ALMIR GARNIER SANTOS ao Golpe.[180]

Em 15.12.2022, BRAGA NETTO enviou mensagem ao militar da reserva AILTON GONÇALVES MORAES BARROS, orientando-o a atacar o Tenente-Brigadeiro Baptista Junior e elogiar o Almirante de Esquadra ALMIR GARNIER SANTOS: "*Senta o pau no Batista Junior. Povo Sofrendo, arbitrariedades sendo feita e ele fechado nas mordomias. Negociando favores. Traidor da patria. Dai pra frente. Inferniza a vida dele e da família (...) Elogia o Garnier e fode o BJ*".[181] O diálogo confirma que o posicionamento de ALMIR GARNIER SANTOS foi importante para pressionar ainda mais o Alto Comando do Exército a aderir ao intento golpista.

A autoridade policial identificou, ainda, mensagens enviadas pelo Tenente-Coronel SÉRGIO CAVALIERE a MAURO CID, contendo capturas de tela de uma conversa que, além de ratificar que o então Presidente JAIR BOLSONARO havia elaborado um decreto golpista rejeitado pelo Alto Comando do Exército, confirmou a adesão do Almirante de Esquadra ALMIR GARNIER SANTOS ao intento criminoso.

Nos *prints* enviados, o interlocutor de nome "Riva" diz: "*O Alte Garnier é PATRIOTA. Tinham tanques no Arsenal prontos*". Em reposta, o outro interlocutor diz que o "01" (referindo-se a JAIR BOLSONARO) deveria ter dado início ao golpe com o apoio da Marinha, o que, em seu entendimento, faria com que o Exército e Aeronáutica aderissem à insurreição em seguida.

Os diálogos entre SÉRGIO CAVALIERE e o coronel Gustavo Gomes, ocorridos em 16.12.2022, também confirmam que o Almirante de Esquadra ALMIR GARNIER SANTOS aceitou cumprir as ordens ilegais do então Presidente JAIR BOLSONARO. Na ocasião, o coronel Gustavo Gomes encaminhou a seguinte mensagem:

---

179 As condutas do General da reserva Laércio Vergílio serão analisadas em processo apartado.

180 IPJ-M n. 4680952/2024 – SAOP/DICINT/CCINT/CGCINT/DIP/PF.

181 IPJ-RA n. 4401196/2023 – SAOP/DICINT/CCINT/CGCINT/DIP/PF.

> "(...) Infelizmente a FAB afrouxou e o EB agora também está afrouxando". Referindo-se à Força Aérea brasileira (FAB) e ao Exército brasileiro (EB). A mensagem prossegue se referindo a Marinha do Brasil (MB) e ao presidente da República (PR): ".....somente o MB quer guerra..... o PR realmente foi abandonado.... (...)".

Em seguida, Gustavo Gomes disse: "*Recebi de um amigo. Acabou!*". Demonstrando ainda acreditar na possibilidade do golpe de Estado, SERGIO CAVALIERE asseverou: "*teremos que cortar algumas cabeças então. Assine logo e deixe rolar. Deixe o povo saber quem soa os traidores. É só partir com os fuzileiros*". A mensagem demonstra como o apoio da Marinha foi essencial para a continuidade das ações da organização criminosa.

Após a reunião no Ministério da Defesa, os Comandantes do Exército e da Aeronáutica foram retaliados com ainda mais vigor pela organização criminosa, que se valeu novamente da estratégia típica das milícias digitais de disseminação contínua de informações falsas, com ataques pessoais aos seus alvos. O *modus operandi* do grupo visava fomentar, no meio militar e entre os seguidores do ex-Presidente JAIR BOLSONARO, a imagem de que os militares legalistas eram "traidores da pátria", alinhados ao "comunismo".

Às 19h52 do dia 14.12.2022, o militar da reserva AILTON GONÇALVES MORAES BARROS enviou ao General BRAGA NETTO captura de tela de mensagens enviadas a um indivíduo de alcunha "Kid Preto", que é instado a "*SALVAR o nosso ESTADO DEMOCRÁTICO DE DIREITO*" e tomar uma "*ATITUDE de PATRIOTA*".[182] Em resposta ao *print* das mensagens, BRAGA NETTO reclama: "*Meu amigo, infelizmente tenho que dizer que a culpa pelo que está acontecendo e acontecerá e do Gen FREIRE GOMES. Omissão e indecisão não cabem a um combatente*". AILTON GONÇALVES MORAES BARROS promete manter a pressão sobre Freire Gomes, ameaçando "*(...) oferecer a cabeça dele aos leões*", caso o Comandante do Exército mantivesse sua posição. BRAGA NETTO concordou e emitiu a ordem derradeira: "*Oferece a cabeça dele. Cagão*".

182 RAPJ n. 1318017/2023 – NA/SICINT/DICINT/DIP.

Ainda no contexto desse diálogo, BRAGA NETTO encaminhou a AILTON GONÇALVES MORAES BARROS mensagem de texto e imagem de certa manifestação de apoiadores de JAIR BOLSONARO em frente à residência do General Freire Gomes, revelando a ação coordenada dos integrantes da organização criminosa.

Às 14h58 do dia 15.12.2022, AILTON GONÇALVES MORAES BARROS enviou mensagem ao General BRAGA NETTO, reforçando o intento violento da organização criminosa contra o General Freire Gomes: "*Se FG tiver fora mesmo. Será devidamente implodido e conhecerá o inferno astral*". Foi esse o momento em que BRAGA NETTO orientou AILTON GONÇALVES MORAES BARROS a atacar o Tenente-Brigadeiro Baptista Junior e sua família. Recorde-se o teor da mensagem: "*Senta o pau no Batista Junior (...) Traidor da pátria. Dai para frente. Inferniza a vida dele e da família. Elogia o Garnier e fode o BJ*".

Em seguida, BRAGA NETTO encaminhou imagens do Tenente-Brigadeiro Baptista Junior que o associavam ao "comunismo" e ao então candidato eleito Luiz Inácio Lula da Silva, visando a disseminação entre os apoiadores do golpe.[183]

Os ataques orquestrados pelo General BRAGA NETTO não se limitaram aos Comandantes do Exército e da Aeronáutica. No dia 17.12.2022, o General BRAGA NETTO enviou mensagem a AILTON GONÇALVES MORAES BARROS, falando do à época Comandante do Comando Militar do Sudeste, General Tomás Paiva.[184] A mensagem descrevia uma visita do General Tomás Paiva ao General Eduardo Dias da Costa Villas Boas e à sua mulher Maria Aparecida Villas Boas, ocasião em que Tomás Paiva teria admoestado o casal por conta da sua mobilização em favor do movimento golpista.[185]

---

183 IPJ n. 4401196/2023.

184 Atual Comandante do Exército.

185 Consta do texto:

> O Tomás foi no VB, ontem...
> E aí... acredite.. **ele deu uma mijada no VB e na CIDA! Terminou dizendo que os dois serão prejudicados com as intervenções "sem noção" que estão fazendo (...)**
> **Parece até que ele É PT, desde pequenininho...! Mostrou que ele tem que estar contra**

A mensagem retratava o General Tomás Paiva como opositor do movimento golpista, com o objetivo de atingir a sua reputação. BRAGA NETTO orientou AILTON GONÇALVES MORAES BARROS a disseminar a "notícia" e afirmou: "*É verdade. Pode viralizar*".

Os dados contidos no telefone celular apreendido em poder de MAURO CID confirmam a disseminação exitosa da mensagem: no dia 17.12.2022, às 18h21, o contato associado ao terminal telefônico +5521975797512, atribuído ao Coronel de Cavalaria do Exército Gustavo Schiffner, enviou a MAURO CID mensagem com conteúdo praticamente idêntico à que havia sido enviada por BRAGA NETTO a AILTON GONÇALVES MORAES BARROS.[186]

Os diálogos não deixam dúvida sobre o papel relevante de BRAGA NETTO na coordenação das ações de pressão aos comandantes, apoiado por AILTON GONÇALVES MORAES BARROS, que incitava militares e difundia os ataques virtuais idealizados pelo grupo.

A conclusão é reforçada pela postagem realizada por AILTON GONÇALVES MORAES BARROS no dia 19.12.2022, às 8h57, diretamente em seu perfil na rede social Twitter, convocando a imediata consumação do Golpe de Estado: "*É chegada hora da onça beber água, separarmos os homens das criancinhas e conhecermos os omissos, os covardes e os fracos, a fim de, responsabilizá-los e enterrá-los com a história que será escrita. @jairbolsonaro @genfreiregomes @realpfigueiredo @augustosnunes @GFiuza Oficial*". A mensagem recebeu comentário de apoio do General-de-Brigada reformado Laércio Vergílio: "*FORÇA! BRASIL!*".[187]

O General Freire Gomes e o Tenente-Brigadeiro Baptista Junior confirmaram os ataques sofridos em razão da posição contrária ao golpe

---

tudo que está acontecendo... (...)

Nunca valeu nada!!

(...)

Ele ainda meteu o pau no Paulo Sérgio disse ele tem que ficar quieto!

A CIDA ficou louca Se retirou da sala!

(IPJ-RA n. 4401196/2023 – SAOP/DICINT/CCINT/CGCINT/DIP/PF).

186 IPJ-RA n. 4401196/2023 – SAOP/DICINT/CCINT/CGCINT/DIP/PF.

187 IPJ-RA n. 4401196/2023 – SAOP/DICINT/CCINT/CGCINT/DIP/PF.

de Estado. Em seu depoimento, Freire Gomes afirmou que recebeu ataques reiterados em suas mídias sociais e que foram recorrentes as manifestações a favor do golpe em frente a sua residência em Brasília.[188]

No mesmo sentido, Baptista Junior relatou que, a partir do dia 14.12.2022, foi atacado reiteradas vezes em suas redes sociais com o rótulo de "melancia" e "traidor da pátria", sendo obrigado a desativar seus perfis pessoais.[189]

A Operação "Copa 2022"

Enquanto o grupo criminoso buscava garantir a assinatura do Decreto golpista, corriam em paralelo as ações da operação "Copa 2022", que se aproximavam de seu ápice, e que tinham por fim provocar a comoção necessária à adesão geral ao movimento.

Três cópias do plano "Punhal Verde Amarelo" foram novamente impressas no Palácio do Planalto por MÁRIO FERNANDES em 6.12.2022, às 18h09, exatamente na mesma data de conclusão das reuniões preparatórias do Decreto golpista. Nesse dia, os extratos de ERB analisados indicam a presença simultânea na área do Palácio do Planalto de MAURO CÉSAR BARBOSA CID, RAFAEL MARTINS DE OLIVEIRA e JAIR MESSIAS BOLSONARO, em horários coincidentes.

A presença de JAIR BOLSONARO no local é confirmada pelo grupo de *WhatsApp* denominado "*Acompanhamento*", composto pelos ajudantes de ordens do então Presidente, que informavam diariamente a sua localização. Em 6.12.2022, Diniz Coelho, Ajudante de Ordens, comunicou, às 17h56: "*PR no Planalto*" e, somente às 18h31, relatou "*PR no Alvorada*".

Quanto a RAFAEL MARTINS DE OLIVEIRA, identificou-se o seu deslocamento de Goiânia para Brasília em 6.12.2022, conectando- se a ERBs que cobrem o Palácio do Planalto às 17h34, onde permaneceu até 18h38. Logo após, deslocou-se para a região militar[190] e ali se manteve

188 Termo de Depoimento n. 826726/2024 – CGCINT/DIP/PF.

189 Termo de Depoimento n. 603105/2024 – CGCINT/DIP/PF.

190 Área que abrange o Quartel-General do Exército, a Quadra Residencial dos Generais, onde MAURO CÉSAR BARBOSA CID residia, e a Praça dos Cristais.

até 21h57, quando retornou para Goiânia. No tocante a MAURO CÉSAR BARBOSA CID, há registro de conexão à antena que cobre a região do Palácio do Planalto às 17h46.

As mensagens posteriores enviadas por MÁRIO FERNANDES confirmam que o encontro realizado no Palácio do Planalto se voltou à concretização das ações violentas previstas pelo Plano "Punhal Verde Amarelo". Ainda em 6.12.2022, às 19h42, MÁRIO FERNANDES enviou áudio, pelo aplicativo *WhatsApp,* a MAURO CÉSAR BARBOSA CID, solicitando: "*Força, meu amigo, tu passa, por favor, o meu endereço abaixo, por meio seguro, pros nossos camaradas, cara*".

Dois dias depois, em 8.12.2022, MAURO FERNANDES explicitou a pauta da conversa com JAIR MESSIAS BOLSONARO. Em áudio enviado a MAURO CID às 22h56, relatou: "*durante a conversa que eu tive com o presidente, ele citou que o dia 12, pela diplomação do vagabundo, não seria uma restrição, que isso pode, que qualquer ação nossa pode acontecer até 31 de dezembro e tudo. Mas (...) ai na hora eu disse, pô presidente, mas o quanto antes, a gente já perdeu tantas oportunidades*".

O áudio não deixa dúvidas de que a ação violenta era conhecida e autorizada por JAIR MESSIAS BOLSONARO, que esperava a sua execução ainda no mês de dezembro. O grupo planejava agir com a maior brevidade possível, a fim de impedir a assunção do Poder pelo novo governo eleito.

Em 9.12.2022, MÁRIO FERNANDES revelou o vínculo de confiança que possuía com o então Presidente da República. Em novo áudio enviado a MAURO CID, celebrou o fato de JAIR MESSIAS BOLSONARO ter aceitado seu assessoramento no contexto do pronunciamento realizado em 9.12.2022 no Palácio da Alvorada – "*muito bacana o presidente ter ido lá à frente ali do Alvorada e ter se pronunciado, cara. Que bacana que ele aceitou ai o nosso assessoramento*".

As ações de RAFAEL MARTINS DE OLIVEIRA logo após a sua ida ao Palácio do Planalto, em 6.12.2022, também confirmam o teor do encontro realizado. Em 7.12.2022, um dia depois da conversa com JAIR MESSIAS BOLSONARO, o denunciado realizou a compra[191] de um dos

191 Compra realizada em espécie em nome da esposa de RAFAEL MARTINS DE OLIVEIRA, em loja próxima à sua residência, em Goiânia. Após a compra, RAFAEL MARTINS DE OLIVEIRA formatou ("*wipe*") o aparelho (IPJ n. 4797501/2024, PET 13.236).

aparelhos celulares utilizados na operação clandestina "Copa 2022", a ser detalhada mais adiante.

Verificou-se, ainda, a intensificação do monitoramento do Ministro Alexandre de Moraes após o encontro no Palácio do Planalto.[192] Em 7.12.2022, MAURO CÉSAR BARBOSA CID e MARCELO CÂMARA trocaram mensagens, via aplicativo *WhatsApp*, sobre o paradeiro do Ministro, confirmando que o grupo perpetuava o uso desviado das ferramentas estatais de Inteligência – a denominada "ABIN paralela".

Às 14h27, MAURO CÉSAR BARBOSA CID perguntou se não havia "*nada adicional*", ao que MARCELO CÂMARA respondeu "*ainda não*". Às 19h27, MAURO CÉSAR BARBOSA CID complementou "*nada*", sendo respondido, às 20h16, com "*Ele vai ficar em Brasília hoje. Amanhã provavelmente pra São Paulo final da tarde*". Às 21h06, MAURO CÉSAR BARBOSA CID afirmou "*ele vai ao tse*".

Nos dois dias que se seguiram, também foram identificadas ações indicativas de que o grupo se preparava para a etapa final da operação "Copa 2022", após a reunião com JAIR MESSIAS BOLSONARO.

A operação, conforme previsto pelo plano "Punhal Verde Amarelo", envolveria ao menos seis militares, sendo essencial que houvesse um canal de comunicação entre eles, em que suas identidades permanecessem sob sigilo. O *Signal* foi o aplicativo escolhido para a criação de um grupo, no qual cada integrante receberia o codinome de um país,[193] utilizando linhas de telefonia móvel habilitadas em nome de terceiros,[194] em reconhecida técnica de anonimização.[195]

Nos dias 8.12.2022 e 9.12.2022, foram adotadas as medidas para a criação do grupo e anonimização de seus participantes. Em 8.12.2022,

---

192 Conforme Laudo Pericial n. 3113/2024, que recuperou arquivos anteriormente excluídos do aparelho de MAURO CÉSAR BARBOSA CID.

193 Brasil, Japão, Gana, Áustria, Alemanha e Argentina.

194 RAFAEL MARTINS DE OLIVEIRA utilizou os dados de Lafaiete Teixeira Caitano, indivíduo no qual se envolvera em acidente de trânsito em 24.11.2022.

195 A eficácia da técnica fez com que apenas dois dos seis participantes do grupo fossem identificados até o momento: RAFAEL MARTINS DE OLIVEIRA, RODRIGO BEZERRA DE AZEVEDO.

houve o cadastro dos telefones correspondentes a cinco dos codinomes utilizados na operação "Copa 2022", Alemanha, Argentina, Áustria, Brasil e Gana. No dia seguinte, há histórico de conexões para todos, exceto Alemanha.[196]

Ainda 8.12.2022, o dispositivo de RODRIGO BEZERRA DE AZEVEDO apresentou registro de conexão de ERB no Batalhão de Ação de Comandos (BAC), onde permaneceu até 9.12.2022, às 0h24, retornando para casa e voltando ao local no mesmo dia, entre 7h52 e 8h50. O terminal vinculado ao codinome "Áustria" apresentou registros de conexão bastante similares[197] às realizadas por RODRIGO BEZERRA.

Já no dia 9.11.2022, os terminais vinculados aos codinomes Argentina, Áustria, Brasil e Gana foram recarregados com crédito no valor de vinte reais, na mesma farmácia na região Sudoeste, denotando que foram preparados em conjunto para as comunicações necessárias para a missão infausta que ocorreriam poucos dias depois.

Registre-se que, no material apreendidos em poder de RAFAEL MARTINS DE OLIVEIRA, foram encontrados textos sobre a metodologia de "telefones frios"[198] e de anonimização,[199] comprobatórios de que o denunciado estudava o uso de antenas de celular (ERBs) em investigações policiais.

As ações de monitoramento prosseguiram no dia 10.12.2022, revelando que todos os passos do Ministro Alexandre de Moraes eram acompanhados pelos denunciados, até mesmo a sua posição no evento de diplomação do Presidente eleito, Luiz Inácio Lula da Silva,

---

196 Argentina, Áustria, Brasil e Gana tiveram seu primeiro uso na região administrativa do Núcleo Bandeirante, em Brasília/DF.

197 Conexões na região do Batalhão de Ações de Comandos (BAC) às 8h27, 8h28 e 8h30.

198 Telefones e aparelhos que são comprovados e cadastrados com dados de terceiros, no intuito de dificultar a identificação de seu real usuário. O documento, intitulado "NA_cyber.docx", analisava a relação entre IMEI e SIM CARD, além de avaliar os requisitos exigidos por cada operadora de telefonia para realização de cadastro de chips.

199 Intitulado "Apostila_Anonimização.pdf", o documento realizava análise circunstancial da investigação do caso Marielle Franco.

agendado para 12.12.2022. Às 17h36, MARCELO CÂMARA informou a MAURO CID: "*Estarão na portaria. Trecho 5 será do presidente. Rota verde com desembarque exclusivo da comitiva do diplomado, que será no subsolo. Cancelo central interno destinado a veículo oficial. Percurso rosa aos demais convidados*". Em complemento, apontou que o "*Acesso do Ministro Alexandre é o trecho cinco*" e sinalizou: "*Tudo pronto pra diplomação segunda-feira*".

Na data do evento, os denunciados continuaram acompanhando as movimentações do Ministro. Às 12h58, MAURO CÉSAR BARBOSA CID indagou: "*nada*", ao que MARCELO CÂMARA respondeu com "*ainda não*", e acrescentou "*o cara está assustado*".

Em 13.12.2022, o terminal vinculado ao codinome "Gana" realizou deslocamento de Goiânia para Brasília, onde se conectou a antenas que cobriam a residência funcional do eminente Ministro Alexandre de Moraes, sinalizando que a operação se aproximava de sua fase final de execução, programada para o dia 15.12.2022.

Na data escolhida, MARCELO CÂMARA enviou mensagem para MAURO CÉSAR BARBOSA CID, prestando novas informações sobre o Ministro Alexandre de Moraes – "*trabalhando*". Em paralelo, foram identificados deslocamentos de Goiânia para Brasília do veículo particular de RAFAEL MARTINS DE OLIVEIRA[200] e de um veículo oficial[201] ligado ao Batalhão de Ações de Comandos (BAC), em horários próximos.[202] Os terminais vinculados aos codinomes Brasil, Argentina, Áustria e Gana igualmente chegaram a Brasília por volta de 19h30 de 15.12.2022, no mesmo horário dos veículos identificados.

---

200 Em horário compatível às conexões de ERB realizadas pelo usuário do terminal referente ao codinome "Japão", vinculado ao aparelho celular apreendido com RAFAEL MARTINS DE OLIVEIRA.

201 Pálio, placa JGC0271. As imagens obtidas das câmeras instaladas na BR-060 indicam a presença de ao menos duas pessoas no veículo.

202 O veículo particular de RAFAEL MARTINS DE OLIVEIRA registra passagem em pedágio da BR-060 às 18h36 de 15.12.2022, enquanto o veículo oficial registra às 18h42. No retorno à Goiânia, o veículo particular passa pelo mesmo pedágio às 0h07 de 16.12.2022 e o veículo oficial às 0h08.

A operação mirava a residência funcional do Ministro Alexandre de Moraes, local para onde os agentes se dirigiam, situando- se em pontos estratégicos e aguardando os passos seguintes.

Às 20h33, "Brasil" informou ao grupo montado no aplicativo *Signal* que se encontrava no "*estacionamento em frente ao gibão carne de sol. Estacionamento da troca da primeira vez*",[203] a demonstrar que as ações realizadas no final de novembro visavam ao reconhecimento dos locais sensíveis para a operação.

"Gana" respondeu às 20h42: "*To na posição*", ao que "Brasil" comentou: "*ok*". A análise de ERB do dispositivo vinculado ao codinome "Gana" revelou que a posição correspondia à residência funcional do Ministro do Supremo Tribunal Federal. O codinome "Argentina", por sua vez, manteve-se em ponto intermediário[204] entre a residência funcional e o estacionamento adotado como base da operação.

Às 20h43, "Brasil" voltou a questionar no grupo: "*Qual a conduta?*", sendo respondido por "teixeiralafaiete230" (codinome "Alemanha"),[205] às 20h45, com "*aguarde*", orientação reforçada por RAFAEL MARTINS DE OLIVEIRA (codinomes "Japão" e "Diogo Bast"),[206] ao afirmar, às 20h47, "*Mantém na posição. Estou na posição*".

---

203 A análise das conexões de ERB do dispositivo vinculado ao codinome "Áustria" apontaram sua presença na mesma região do codinome "Brasil", indicando uma atuação em dupla, assim como previsto no planejamento Punhal Verde Amarelo, descrito em tópico próprio.

204 Mesmo ponto em que RAFAEL MARTINS DE OLIVEIRA se encontrava quando traçou itinerário em seu celular até academia próxima à residência funcional do eminente Ministro.

205 Em conversa privada com RAFAEL MARTINS DE OLIVEIRA ("Japão"), o usuário "teixeiralafaiete230" afirma "*Opa. Alemanha. Na escuta?*", indicando ser este o seu codinome.

206 Conclusão alcançada pelo fato de o prefixo telefônico de Diogo Bast estar vinculado em 15.12.2022 ao IMEI pertencente ao aparelho telefônico de RAFAEL MARTINS DE OLIVEIRA, apreendido no âmbito da operação *Tempus Veritatis*. Do mesmo modo, o aparelho apreendido possuía como usuário o identificador *Apple*.

A análise de movimentação do veículo pessoal de RAFAEL MARTINS DE OLIVEIRA registrou, às 20h33, a sua presença próxima ao Clube da Associação dos Servidores do Superior Tribunal de Justiça (ASSTJ). A mensagem "*estou na posição*", às 20h47, apresenta diferença cronológica compatível com o deslocamento até o Supremo Tribunal Federal, local onde se encontrava o Ministro Alexandre de Moraes, em sessão do Plenário.

A partir de 20h45, "Alemanha" e RAFAEL MARTINS DE OLIVEIRA passaram a realizar diversas chamadas de voz, que perduraram até 22h03. Às 20h48, "Áustria" se manifestou no grupo, indagando "*Áustria chegando. Qual é a sua posição Gana?*". Às 20h53, "Teixeiralafaiete230" compartilhou captura de tela de notícia com a manchete "*Com placar apertado, STF adia votação de orçamento secreto para 2ª*".

Pouco tempo depois, às 20h57, "Áustria" afirmou "*To perto da posição, vai cancelar o jogo?*", ao que foi respondido, às 20h59, por "teixeiralafaiete230" com "*Abortar... Áustria... volta para local de desembarque... estamos aqui ainda...*" e "*Gana... prossegue para resgate com Japão. Brasil já foi para ponto resgate. Moto fica onde parou. Tira bateria... e coloca capa*".

Após a operação ser abortada, RAFAEL MARTINS DE OLIVEIRA enviou mensagem, às 21h05, via aplicativo *WhatsApp*, para MAURO CÉSAR BARBOSA CID, afirmando "*Opa*". CID respondeu, às 21h16, com "*vou mudar de posição*", sendo respondido por RAFAEL MARTINS DE OLIVEIRA inconformado: "*tá foda*". Ainda, portanto, que a investigação policial tenha apurado que MAURO CÉSAR BARBOSA CID se encontrava na cidade de São Paulo na data da operação, evidenciou-se que ele recebia informações atualizadas sobre o andamento das ações.

Em paralelo, "Gana" compartilhou com RAFAEL MARTINS DE OLIVEIRA a sua dificuldade em encontrar um táxi que o levasse até o ponto de resgate previamente ajustado entre os integrantes do grupo. De acordo com simulações realizadas pela investigação policial, "Gana" deslocou-se a pé até o *shopping* Pátio Brasil, em tempo compatível com sua localização original na residência funcional do Ministro Alexandre de Moraes.

A análise de movimentação do veículo particular de RAFAEL MARTINS DE OLIVEIRA confirmou que este foi ao encontro de "Gana".

Doze minutos após a ordem de cancelamento da operação, o veículo já havia voltado ao seu local de origem, mas, pouco tempo depois, percorreu o trajeto até o *shopping* Pátio Brasil, claramente em resgate ao agente de codinome "Gana".

O cancelamento da operação coincide com o momento da confirmação de que o Comando do Exército não havia aderido ao Golpe de Estado. Observe-se que a ação foi programada para o dia imediatamente posterior à reunião ocorrida no Ministério da Defesa, em 14.12.2022, quando foi apresentada a última versão do Decreto aos Comandantes do Exército, da Marinha e da Aeronáutica.

Recorde-se que, no dia 15.12.2022, o grupo ainda nutria esperanças da possível adesão do Comandante do Exército. É o que se verifica, por exemplo, da mensagem enviada, às 14h58, por AILTON GONÇALVES MORAES BARROS ao General BRAGA NETTO: "Se FG tiver fora mesmo. *Será devidamente implodido e conhecerá o inferno astral*".

No mesmo sentido, SERGIO CAVALIERE conversou com o Coronel Gustavo Gomes, no dia 15.12.2022, indicando que ainda contava com uma possível anuência do Alto Comando ao Golpe de Estado. Na ocasião, CAVALIERE perguntou: "*guerra interna ou contra vizinhança?*", ao que Gustavo Gomes disse: "*interna. Cabeças vão rolar. Pilhas de provas.* Não terão como estrebuchar" e SERGIO CAVALIERE respondeu: "*ótimo*".

MÁRIO FERNANDES também sinalizou a expectativa de uma possível resposta diferente do Comandante do Exército, em áudio enviado ao General Ramos na mesma data: "*Kid preto, algumas fontes sinalizaram que o comandante da Força sinalizaria hoje, foi ao Alvorada para sinalizar ao presidente que ele podia dar ordem. Se o senhor tá com o presidente agora e ouvi a tempo, porra, blinda ele contra qualquer desestímulo, qualquer assessoramento diferente*".

No controle de acesso ao Palácio da Alvorada, verificou-se que, de fato, o General Freire Gomes[207] e o General Ramos[208] visitaram JAIR MESSIAS BOLSONARO em 15.12.2022. No mesmo dia, ANDERSON TORRES,[209] WALTER SOUZA BRAGA NETTO,[210] MÁRIO FERNANDES[211] e FILIPE GARCIA MARTINS PEREIRA[212] também visitaram JAIR MESSIAS BOLSONARO no Palácio da Alvorada.

O grupo manteve a operação e aguardou até os últimos instantes a eventual confirmação da adesão do Comandante da Força Terrestre, o que não ocorreu, inviabilizando a ação violenta. Sem o suporte necessário, o atentado não surtiria o efeito esperado e ensejaria punição interna aos responsáveis.

Mesmo diante da resistência dos militares de alta patente, identificou-se que o grupo prosseguiu nas ações de monitoramento, por alimentar a expectativa de situações socialmente anômalas que pudessem provocar a ação armada que desejavam.

No dia seguinte ao cancelamento da operação, em 16.12.2022, MARCELO CÂMARA informou a MAURO CID, a respeito do Ministro Alexandre de Moraes: "*Viajou para São Paulo hoje, retorna na manhã de segunda-feira e viaja novamente pra SP no mesmo dia. Por enquanto só retorna a Brasília pra posse do ladrão. Qualquer mudança que saiba lhe informo*".

Em 21.12.2022, MAURO CÉSAR BARBOSA CID questionou "*Por onde anda a Professora?*",[213] ao que MARCELO CÂMARA respondeu "*Informa-*

---

207 Chegada às 10h45 e saída 12h (Todos os registros de entrada e saída citados encontram- se no Ofício n. 38/2023/GAB/GSI/PR e no Termo de Apreensão n. 5173648/2023 – Registros de entradas e saídas do Palácio da Alvorada).

208 Chegada 12h06 e saída 13h04.

209 Chegada às 14h24 e saída às 14h52. Retorno às 19h58 e saída às 21h19.

210 Chegada às 14h24 e saída 17h29.

211 Chegada às 16h24 e saída 17h29.

212 Chegada 8h30 e saída 20h30.

213 Referência ao Ministro Alexandre de Moraes.

ção que foi para uma escola em SP. Ontem". MAURO CÉSAR BARBOSA CID indagou, então, "*E tem previsão de volta?*", sendo respondido com "*Somente para início do ano letivo. Apesar ter a previsão do período de recuperação. Tem dúvida*".

Em 24.12.2022, MAURO CÉSAR BARBOSA CID novamente questionou: "*onde a professora está?*", ao que MARCELO CÂMARA respondeu "*deixa eu verificar. Está em SP – volta dia 31 a noite para posse*". A pergunta é complementada com "*na capital ou interior?*", tendo MARCELO CÂMARA indicado "*na residência em SP – eu não sei onde fica*". As investigações apuraram que as informações de MARCELO CÂMARA coincidem exatamente com o roteiro percorrido à época pelo Ministro Alexandre de Moraes.

Em sua colaboração premiada, MAURO CID confirmou o monitoramento do Ministro Alexandre de Moraes. Afirmou que, inicialmente, as solicitações vinham de RAFAEL MARTINS DE OLIVEIRA e HÉLIO FERREIRA LIMA, justamente os denunciados que estavam à frente da operação "Copa 2022", voltada à "neutralização" do Ministro.

MAURO CID confirmou, ainda, a relevante contribuição de MARCELO CÂMARA para as ações violentas, ao afirmar que "*o monitoramento então foi solicitado pelo colaborador ao Coronel Marcelo Câmara, que era quem realizava essas operações*". Sobre as solicitações feitas à MARCELO CÂMARA às vésperas do Natal, informou que quem solicitou o monitoramento do Ministro Alexandre de Moraes "*foi o ex-Presidente Jair Bolsonaro*".

Ainda que todos os participantes da operação "Copa 2022" não tenham sido identificados, a participação de RODRIGO BEZERRA DE AZEVEDO foi descoberta pelo fato de o aparelho de IMEI e o terminal telefônico utilizados pelo agente de codinome "Brasil" terem se conectado, em 26.12.2022, a antenas próximas à residência de RODRIGO BEZERRA DE AZEVEDO.

Além disso, o prefixo telefônico *61 98177-9551*, cadastrado em nome de RODRIGO, foi utilizado, no dia 29.12.2022, em aparelho com o mesmo IMEI do utilizado, em 15.12.2022, pelo codinome "Brasil", registrando igualmente conexão a antena próxima à residência de RODRIGO BEZERRA DE AZEVEDO.

Ainda no mesmo sentido, o aparelho de IMEI vinculado ao codinome "Brasil" também recebeu, em 29.12.2022, o chip de número (62) 98177-9822, que se conectou a antena compatível com a mesma região de conexão do telefone pessoal do denunciado, nas proximidades da sua residência.

Outra linha inserida no mesmo aparelho, em 4.1.2023, registrou igualmente, em seu primeiro uso, conexão a antena situada nas proximidades da residência do denunciado, novamente coincidindo com os registros de ERB de seu telefone pessoal. Por fim, referida linha foi utilizada, em 17.1.2023 e 10.1.2023, para realização de chamadas à instituição financeira Nubank, com ERB de conexão vizinha ao Batalhão de Ações de Comandos, local onde o denunciado estava lotado.

Sobre o teor das chamadas, a instituição financeira informou ter tratado da conta pertencente a Gilliard Rockembach dos Santos. A descoberta reforça ser prática corriqueira do denunciado o cadastro de linhas telefônicas e a abertura de contas bancárias em técnica de anonimização.

Não bastasse, o mesmo número de telefone utilizado para contatar a instituição financeira Nubank encontrava-se salvo no aplicativo de mensagens *Signal* de MÁRIO FERNANDES, associado ao contato "Gilliard", revelando que este tinha conhecimento até mesmo dos codinomes utilizados por RODRIGO.

Pessoa de confiança[214] de RAFAEL MARTINS DE OLIVEIRA, RODRIGO BEZERRA DE AZEVEDO também fazia parte do grupo no aplicativo *WhatsApp* denominado "*....Dossssss!!!*", administrado por MAURO CÉSAR BARBOSA CID e composto por membros das Forças Especiais. Em 30.12.2022, dia em que JAIR MESSIAS BOLSONARO deixou o país, RODRIGO BEZERRA DE AZEVEDO declarou aos seus colegas: "*Rapaziada esse grupo aqui pra mim perdeu a finalidade... deixo aqui um abraço pra FE de verdade que fizeram o que podiam pra honrar o próprio nome e as Forças Especiais...qq coisa estou no privado!!Força!!*". A mensagem não

---

214 Em mensagem enviada por RAFAEL MARTINS DE OLIVEIRA via aplicativo *WhatsApp* a contato nomeado "Filipo", o denunciado afirma que RODRIGO BEZERAR DE AZEVEDO é "*o único que eu confio*".

deixa dúvidas de que ele havia atuado ("fez o que podia") para garantir a permanência de JAIR BOLSONARO no poder.

Em depoimento à Polícia Federal,[215] RODRIGO BEZERRA DE AZEVEDO declarou que possui formação em Forças Especiais do Exército e que, nos meses de outubro, novembro e dezembro de 2022, exercia a função de chefe da seção de preparo do Comando de Operações Especiais (COPESP). Confirmou, além disso, que estava na posse[216] do aparelho celular identificado pelas investigações (vinculado ao codinome "Brasil") e que cadastrou um *chip* utilizando dados de terceiros (Sr. Arthur Silva Barbosa). Relatou, enfim, possuir relação próxima com MAURO CÉSAR BARBOSA CID, com quem serviu no Batalhão de Ações de Comandos (BAC) em 2006; MÁRIO FERNANDES, que foi seu instrutor na AMAN e Comandante do BAC no período em que o depoente serviu; HÉLIO FERREIRA LIMA, colega de curso no ano de 2005; e RAFAEL MARTINS DE OLIVEIRA, colega de turma no BAC, BFE e AMAN.

Ações de monitoramento do Presidente Luiz Inácio Lula da Silva

A organização criminosa não se limitou ao monitoramento do Ministro Alexandre de Moraes. Como indicado no plano "Punhal Verde Amarelo", Luiz Inácio Lula da Silva também seria alvo das ações de neutralização e, por isso, precisava ser monitorado.

O histórico de conexões de HÉLIO FERREIRA LIMA indicou a sua presença nas regiões de antenas próximas ao Hotel Meliá, local de hospedagem do Presidente eleito, entre 25.11.2022 e 26.11.2022, mesma época em que foram iniciadas as ações de reconhecimento dos locais sensíveis ao Ministro Alexandre de Moraes.

---

215 Termo de Declarações n. 4982510/2024.

216 O depoente apresentou a versão inverossímil de que o aparelho teria sido encontrado por ele na sede do Centro de Coordenação de Operações (CCOP), sugerindo que o verdadeiro responsável pela ação clandestina, após o cancelamento da operação, teria abandonado o telefone nas dependências do Exército, acessível a qualquer um que quisesse utilizá-lo.

Apurou-se, ainda, a atuação de WLADIMIR MATOS SOARES,[217] agente da Polícia Federal, na disponibilização de informações sobre a equipe de segurança de Luiz Inácio Lula da Silva. Em 13.12.2022, WLADIMIR MATOS SOARES enviou a Sérgio Rocha Cordeiro, Assessor Especial do Gabinete Pessoal do Presidente da República, dados[218] sobre Misael Melo da Silva, indivíduo que integrava a estrutura de segurança do candidato eleito.

Novamente, observa-se a coincidência entre a data da mensagem de WLADMIR e a intensificação do monitoramento do Ministro Alexandre de Moraes, revelando a existência de uma ação coordenada contra as autoridades representativas do sistema democrático.

Na ocasião, WLADIMIR MATOS SOARES encaminhou foto da tela de um aparelho celular contendo a imagem da Carteira Nacional de Habilitação de Misael, seguida de diversos *emojis* representando sirenes (que denotavam situação de emergência). Em sequência, indagou "*Vc conhece*", "*se hospedaram no Windsor e não quiserem se identificar. Pode ser do GSI*". Sérgio Cordeiro afirmou que verificaria a informação, ao que WLADIMIR MATOS SOARES respondeu, em mensagem de áudio:

> Ô irmão, eu to aqui na Coordenação desse... desse evento, né velho, de posse. Ai eu vim pras fichas dos hotéis, coordenando isso aqui. Ai o gerente ligou dizendo que esses caras entraram... tá no nome de Misael essa reserva. E que entraram quatro caras que não quiseram se identificar, dizendo ser Polícia Federal, aquela coisa toda. Mas não são, né. Saíram também sem se identificar e eles acionaram a gente. A gente fez um levantamento prévio e deu isso ai. Entendeu velho? Eu não sei se são do GSI, se não são. Se tem a ver com o nosso governo atual e tão trabalhando pro outro, entendeu meu irmão? Muita coisa pode acontecer a gente não sabe. Eles tão total... dizendo que são secretos e tudo, né. Disseram que estavam em missão secreta e não podiam dizer. Então, a gente não sabe, cara, o que é. Certo, meu irmão. Eu to por aqui. Precisar, fala ai, velho.

---

217 Informação de Polícia Judiciária n. 4809070/2024.

218 Recorte de uma reportagem da revista Época com dados sobre Misael Melo da Silva e documentos retirados do Portal da Transparência do Governo Federal sobre o servidor.

Os elementos encontrados revelam que WLADIMIR MATOS SOARES, durante seu trabalho na posse do candidato eleito, forneceu informações sensíveis a integrantes do governo de JAIR MESSIAS BOLSONARO, no intuito de contribuir com o propósito disruptivo da organização criminosa. Reforçam essa conclusão denunciado haver dito que a situação teria que "*virar logo*" e que ele estaria "*pronto*". Confira-se o teor de mensagem de áudio por ele enviada:

> Fala Cordeiro. Beleza? Seguinte meu irmão já tá tudo resolvido aqui. O Misael ele é do GSI, sim. E... ele tá à disposição ai do, do, do, do, candidato, né, Luiz Inácio. E o que aconteceu, cara. Ele... como rolou aquela situação no prédio da Polícia Federal, ontem, eles acionaram a equipe do COT. E uma equipe do COT, como o LULA estaria ali no prédio, né, do, do Meliá, é... uma equipe do COT ficou à disposição, próxima. Então, eles hospedaram essa equipe do COT aqui no Windsor. Certo? Mas, isso ai foi, foi tudo acertado mesmo. Ta bom? Só pra, de repente, cê ter essa informação. Valeu meu irmão? Um abraço. Vamos torcer, meu irmão. Tamo aqui nessa torcida. Essa porra tem que virar logo. Não dá pra continuar desse jeito não irmão. Vamo nessa. Eu to pronto.

Em 20.12.2022, WLADIMIR MATOS SOARES prosseguiu em sua conversa com Sérgio Rocha Cordeiro, enviando foto de Cleyber Malta Lopes, seguido da informação de "*Coordenador da Operação Posse! Petista e baba ovo do Alckmin. DPF Cleyton*". Ainda no mesmo dia, enviou áudio a Sérgio Rocha Cordeiro, afirmando "*eu e minha equipe estamos com todo equipamento pronto p ir ajudar a defender o Palácio e o Presidente. Basta a canetada sair!*", mostrando-se ciente do Decreto preparado pela organização criminosa.

Em Termo de Declarações, WLADIMIR MATOS SOARES confirmou ter sido escalado para trabalhar na segurança fixa da posse presidencial referente às eleições de 2022, como um dos coordenadores da segurança dos hotéis. Afirmou, ainda, ter sido convidado pelo Agente de Polícia Federal identificado como "Ramalho" para compor uma equipe de segurança do Palácio do Planalto e de JAIR MESSIAS BOLSONARO, caso ele "*não entregasse a faixa presidencial*".

Do planejamento de um Gabinete de Crise após a consumação do Golpe de Estado

Como visto, mesmo após a frustração das ações militares inicialmente programadas para 15.12.2022, o monitoramento do Ministro Alexandre de Moraes e do Presidente eleito Luiz Inácio Lula da Silva prosseguiram, confirmando que o grupo ainda cogitava ser possível a ruptura institucional.

O mesmo se verificou com a ideia de constituição de um Gabinete de Crise após a consumação do Golpe de Estado, que já havia sido cogitada em outros documentos ligados à organização criminosa.[219]

É o que se observa do documento denominado "HD_2022a.doc",[220] encontrado dentre os arquivos de MÁRIO FERNANDES. O material planejava a instituição, pelo Gabinete de Segurança Institucional,[221] do "Gabinete Institucional de Gestão da Crise", cujo intuito seria o assessoramento do novo governo de JAIR MESSIAS BOLSONARO após a ruptura institucional. A ativação do gabinete ocorreria em 16.12.2022. Confira-se:

---

219 Recorde-se que uma das "ideias força" registradas na reunião de 28.11.20221 era a "Criação de Gab Crise, inicialmente no campo informacional (proposta no COTER)". No mesmo sentido, a planilha "Desenho Op Luneta" de HÉLIO FERREIRA LIMA previa a necessidade de uma "estrutura de apoio para o estabelecimento de um gabinete central de crise e gabinetes estaduais".

220 Outro documento de relevo encontrado, denominado "HD_2022b.doc", é similar ao anterior, porém com menos nomes.

221 Chefiado, à época, por AUGUSTO HELENO RIBEIRO PEREIRA.

Presidência da República
Gabinete de Segurança Institucional

MINUTA

<u>Gabinete Institucional de Gestão de Crise</u>

1. FINALIDADE

- Estabelecer diretrizes estratégicas, de segurança e administrativas para o gerenciamento da crise institucional.

2. REFERÊNCIAS

- Decreto Presidencial
- Lei 13.844/2019

3. MISSÃO

- Realizar o acompanhamento das ações estabelecidas no Decreto Presidencial para analisar os assuntos com potencial de risco com o objetivo de prevenir e mitigar riscos nas ações estabelecidas e articular o gerenciamento da crise.

4. OBJETIVO ESTRATÉGICO

- Proporcionar ao Presidente da República maior consciência situacional das ações em curso a fim de apoiar o processo de tomada de decisão.

5. DIRETRIZES ESTRATÉGICAS

- Acompanhar as ações estabelecidas no Decreto Presidencial dentro do tempo, espaço, propósito e instituições envolvidas.
- Estabelecer relações de confiança mútua para obter maior interoperabilidade entre as instituições envolvidas nas ações estabelecidas no Decreto Presidencial.
- Elaborar e monitorar cenários.
- Estabelecer ligações com os Ministérios para supervisionar, coordenar, monitorar e avaliar as ações ministeriais.
- Estabelecer ligação especial entre GAB CRISE (GSI/PR - Nível Estratégico), o COP/MD (MD e FA - Nível Operacional), assim como com os COP/FA para acompanhar as ações em curso.

- Elaborar e executar Plano Comunicação Social para influenciar a opinião pública, informar e motivar Pub Alvo nacionais e internacionais, de forma a favorecer as ações planejadas e em curso.
- Supervisionar, coordenar e controlar as ações comunicação social dos Ministérios e demais Órgãos, eventualmente demandados (SISCOM).
- Acompanhar e colaborar, em ligação com o MD, com as ações de comunicação social dos órgãos táticos operacionais.
- Estabelecer discurso único, em todos os níveis, nas atividades de comunicação social para evitar interpretações e ilações que desinformem a população.
- Designar Porta-Voz com notoriedade nacional e internacional.
- Estabelecer Asse Parlamentares (SEPAR/SEGOV) para o acompanhamento aproximado e monitoramento das ações e decisões das Casas do Congresso Nacional.
- Buscar o máximo de apoio parlamentar ao Decreto Presidencial.
- Preferencialmente, articular o apoio parlamentar no sentido da aprovação das medidas políticas necessárias às ações previstas no Decreto Presidencial.
- Monitorar e, se for o caso, orientar / assessorar as ações jurídicas estabelecidas no Decreto Presidencial.
- Em ligação com o GSI (ABIN) e os Centros de Inteligência das FA, estabelecer rede de inteligência nos níveis estaduais e municipais, interagências, para atuar como gestor das informações, sensor e catalizador de conhecimentos de inteligência oriundos da coleta de informações das instituições e da população civil.
- Elaborar, em ligação com GSI (ABIN), conhecimentos de inteligência com o objetivo de subsidiar o processo de tomada de decisão.
- Realizar a avaliação de risco tendo como base as ações de contrainteligência.
- Monitorar a sincronização das missões e ações estratégicas no tempo, espaço e propósito visando aumentar a sinergia das ações planejadas e em curso.

6. ESTRUTURA ORGANIZACIONAL

a. **Chefe do Gabinete de Crise**
Gen Heleno

b. **Coordenador Geral do Gabinete de Crise**
Gen Braga Netto

c. **Assessoria Estratégica**
Gen Mário
Cel Élcio

d. **Assessoria Comunicação Social**
Cel André
Cel Vilela
Cel Yatabe
Cel Peregrino
TC Sena
TC Letícia
Amanda

e. **Assessoria Operações Psicológicas**
---

f. Assessoria Jurídica
Dr. Lacava
Dr. Melgasso
SAJ
AGU

g. Assessoria de Inteligência
Cel Azevedo
Cel Vieira de Abreu
Cel Kormann

h. Assessoria Parlamentar
Cel Moura Alves
Cel Saraiva
Cel Boelhouver

i. Assessoria de Relações Institucionais
Filipe Martins
---

j. Assessoria de Administração
----

l. Assessoria de TI
Gen Oliveira Freitas

k. Assessoria de Segurança das Instalações
Gen Carlos Feitosa

7. CONSIDERAÇÕES FINAIS

a. Funcionamento

1) Ativação
- 16/12/2022

2) Local
- Sala de reunião suprema, 2º piso, Palácio do Planalto

3) Regime de trabalho
- 24/7

b. Funções especiais

- Ligação COP/MD
- Ligação COP/COTER
- Ligação Intlg
- Ligação SECOM
- Ligação STM
- Ligação AGU
- Ligação MJSP

- Ligação ME
- Ligação MRE
- Ligação MINFRA
- Ligação MAPA
- Ligação MME
- Ligação MS
- Ligação Casa Civil
- Ligação Secretaria Geral
- Ligação Secretaria de Governo

- Com Soc com Estados e municípios
- Minimizar as narrativas da mídia
- Ctto povos indígenas
- Ctto Agro
- Ctto com manifestantes
- Ctto classe de caminhoneiros
- Ctto com PM e Civis dos estados
- Idt lideranças políticas favoráveis as ações
- Idt jornalistas favoráveis as ações
- Idt prefeitos e governadores favoráveis as ações
- Mdd de proteção da população civil contra-ataques de contrários infiltrados ou não.

Criado em 16.12.2022, o documento previa que o gabinete seria instituído após a consumação do golpe de Estado. Recorde-se que, nesse mesmo dia, SÉRGIO CAVALIERE enviou mensagem ao Coronel Gustavo Gomes, revelando ser real a expectativa de que o Decreto ainda fosse assinado: "*teremos que cortar algumas cabeças então. Assine logo e deixe rolar. Deixe o povo saber quem soa os traidores. É só partir com os fuzileiros*".

O objetivo do gabinete seria "*estabelecer diretrizes estratégicas, de segurança e administrativas para o gerenciamento da crise institucional*". Chefiado pelo General AUGUSTO HELENO RIBEIRO PEREIRA, o órgão teria coordenação-geral a cargo do General WALTER SOUZA BRAGA NETTO. O General MÁRIO FERNANDES faria parte da assessoria estratégica, enquanto a assessoria de relações institucionais seria ocupada por FILIPE GARCIA MARTINS PEREIRA.

O documento "HD_2022a.doc", posteriormente renomeado para "Gab_Crise_GSI.doc", foi impresso, em 16.12.2022, no Palácio do Planalto, por MÁRIO FERNANDES, tendo em seguida sido impresso pelo Coronel REGINALDO VIEIRA DE ABREU,[222] em seis cópias, possivelmente para distribuição em reunião sobre o tema. Registre-se que, em 17.12.2022, MÁRIO FERNANDES visitou JAIR MESSIAS BOLSONARO no Palácio da Alvorada, com registro de entrada às 18h05 e saída às 18h50.

Os denunciados especulavam a todo momento sobre possíveis mudanças no posicionamento do Alto Comando do Exército que pudessem justificar a assinatura do Decreto e a estruturação do gabinete de crise.

No dia 20.12.2022, o Coronel Gustavo Gomes perguntou a SÉRGIO CAVALIERE se havia "*algo novo no front*". Citando MAURO CID como fonte, o Tenente-Coronel demonstrou desânimo momentâneo, dizendo: "*não vai rolar nada*" e ressaltou novamente que a Marinha havia aceitado atuar em favor do Golpe, mas necessitaria da participação das outras Forças, pois "*não guenta a porrada que vai tomar sozinha*".

---

222 Então chefe de gabinete de MÁRIO FERNANDES.

Em seguida, proferiu ataques aos integrantes do Alto Comando do Exército, dizendo: "*nossos líderes, formados naquela escola de prostitutas né, por escolherem um lado, o seu lado lado pessoal, em detrimento do povo*". SÉRGIO CAVALIERE explicou, ainda, o motivo de o então Presidente JAIR BOLSONARO ainda não ter assinado o decreto: "*E o presidente não vai embarcar sozinho porque pode acontecer o mesmo que no Peru. Ele está com decreto pronto ele assina e aí ninguém vai ele vai preso. Então não vai arriscar (...)*". A mensagem confirma que a deposição do novo governo eleito não havia acontecido por circunstâncias alheias à vontade dos denunciados.

Logo no dia seguinte, contudo, as trocas de mensagens entre o Coronel FABRÍCIO BASTOS e o Tenente-Coronel CORREA NETTO revelaram que a esperança do grupo ainda não havia se encerrado.[223] FABRÍCIO BASTOS escreveu a CORREA NETTO: "*Vento mudando na guarnição*", indicando a possibilidade de reverterem a posição do Comandante do Exército. Em resposta, CORREA NETTO disse ter falado com MAURO CID naquele dia, o qual afirmou que o decreto não seria assinado, pois JAIR BOLSONARO não tinha o apoio das Forças Armadas e tinha receio de ser preso. FABRÍCIO BASTOS informou, então, que a novidade seria o cancelamento da ida do General Freire Gomes a Goiânia/GO, com a realização de uma reunião com todos os Generais quatro estrelas: "*(...) a novidade é que hoje o GFG iria para Goiânia para sua despedida, mas cancelou o evento e houve uma reunião com todos os 4 estrelas da Gu*".

WALTER SOUZA BRAGA NETTO também não escondia sua expectativa de permanência no poder, o que somente poderia ocorrer mediante o golpe. Ao receber um currículo de Sérgio Rocha Cordeiro, em 27.12.2022, afirmou: "*Cordeiro,* se continuarmos *poderia enviar para a Sec Geral. Fora isso vai ser foda*".[224]

Até mesmo nas mensagens trocadas diretamente por JAIR MESSIAS BOLSONARO, evidenciou-se o planejamento de outras ações gravosas

---

223 IPJ-RA n. 4812470/2024 – SAOP/DICINT/CCINT/CGCINT/DIP/PF.

224 Informação de Polícia Judiciária n. 4401196/2023 – SAOP/DICINT/CCINT/CGCINT/DIP/PF e Informação de Polícia Judiciária n. 4742566/2024 – SAOP/DICINT/CCINT/CGCINT/DIP/PF.

após o dia 15.12.2022.[225] Em 2.1.2023, BOLSONARO recebeu mensagem de Maurício Pazini Brandão, Major-Brigadeiro da Aeronáutica, que lhe informou: "*O plano foi complementado com as contribuições de sua equipe. Aguardamos na esperança de que será implementado. Bom dia. A 'minha tropa' (hehehehe) continua com 'sangue nos olhos'..... Bom dia. Feliz Ano Novo. Conversa hoje com o Amir. Desmobilizamos a tropa ou permanecemos em alerta?*".

Explica-se, assim, a renovação do ânimo de SÉRGIO CAVALIERE, mesmo após a posse do novo governo eleito. Em conversa virtual com MAURO CID, em 4.1.2023, evidenciou-se que o grupo ainda acreditava na ruptura institucional e que o Ajudante de Ordens de JAIR MESSIAS BOLSONARO tinha plena ciência de que novos eventos estavam por vir. SÉRGIO CAVALIERE perguntou: "*Ainda tem algo para acontecer?*", ao que MAURO CID respondeu com duas mensagens, apagando-as em seguida. Diante das respostas recebidas, SÉRGIO CAVALIERE indagou: "*Coisa boa ou coisa horrível?*" e em seguida disse: "*Bom*". MAURO CID ponderou na sequência: "*Depende para quem. Para o Brasil é boa*". O diálogo aconteceu quatro dias antes dos atos antidemocráticos ocorridos em Brasília no dia 8.1.2023.

Do vínculo com os manifestantes e o dia 8.1.2023

A fala de MAURO CID no dia 4.1.2023 confirma que a organização criminosa tinha pleno controle sobre as manifestações antidemocráticas espalhadas pelo país. Além dos direcionamentos formulados diretamente por MAURO CID, na condição de porta-voz de JAIR BOLSONARO,[226] as investigações descortinaram a forte atuação de

---

225 Informação de Polícia Judiciária n. 4812470/20242024 – SAOP/DICINT/CCINT/CGCINT/DIP/PF.

226 Recorde-se da troca de mensagens ocorrida entre MAURO CID e RAFAEL MARTINS DE OLIVEIRA em 11.11.2022, já apresentada em tópico anterior. Na ocasião, RAFAEL MARTINS perguntou: "*Ae... o pessoal tá querendo a orientação correta da manifestação. A pedida é ir para o CN e STF? As FFAA vão garantir a permanência lá??/Perguntas recebidas*", ao que MAURO CID respondeu "*Cn e stf/Vão*".

MÁRIO FERNANDES, à época Chefe Substituto da Secretaria-Geral da Presidência da República, na interlocução entre o Governo e os apoiadores de JAIR MESSIAS BOLSONARO.

Apurou-se que, em 2.11.2022, 5.11.2022, 13.11.2022 e em 18.11.2022, MÁRIO FERNANDES estivera pessoalmente no acampamento montado em Brasília, conforme fotografias encontradas em seu dispositivo celular.[227] Identificou-se, ainda, estreito vínculo entre o denunciado e as principais lideranças populares.[228]

Foram fartas as comunicações entre MÁRIO FERNANDES e o caminhoneiro Lucas Rottilli Durlo,[229] que revelaram o suporte moral e material fornecido pelo governo de BOLSONARO às manifestações antidemocráticas.

Em 29.11.2022, MÁRIO FERNANDES enviou áudio, via *WhatsApp,* para Lucas, informando: "*recebi um retorno aqui que os ajustes junto à Secretária de Segurança do DF já foram feitos. E deve ter um movimento amanhã e domingo, né*". O denunciado ainda aproveitou para direcionar as movimentações – "*essa pressão ela acaba sendo importante também aqui na Esplanada, né. Como parece que tá sendo planejado, aí*".

Em 8.12.2022, Lucas Rotilli Durlo pediu auxílio a MÁRIO FERNANDES quanto a possível busca e apreensão autorizada pelo Ministro Alexandre de Moraes, que seria realizada nos caminhões estacionados no acampamento – "*aí vê pra mim aí o que que o senhor consegue levantar aí se eles têm esse poder de autoridade de poder entrar dentro do Quartel-General aqui pra mexer com os caminhões. Tá bom?*".

Confirmando seu papel de interlocutor com a Presidência da República, MÁRIO FERNANDES enviou, no mesmo dia, mensagem de áudio para MAURO CÉSAR BARBOSA CID, afirmando: "*a gente tem procurado orientar tanto o pessoal do agro como os caminhoneiros que tão lá em frente ao QG. E pô e hoje chegou pra gente que parece que existe um*

227 Celular *APPLE Iphone* 13 (item 1 do termo de apreensão n. 520656/2024).

228 Informação de Polícia Judiciária n. 4812470/2024 – SAOP/DICINT/CCINT/CGCINT/DIP/ PF.

229 Lucas Rotilli Durlo, conhecido como "Lucão", líder dos caminhoneiros autônomos de Diamantino, São José do Rio Claro e Alto da Graça. Atuou como um dos líderes do acampamento golpista montado em Brasília, em frente ao QG do Exército.

mandato de busca apreensão do TSE, não, do Supremo em relação aos caminhões que tão lá". Pediu, na sequência: "*Se o presidente pudesse dar um* input *ali pro Ministério da Justiça pra segurar a PF ou para a Defesa alertar o CMP*".[230]

Em resposta, MAURO CÉSAR BARBOSA CID concordou "*pode deixar que eu vou comentar com ele*", referindo-se a JAIR MESSIAS BOLSONARO. O diálogo não deixa dúvidas do suporte fornecido pelo entorno de JAIR BOLSONARO às manifestações antidemocráticas, até mesmo com o uso indevido da estrutura do Estado.

Para evitar o cumprimento do mandado, MÁRIO FERNANDES também enviou áudio a WALTER SOUZA BRAGA NETTO, solicitando: "*se o senhor puder intervir junto ao presidente, falar com o Ministro Anderson, porra, segurar a PF, pô, pra esse cumprimento de ordem, conversar com o próprio CMP ou com o comandante do Exército, pra gente segurar, proteger esses caras ali, né?*".

MÁRIO FERNANDES acionou o Comandante Militar do Planalto, General Gustavo Henrique Dutra de Menezes, na mesma data – "*Não sei se você já tá ciente e no apoio que nós temos dado tanto ao pessoal do agro como aos caminhoneiros que estão aí na, na manifestação*". Reforçando a proximidade de JAIR BOLSONARO com os manifestantes, ressaltou: "*alguns caminhoneiros que conhecem o presidente fizeram contato*".

Após o cumprimento dos mandados de busca e apreensão, que não puderam ser evitados, Lucas Rotilli Durlo voltou a se comunicar com MÁRIO FERNANDES, em 15.12.2022, buscando orientações – "*Eu queria ver com o senhor aí qual que é a perspectiva, até quando vocês querem que a gente fique aqui, general? Vê com o Presidente aí*". A mensagem revela ser do conhecimento dos manifestantes que as coordenadas vinham diretamente de JAIR MESSIAS BOLSONARO.

Apurou-se, ainda, o estreito contato entre MÁRIO FERNANDES e Rodrigo Yassuo Faria Ikezili, que também ocupava posição de liderança no acampamento de Brasília e era companheiro de Klio Damião Hirano,

---

230 Comando Militar do Planalto.

presa pela Polícia Federal por sua participação nos atos depredatórios na sede da Polícia Federal em 12.12.2022.[231]

Em 9.12.2022, Rodrigo solicitou a MÁRIO FERNANDES auxílio para liberar a entrada de uma tenda no acampamento, descortinando o controle absoluto da organização criminosa sobre o que ocorria no acampamento montado na Capital Federal.

Em 10.12.2022, ficou ainda mais evidente que os movimentos dos apoiadores de JAIR MESSIAS BOLSONARO não eram espontâneos, mas fruto de prévia orientação da organização criminosa. Na ocasião, Rodrigo revelou aguardar direcionamentos de MÁRIO FERNANDES: "*a gente tá indo lá pra esplanada, pra manifestação da esplanada, ok? É... e eu preciso falar urgente com o senhor, sobre aquela... aquele churrasco. É... se conseguiu alguma orientação aí*".

No dia seguinte, em 11.12.2022, Rodrigo Yassuo Faria Ikezili indagou "*se tem uma agenda, assim, porque eu fico com medo porque amanhã ai é 12 e... É... amanhã no Palácio do Planalto, é a questão pra gente ter a segurança*". O pedido se repetiu em 13.12.2022, após a tentativa de invasão da sede da Polícia Federal, quando Rodrigo perguntou: "*o senhor está acompanhando? Peço uma orientação, por favor, Brasil*".

Outra liderança das manifestações, o Tenente-Coronel José Luiz Sávio Costa Filho, também se comunicava com MÁRIO FERNANDES em busca de orientações. Em 12.11.2022, questionou: "*Se o senhor autorizar, sem obviamente expor a sua pessoa e a, e a sua função, eu posso é... moti...dar uma, uma esperança pra eles aí de que isso possa ocorrer, tá. Eles só sairão pra, pra fazer qualquer tipo de caminhada etc. é... se houver é... esse respaldo e por parte do exército pra evitar conflito com as forças de segurança e outras, né*".

No mesmo dia, José Luiz Sávio Costa Filho informou que "*eles querem fazer uma marcha lá para Esplanada, que seja a pé, seja como for, tá. O pessoal vai mesmo na segunda-feira ou na terça-feira, principalmente. Mas só sairão daqui se o Exército criar uma escolta*". Em resposta, MÁRIO

231 No dia da diplomação, ocorreram incêndios, queima de veículos e tentativa de invasão e destruição da sede da Polícia Federal em Brasília.

FERNANDES endossou o movimento – "*acho a marcha excelente. É necessária*" – e complementou:

> Tem que dar uma pressionada na Esplanada tem que dar uma pressionada no Legislativo e no Judiciário. Até mesmo pra corroborar a mensagem, a última mensagem que foi transmitida no dia de ontem,[232] pelas Forças Armadas. Foi um aviso claro para o Legislativo que tá inerte, passivo e para o Judiciário, que tá cometendo atos autocráticos e inconstitucionais.

Em 16.11.2022, José Luiz Sávio Costa Filho relatou, em áudio enviado, que estava "*próximo à Praça dos Cristais. Nós vamos fazer contato com o pessoal por lá*" e externou a preocupação de que o Departamento de Trânsito (DETRAN) multasse os veículos estacionados no local. Em resposta, MÁRIO FERNANDES novamente operando para viabilizar as manifestações, disse que entraria em contato com "*meu irmão, que é da Polícia Civil, e tem alguns contatos no DETRAN, no DF*".

Novo áudio enviado, em 23.11.2022, por José Luiz Sávio Costa Filho torna caracterizar que a organização criminosa recebia informes sobre todas as orientações transmitidas aos apoiadores de JAIR MESSIAS BOLSONARO: "*a orientação que nós estamos dando aqui é para recrudescer. Agora é aumentar, melhorar a qualidade e recrudescer*".

Em 30.11.2022, o Senado Federal realizou audiência[233] para discutir a fiscalização das inserções de propagandas políticas eleitorais. Na data, ocorreu a denominada "manifestação pela liberdade", cujo organizador, Germano Schaffel Nogueira, também figurava dentre os contatos de MÁRIO FERNANDES.[234] No dia, MÁRIO FERNANDES esteve presente

---

232 Referindo-se à Nota intitulada "Às Instituições e ao Povo Brasileiro", assinada pelos Comandantes das Forças Armadas.

233 Informação de Polícia Judiciária n. 4812470/20242024 – SAOP/DICINT/CCINT/CGCINT/DIP/PF.

234 Em 19.12.2022, MÁRIO FERNANDES envia áudio a Germano, afirmando que "*E, meu amigo, aguarda, mantém as mesmas ações, a mesma vontade, certo? No apoio a nós, tá ok? Quem você puder orientar, manter, com o mesmo ímpeto, por favor, o faça, certo?*".

na Esplanada dos Ministérios, em conjunto com José Luiz Sávio Costa Filho, que informou: *"tô aqui às ordens, aqui na frente do Congresso junto com a turma, com os indígenas, tá. E com o pessoal que vai chegar e os patriotas".*

Em seguida, MÁRIO FERNANDES enviou áudios ao Coronel REGINALDO VIEIRA DE ABREU,[235] seu Chefe de Gabinete na Secretaria-Executiva da Presidência da República, ao General Luiz Eduardo Ramos Baptista Pereira,[236] a WALTER SOUZA BRAGA NETTO[237] e a AUGUSTO HELENO RIBEIRO PEREIRA,[238] solicitando a gravação de vídeo da audiência para posterior compartilhamento em redes sociais, com grande alcance e engajamento (IPJ n. 4812470/2024).

Mensagens identificadas entre MÁRIO FERNANDES e George Hobert Oliveira Lisboa, Coronel do Exército e Assessor Especial no Gabinete do Ministro da Secretaria-Geral da Presidência da República, revelaram que os denunciados contribuíam para a propaganda dos atos antidemocráticos.

Em 7.11.2022, MÁRIO FERNANDES e George Hobert discutiram a elaboração de panfleto que convocava manifestação para o dia

---

235 *Força, Velame! Vai ter uma audiência pública, porra, tá todo mundo comentando com o cara expondo sobre a... esclarecendo ainda mais sobre o que os achados da fraude eleitoral, porra, e a pressão daquela galera, veio muita gente do QG pra essa audiência pública. Foi o Girão que fez votar e foi aprovada por unanimidade. E ali não tem censura, então o nego vai falar tudo. Eu tô cerrando pra lá junto com o Coronel Sávio e o Jesus. Força!*

236 *Força, Kid Preto! Aguardando por aqui o vídeo, Kid Preto. Lembrar que, pô, a ideia do vídeo é potencializar a presença do pessoal ainda hoje aqui. Se o senhor puder se reunir aí com o General Braga Neto, General Heleno, pô, pra mandarem, vai ser muito bom. Força!*

237 *Força, General, se o senhor fez o vídeo já... o senhor puder mandar pra, pra... pra mim aqui, nós temos redes sociais aqui pra explodir, ampliar essa divulgação, ok? Força!*

238 *Força, General Heleno. É Mário de novo. Se o senhor já fez o vídeo e puder mandar pra mim o mais rápido possível aqui, nós temos várias redes aqui, o pessoal pronto pra dar ampla divulgação a ele. Se o senhor puder mandar pra cá eu agradeço, tá ok? Que a gente quer atingir o público que tá no QG e Brasília. também, ainda hoje, pra tá aqui no Congresso. Um grande abraço, general. Força!*

9.11.2022, em Brasília e no restante do país. Debateram os dizeres[239] do panfleto e suas cores, tendo MÁRIO FERNANDES enviado áudio a George Hobert parabenizando a pessoa responsável pela criação da versão final do arquivo.

A dupla igualmente compartilhou o documento de título "faixas", contendo diversas frases em retângulos, como "LIBERDADE SIM, CENSURA NÃO", "RESPEITO A CONSTITUIÇÃO, CONTAGEM PÚBLICA DOS VOTOS", "SOS FORÇAS ARMADAS", "NÃO A DITADURA DO JUDICIÁRIO", "NOVAS ELEIÇÕES PARA PRESIDENTE". Eram exatamente esses os dizeres antidemocráticos que estampavam os acampamentos montados pelos apoiadores de JAIR MESSIAS BOLSONARO, por meio de faixas e cartazes, o que denota, mais uma vez, o suporte material fornecido pela organização às manifestações ilícitas.

Em 5.12.2022, MARIO FERNANDES ainda compartilhou consigo mesmo o informe sobre manifestação que seria realizada em 10.12.2022, com o objetivo de "*tomar Brasília com um milhão de pessoas na Esplanada dos Ministérios*", revelando, de novo, o seu acompanhamento constante dos atos populares.

MAURO CÉSAR BARBOSA CID, por sua vez, também atuou na interlocução entre o governo de JAIR MESSIAS BOLSONARO e os financiadores das manifestações antidemocráticas.[240] Em 26.12.2022, o interlocutor Aparecido Andrade Portela[241] indagou a MAURO CID: "*o pessoal q colaborou c a carne, estão me cobrando se vai ser feito mesmo o churrasco. Pois estão colocando em dúvida, a minha solicitação*". A mensagem também demonstra que existia a expectativa de novos acontecimentos que poderiam ensejar a descontinuidade da ordem democrática.

Na sua resposta, MAURO CÉSAR BARBOSA CID fomentou a esperança do interlocutor, revelando que a expressão "churrasco" era o codinome

---

239 Dizeres: MOVIMENTO BRASIL / VAMOS MARCHAR PELO BRASIL / Brasília 09 nov 22 (13h) / Concentração no QG do Exército / Agende a marcha em sua cidade.

240 Informação de Polícia Judiciária n. 4277700/2024 – SAOP/DICINT/CCINT/CGCINT/DIP/ PF.

241 A participação de Aparecido Andrade Portela na organização criminosa será objeto de diligências complementares.

utilizado para o golpe de Estado: "*ponto de honra! Nada está acabado ainda da nossa parte. Se quiser eu falo com eles... para tirar da sua conta*".

O colaborador MAURO CÉSAR BARBOSA CID confirmou que BOLSONARO deliberadamente estimulava a expectativa da população, a fim de provocar uma ação que justificasse a intervenção das Forças Armadas. Confira-se:[242]

> Que em relação à troca de mensagens com Aparecido Portela, o colaborador afirma que o mesmo realmente era amigo do então Presidente Jair Bolsonaro e esteve por inúmeras vezes com o Presidente no mês de dezembro e incentivava a realização de ações que possibilitassem a ruptura institucional. Na mensagem do dia 26 de dezembro, ao cobrar "*se o churrasco seria feito*", Aparecido Portela estava cobrando a efetivação do golpe, pois ao dizer "*o pessoal que colaborou com a carne*" estava se referindo a pessoas do agronegócio que contribuíram financeiramente para a mobilização e manutenção de inúmeras pessoas na frente dos quartéis. (...) **o então Presidente sempre dava esperanças que algo fosse acontecer para convencer as Forças Armadas a concretizarem o golpe. O colaborador inclusive afirma que esse foi um dos motivos pelos quais o então Presidente Jair Bolsonaro não desmobilizou as pessoas que ficavam na frente dos quartéis.** (sem grifos no original)

MAURO CID também ressaltou a relevante participação de BRAGA NETTO na incitação dos movimentos populares, afirmando ser ele "*quem mantinha contato entre os manifestantes acampados na frente dos quarteis e o Presidente da República*". Referiu-se a significativa exortação de BRAGA NETTO, no dia 18.11.2022, a que os manifestantes mantivessem o ânimo:[243]

---

242 Depoimento prestado perante o Supremo Tribunal Federal.

243 Disponível em: https://www.youtube.com/watch?v=oaSqiusfk-8(Acesso em 24.1.2025). Registre-se que o colaborador MAURO CID se equivocou quanto ao local do pronunciamento, que não ocorreu em frente ao Quartel, mas em frente ao Palácio da Alvorada.

O colaborador recorda-se de um vídeo em que o General Braga Netto conversa com manifestantes em frente ao Quartel e afirma para os mesmos terem esperança porque ainda não havia terminado e algo iria acontecer. Sobre esse vídeo o colaborador reafirma que tanto o então Presidente Jair Bolsonaro quanto o General Braga Netto esperavam que algo pudesse acontecer para convencer as Forças Armadas a darem o golpe e por isso incentivavam a manutenção das mobilizações em frente aos quartéis.

O dia 8.1.2023

Os fatos narrados ao longo desta peça acusatória não deixam dúvidas de que o cenário de instabilidade social identificado após o resultado das eleições de 2022 foi fruto de uma longa construção da organização criminosa que se dedicou, desde 2021, a incitar a intervenção militar no país e a disseminar, por múltiplos canais, ataques aos poderes constitucionais e a espalhar a falsa narrativa do emprego do sistema eletrônico de votação para prejudicar JAIR BOLSONARO.

Tudo isso explica a escalada do ímpeto de violência verificada entre os apoiadores de BOLSONARO, que se encontravam acampados por todo país. Comprovou-se, contudo, que a atuação dos denunciados foi ainda mais contundente.

Como demonstrado, o núcleo central da organização criminosa estava em constante interlocução com as lideranças populares, em claros atos de direcionamento, mostrando-se plenamente ciente de todos os movimentos que seriam realizados por seus apoiadores.

O controle exercido pela organização criminosa sobre as manifestações populares era tão evidente que, em 4.1.2023, como visto, MAURO CID já manifestava ciência sobre o ato de violência que ocorreria poucos dias depois. O grupo aguardava o evento popular como a tentativa derradeira de consumação do golpe, tanto que, uma vez iniciadas as ações de vandalismo, MAURO CID comentou com a sua mulher:[244] "*Se o EB sair dos quartéis... é para aderir*".

---

244 Informação de Polícia Judiciária n. 4401196/2023 – SAOP/DICINT/CCINT/CGCINT/DIP/PF., fl. 495.

Em 8.1.2023, o grupo de apoiadores de JAIR MESSIAS BOLSONARO, munido de artefatos de destruição, avançou sobre a Praça dos Três Poderes em marcha organizada. Ao incentivo de palavras de ordem, o grupo invadiu o Senado Federal, a Câmara dos Deputados, o Palácio do Planalto e o Supremo Tribunal Federal, depredando o patrimônio público, com o objetivo final de impor um regime de governo alternativo, produto da deposição daquele legitimamente eleito, e provocando, com violência, a destruição do Estado Democrático de Direito.

As ações delituosas não se esgotaram nos danos às instalações do Supremo Tribunal Federal, do Congresso Nacional e do Palácio do Planalto. A pretensão do grupo criminoso integrado pelo denunciado era a de abalar o exercício dos Poderes, mediante a prática reiterada de delitos, até que se pudesse consolidar o regime de exceção.

Estava-se diante de associação criminosa, pautada pela ideia da "*tomada de poder*", em investida que "*não teria dia para acabar*".[245] As mensagens trocadas pelo grupo de invasores, em redes sociais, instigavam comportamentos violentos contra Ministros do Supremo Tribunal Federal, como ao dizerem que "*Bolsonaro deveria e [é] entra [entrar] dentro do STF com uma metralhadora e metralhar todos ministro kkk*".[246] A campanha da organização criminosa contra os poderes constitucionais havia surtido o efeito esperado.

O grupo que invadiu o Congresso Nacional, o Supremo Tribunal Federal e o Palácio do Planalto causou destruição, inutilização e deterioração de patrimônio da União, com violência a pessoas e grave ameaça, emprego de substância inflamável, gerando prejuízo considerável para a União. Móveis e instalações funcionais dos prédios públicos dos três Poderes foram assanhadamente destroçados.

---

245 Relatório preliminar sobre os atos antidemocráticos ocorridos no dia 8.1.2023 na sede do Senado Federal, remetido à Procuradoria-Geral da República, pelo Ofício n. 028/2023-SPOL (documento anexo).

246 Relatório preliminar sobre os atos antidemocráticos ocorridos no dia 8.1.2023 na sede do Senado Federal, remetido à Procuradoria-Geral da República, pelo Ofício n. 028/2023-SPOL (documento anexo).

Violências e graves ameaças físicas foram praticadas contra policiais[247] e jornalistas[248] que se encontravam na Praça dos Três Poderes. Os militantes logo se dividiram em grupos e se direcionaram, com o mesmo objetivo destrutivo, aos edifícios-sedes do Congresso Nacional, do Supremo Tribunal Federal e da Presidência da República.

O prejuízo global causado pelo grupo criminoso foi avaliado em (i) R$ 3.500.000,00, no Senado Federal;[249] (ii) R$ 2.717.368,08, na Câmara dos Deputados;[250] (iii) mais de R$ 9.000.000,00 apenas com obras de arte no Palácio do Planalto; e (iv) R$ 11.413.654,84 no Supremo Tribunal Federal, excluídos dessas contas os bens de valor inestimável.[251]

Omissões da Secretaria de Segurança Pública

O acontecimento de 8.1.2023, em Brasília, revelou-se um ataque frontal às bases da democracia nacional. A invasão e a depredação das sedes dos Três Poderes revelou, no que importa à denúncia neste passo, a omissão deliberada de altos funcionários da Secretaria de Segurança Pública do Distrito Federal (SSP/DF).

As condutas de ANDERSON GUSTAVO TORRES, FERNANDO DE SOUSA OLIVEIRA e MARÍLIA FERREIRA DE ALENCAR, no contexto

---

247 Disponível em: https://www.metropoles.com/distrito-federal/video-policial-e-agredido-por-dezenas-de-bolsonaristas-na-esplanada. Acesso em: 9 fev. 2023.

248 Disponíveis em: https://www.correiobraziliense.com.br/politica/2023/01/5064640-seis-profissionais-de-imprensa-sao-agredidos-durante-invasao-aos-tres-poderes.html; e https://www1.folha.uol.com.br/poder/2023/01/jornalistas-relatam-agressoes-e-ofensasdurante-cobertura-de-vandalismo-em-brasilia.shtml. Acessos em: 9 fev. 2023.

249 Exame em local de dano e Nota Técnica n. 1/2023-ATDGER – Relatório de danos ao patrimônio do Senado Federal (documento anexo).

250 Documento apresentado pela Câmara dos Deputados na CPMI dos atos de 8.1.2023 (documento anexo).

251 Ofício n. 023/GDG/2023, datado de 18.4.2023, subscrito pelo Diretor-Geral do Supremo Tribunal Federal, Sr. Miguel Piazzi (documento anexo).

da derradeira tentativa de golpe em favor de JAIR BOLSONARO,[252] revelaram descumprimento deliberado do dever que se lhes impunha, no âmbito das suas responsabilidades na segurança pública, de prevenir exatamente as barbaridades ocorridas.

ANDERSON GUSTAVO TORRES, então Secretário de Segurança Pública do Distrito Federal, era o responsável por coordenar e supervisionar todas as ações de segurança, articulando as operações entre os diversos órgãos da SSP/DF. FERNANDO SOUSA OLIVEIRA, Secretário-Executivo, atuava como o segundo em comando e, na ausência de ANDERSON, assumiu a responsabilidade pela coordenação das ações de segurança. Por sua vez, MARILIA FERREIRA DE ALENCAR, Subsecretaria de Inteligencia, tinha como função a produção, análise e disseminação de informações estratégicas, antecipando riscos e ameaças a ordem pública.

A análise do dispositivo móvel de MARÍLIA ALENCAR[253] forneceu elementos relevantes sobre o seu comportamento omissivo em consórcio com ANDERSON TORRES e FERNANDO DE SOUSA OLIVEIRA no âmbito da Secretaria de Segurança Pública do Distrito Federal. As omissões foram cruciais para a consumação dos eventos de insurgência de 8.1.2023. As práticas malsãs foram identificadas a partir da análise de conversas dos grupos de *WhatsApp* "Difusão" e "CIISP MANIFESTAÇÕES", que reuniam agentes de diferentes órgãos de segurança pública,

---

252 A manutenção do plano golpista é reforçada pelos diálogos pelos mantidos via WhatsApp entre os denunciados APARECIDO ANDRADE PORTELA e MAURO CID, após a negativa das Forças Armadas. Como indicado em tópicos anteriores, no dia 26.12.2022, MAURO CID é cobrado pelo Tenente PORTELA sobre a ''realização de um churrasco". O interlocutor afirma que "O pessoal q colaborou c a carne , estão me cobrando se vai ser feito mesmo o churrasco". ''Pois estão colocando em dúvida, a minha solicitação''. MAURO CID responde ""Vai sim. Ponto de honra. Nada está acabado ainda da nossa parte". CID chega sugerir que poderia falar com "eles... para tirar da sua conta" e, na sequência, reitera a manutenção do plano golpista afirmando que "A GUERRA NÃO ACABOU" e "Sei que minha cabeça está a prêmio... sei que posso ser preso... mas pela nossa liberdade vai valer a pena!".

253 Documentada no Relatório de Análise de Polícia Judiciária n. 5/2023.

e havia sido criado justamente para auxiliar na solução de incidentes durante os protestos previstos para janeiro de 2023.

O grupo "Difusão" foi criado, no dia 4.1.2023, pelo Coronel da Polícia Militar do Distrito Federal, Jorge Henrique da Silva Pinto, e contava com sete participantes, incluindo ANDERSON GUSTAVO TORRES, FERNANDO DE SOUSA OLIVEIRA e MARÍLIA FERREIRA DE ALENCAR.

Na data da criação do grupo, o Coronel Jorge Henrique comunicou que, por determinação da Subsecretaria de Inteligência, o canal estava aberto para facilitar a disseminação de dados e informações pertinentes ao acompanhamento de manifestações, atos e eventos que pudessem causar impacto na segurança pública do Distrito Federal.[254]

Em 5.1.2023, o Coronel Jorge Henrique começou a informar sobre a agenda dos principais eventos a serem monitorados pela Coordenação de Assuntos Institucionais da SI-SSP/DF. Ressaltou que estavam programados "*atos para os dias 06, 07, 08 e 09 de janeiro de 2023*", incluindo uma convocação para a ação "*Tomada de Poder*".[255]

O grupo "CIISP MANIFESTAÇÕES", por sua vez, foi criado no dia 7.1.2023, às 18h56, pela Subsecretaria de Inteligência da SSP, com a finalidade de aumentar o fluxo e o compartilhamento de informações referentes às manifestações em Brasília. Confirmou-se que "CIISP" se referia a uma célula integrada de inteligência que atuava virtualmente. Nesse grupo, já em 8.1.2023, às 10h32, foram compartilhados informes de um membro da ABIN sobre convocações para deslocamentos à Esplanada dos Ministérios, ocupações de prédios públicos e ações violentas.

Identificou-se, ainda, no grupo de *WhatsApp* "Análise", que compreendia dezesseis integrantes da Subsecretaria de Inteligência da SSP/DF, o compartilhamento, no dia 5.1.2023, de relatório da 7ª Cia de Inteligência do Exército Brasileiro, intitulado "Eventos Relevantes Pós 2º Turno das Eleições de 2022". O relatório alertava sobre convocações para manifestações programadas para os dias 7 e 8 de janeiro de 2023 em Brasília. Foi alertado que "ABDALA JUNIOR" convocara marcha

---

254 RAPJ n. 5/2023.

255 RAPJ n. 5/2023.

em direção à Esplanada dos Ministérios, bem como que "ANA PRISCILA AZEVEDO" fazia ameaças relacionadas à possível paralisação de abastecimento de combustível. O caráter extraordinário dos eventos programados era do conhecimento prévio das autoridades locais.[256]

A análise também revelou que, em 6.1.2023, durante conversa via *WhatsApp*, FERNANDO questionou MARÍLIA: "*Alguma novidade sobre as manifestações do fim de semana?*". Em resposta, MARÍLIA afirmou: "*Tô com o relatório aqui*" e "*vou levar*". Na mesma data, às 20h20, FERNANDO enviou notícia sobre a convocação de atos em Brasília e os interlocutores discutiram brevemente o tema. Na sequência, já em 7.1.2023, MARÍLIA encaminhou uma mensagem com informações sobre "MANIFESTAÇÕES CONTRA O RESULTADO DAS ELEIÇÕES PRESIDENCIAIS – QGEx", seguida da menção "*ABIN*". Em resposta, FERNANDO enviou áudio não recuperado.[257]

O histórico das conversas mantidas entre MARÍLIA e o interlocutor Alberto Rodrigues, Delegado da Polícia Federal, também confirmam que, no dia 7.1.2023, MARÍLIA estava plenamente ciente das "*manifestações contra o resultado das eleições presidenciais*".

Ainda em 7.1.2023, às 8h13, durante conversa com o Coronel Jorge Henrique, MARÍLIA relatou que recebia informações diretamente da ABIN, repassadas por Leonardo Singer, Oficial de Inteligência da ABIN e Secretário de Planejamento e Gestão. Entre as informações, identificou-se um documento intitulado "IP - Sumário de Ameaças (6 jan. 2023).pdf", que advertia sobre dois indivíduos com potencial para causar riscos às manifestações, devido ao conteúdo agressivo e ameaças feitas em redes sociais.

Em seguida, às 8h14, MARÍLIA enviou o arquivo ao Coronel Jorge Henrique. Por volta das 9h38 do mesmo dia, ela também compartilhou outras informações sobre grupos se deslocando para Brasília com a intenção de realizar atos violentos, incluindo menção ao transporte de pés-de-cabra.[258]

---

256 IPJ n. 396/2024.

257 RAPJ n. 5/2023.

258 IPJ n. 396/2024.

Mais tarde, às 12h08 do dia 7.1.2023, MARÍLIA repassou ao Coronel Jorge Henrique informações sobre os manifestantes acampados que demonstravam ânimos exaltados e falou da possibilidade de confrontos na Esplanada dos Ministérios. Já havia conhecimento de que 105 ônibus fretados chegavam a Brasília, transportando aproximadamente 3.900 passageiros.

Os diálogos sobre o aumento do número de ônibus e de pessoas presentes prosseguiram. No dia 8 de janeiro de 2023, às 10h45, o Capitão Antônio Dias enviou uma mensagem com uma atualização sobre a quantidade de ônibus na área central de Brasília. Segundo a mensagem, havia um total de 120 ônibus, permitindo estimar que ao menos quatro mil e oitocentas pessoas de fora do Distrito Federal participariam dos atos. Às 11h13, o Capitão informou que os manifestantes marchariam para a Esplanada às 13h, e, às 12h36, acrescentou que os manifestantes já apresentavam sinais de animosidade e discutiam abertamente a intenção de "*tomar o poder*". Os diálogos continuaram com relatos sobre a dinâmica das manifestações e a identificação de pessoas armadas com objetos como "*pau, estilingue e ripas com pregos*" (RATC n. 1/2024).

No grupo "Difusão", também foram compartilhadas mensagens referentes ao expressivo número de pessoas e ao caráter violento das manifestações programadas para o dia 8 de janeiro de 2023. Foi somente às 16h50 do mesmo dia, após o envio de diversas mensagens sobre a dinâmica dos eventos e a invasão às sedes dos Três Poderes, que a Subsecretária de Inteligência da SSP/DF, MARÍLIA FERREIRA DE ALENCAR, enviou a sua primeira mensagem no grupo, informando: "*Força Nacional subindo agora pro Palácio*" (RATC n. 1/2024).

Às 22h09 do dia 8.1.2023, o Coronel Jorge Henrique enviou a MARÍLIA o documento intitulado "RELINT OX 2023 - ARQ.docx", um relatório de inteligência da Subsecretaria de Inteligência da SSP/DF. O arquivo, em sua versão intitulada "RELATÓRIO DE INTELIGÊNCIA Nº 0xx/2023/30/SI/SSP/DF OXJAN2023", compilava uma série de eventos até a chegada do dia 8 de janeiro de 2023 e incluía menções a ações agressivas, além da catalogação de perfis identificados como violentos,[259] evidenciando

---

259 IPJ n. 396/2024.

o conhecimento prévio dos denunciados de todos os acontecimentos que culminaram na eclosão dos atos de violência. A gravidade da situação[260] se ampliou com a decisão de ANDERSON TORRES de viajar para

---

260 O Governador do Distrito Federal confirmou que a Polícia Militar do Distrito Federal estava suficientemente equipada para agir nas manifestações violentas que ocorreram em 8.1.2023:

Governador Ibaneis Rocha:

[1h4min13s -> 1h4min17s] a Polícia Militar do Distrito Federal é uma das mais bem equipadas do Brasil.

[1h4min17s -> 1h4min23s] Nós temos um efetivo hoje de mais de 10 mil policiais militares, que é pequeno, vamos conseguir uma ampliação agora.

[1h4min23s -> 1h4min28s] Mas eles têm equipamentos suficientes, trabalham com inteligência e eles são suficientes.

[1h4min28s -> 1h4min33s] E nós não tínhamos nenhum motivo para desconfiar na Polícia Militar do Distrito Federal,

[1h4min33s -> 1h4min39s] porque ao longo dos quatro anos que eu estava à frente do governo, eu não tinha tido nenhuma intercorrência, nenhum medo nenhum.

[1h4min39s -> 1h4min45s] Sempre a Polícia Militar atuou de forma efetiva e com resultados positivos.

O Governador Ibaneis Rocha declarou, enfim, que foi surpreendido com a viagem de ANDERSON ao exterior e que somente tomou conhecimento na data dos fatos, bem como que houve uma quebra de confiança em relação ao trabalho do então Secretário de Segurança Pública do Distrito Federal, o que ensejou a exoneração do referido denunciado:

Representante da PGR:

[1h2min41s -> 1h2min46s] O senhor chegou a exonerar o secretário de segurança pública na ocasião ?

Governador Ibaneis Rocha:

[1h2min46s -> 1h2min55s] Fiz essa exoneração ainda lá de casa, não anunciei a exoneração dele, porque eu entendi que se ele estivesse à frente,

[1h2min55s -> 1h3min2s] talvez não tivesse acontecido aqueles fatos, então houve uma certa quebra de confiança em relação ao trabalho do Anderson.

[1h3min2s -> 1h3min7s] E o fato também de eu ter sido pego surpresa com a viagem dele para os Estados Unidos.

Orlando às vésperas dos ataques. A viagem, mesmo diante da ciência da possibilidade de eventos dramáticos, respondeu a estratégia deliberada de afastamento e conivência com as ações violentas que se aproximavam. A postura adotada, além de fragilizar a percepção pública sobre o comprometimento das autoridades, transmitiu a mensagem de que as forças de segurança estavam alinhadas aos interesses dos violentos.

Recorde-se que ANDERSON GUSTAVO TORRES, FERNANDO DE SOUSA OLIVEIRA e MARÍLIA FERREIRA DE ALENCAR já haviam aderido aos planos da organização criminosa desde muito antes, o que ficou evidente no pleito eleitoral de 2022, quando coordenaram a utilização indevida da estrutura da Polícia Rodoviária Federal para obstaculizar o trânsito de eleitores a zonas eleitorais em regiões do Nordeste, onde detectaram votação mais expressiva em Lula da Silva. O objetivo era, como agora, situar JAIR BOLSONARO no Poder.

Nesse sentido, a inércia da cúpula da Secretaria de Segurança Pública do Distrito Federal, diante de alertas claros sobre as intenções violentas dos manifestantes, coloca em evidência a continuidade da contribuição dos denunciados ao projeto antidemocrático da organização criminosa.

Ressalte-se que os Relatórios de inteligência, como o Relatório n. 6/2023,[261] elaborado pela Subsecretaria de Inteligência da SSP/DF, já indicavam, dias

---

[1h3min7s -> 1h3min12s] Ele havia me avisado antes, quando eu conversei com ele ainda dizendo que ele tinha uma viagem para fazer,

[1h3min12s -> 1h3min15s] mas ele não havia me comunicado a data dessa viagem.

[1h3min15s -> 1h3min22s] E aí quando foi no sábado de manhã eu descobri quando eu liguei para ele que ele estava pousando nos Estados Unidos.

261 RELATÓRIO 06JAN2023 DE INTELIGÊNCIA N. 006/2023/30/SI/SSP/DF

A Subsecretaria de Inteligência da Secretaria de Estado de Segurança Pública (SI/SSP), no intuito de assessorar o planejamento integrado de segurança pública no que concerne à convocação de atos públicos, em Brasília, entre os dia 06 e 08JAN23, produz o presente conhecimento:

RESUMO

Circula divulgação sobre a realização de atos, em Brasília, entre os dias 06 e 08JAN23, com vinda de caravanas de outros Estados, em oposição ao atual Governo Federal. Em desdobramento, a partir do dia 09JAN23 estaria prevista a realização de uma “greve

antes da invasão, a ameaça de atos violentos e da invasão de prédios públicos.

---

geral". Entre as eventuais ações estariam invasão a órgãos públicos e bloqueio em refinarias e/ou distribuidoras de combustíveis

2. ACAMPAMENTO NA ÁREA DO QUARTEL-GENERAL DO EXÉRCITO

Em virtude do resultado da eleição presidencial, manifestações ocorreram em diversas cidades brasileiras com realização de bloquelos em rodovias, instalação de acampamentos em frente às unidades militares, além de ocorrência de ações adversas, como, por exemplo, aquelas decorridas no dia 12DEZ22. Com a posse do novo Presidente da República, houve intensa desmobilização no campamento instalado na área do Quartel-General do Exército de Brasília (QGEx), porém ainda há um grupo que permanece no local.

No dia 05JAN23, às 15h30, foram verificadas as seguintes situações: estacionamento de terra com acesso bloqueado e com 04 tendas no local; recolhimento de material pelos militares em tendas desocupadas e presença de cerca de 100 pessoas em frente ao QGEx.

Em que pese a mencionada desmobilização, nota-se convocação para novas mobilizações pelas redes sociais e previstas para ocorrer em Brasília contra o atual governo federal.

2. MOBILIZAÇÕES DE OPOSIÇÃO AO ATUAL GOVERNO FEDERAL ENTRE OS DIAS 06 E OBJAN23

Circulam convocações para atos que apresentam pauta contrária ao atual governo federal, sobretudo no que tange à eleição e à posse do Presidente da República, sendo:

a) Convocação para atos entre os dias 06 e 08JAN 23

Circula convocação para ato, em Brasília, entre os dias 06 e 08JAN23, Intitulado por "Tomada de Poder pelo povo". As divulgações apresentam-se de forma alarmante, dada a afirmação de que a "tomada de poder" ocorreria, principalmente com a invasão ao Congresso Nacional.

Entre os organizadores da manifestação estariam integrantes de grupos autodenominados de patriotas, além dos segmentos da agronegócio e caminhoneiros.

Importa destacar que em transmissão realizada ao vivo, em rede social, houve destaque para manifestações a partir do dia 073AN23, com participação de milhares de pessoas e vinda de caravanas.

Assinala-se ainda grupo de mensagem, no qual os integrantes seriam pessoas conhecidas por CACs (Caçadores, Atiradores e Colecionadores) e com postagens sobre "sitiar Brasilia" e que denotam a intenção de prática de atos de violência no dia 083AN23.

A informação crítica, contudo, permaneceu restrita ao círculo mínimo dos denunciados, não alcançando as instâncias que poderiam ter tomado providências eficazes. Robustece a omissão deliberada da cúpula de segurança do Distrito Federal a ausência de medidas concretas ante os alertas emitidos

---

Por meio de grupos de aplicativo de mensagem, constata-se a intenção de organização de caravanas oriundas de outros Estados com destino a Brasília para participação dos referidos atos. Há orientação de que os participantes sejam adultos em boa condição física, sendo vedado a participação de crianças e daqueles que apresentam dificuldade de locomoção.

b) Greve Geral Como desdobramento dos atos mencionados acima, aventa-se a realização de uma "greve geral", a partir do dia 09JAN23, a qual teria apolo de segmentos específicos, tais como, agronegócio e caminhoneiros. Cita-se que a hashtag #GreveGeral teve destaque na trending topics em D3JAN23.

Instalação de acampamentos e/ou bloqueios em locais como refinarias e/ou distribuidoras de combustível, destacando-se estados do RJ, SP, PE, CE, MG, RN e PE;

Impedir o acesso de servidores aos órgãos; ocupar órgãos públicos que representam os três Poderes.

3. CONSIDERAÇÕES FINAIS

A divulgação dos eventos discorridos não apresenta informações consistentes acerca de dias, horário e local(is) exatos das mobilizações. Dentre as Inconsistências, cita-se, por exemplo, divulgação de vindas de ônibus no dia 04JAN2023 e retorno dia 063AN2023; alguns links destinados à organização de caravanas redirecionados para assunto distinto do proposto; divulgação de vídeos editados (com teor inverídico) de apolo de parlamentar(es), apoio de militares na remontagem do acampamento no QGEX e chegada de caravana(s) em Brasília no dia 05JAN23.

Destaca-se que um dos organizadores alega ser liderança entre os caminhoneiros, todavia, como corroborado em eventos passados, o mesmo não tem representatividade junto ao segmento.

Outrossim, a divulgação da mobilização prevista ocorreu recentemente (03JAN23), e, geralmente, manifestações com prazo exíguo comprometem a Em se tratando das eventuais ações previstas, além dos órgãos públicos localizados na Esplanada dos Ministérios, destacam-se dois pontos de distribuição de combustíveis localizados no Setor de Indústria e Abastecimento (SIA).

Até o momento, não se verifica chegada de caravana em Brasília relacionada à mobilização em questão.

pela Agência Brasileira de Inteligência (ABIN)[262] e pela Agência Nacional de

---

262 A Comissão Mista de Controle das Atividades de Inteligência (CCAI) do Congresso Nacional encaminhou a documentação de inteligência recebida da ABIN, que guardava pertinência com os eventos ocorridos em 8.1.2023. No ponto, a ABIN encaminhou os relatórios de inteligência produzidos de outubro a dezembro de 2022, que davam conta de movimentos que questionavam as eleições e com intentos violentos. Esclareceu que, embora não terem produzido Relatórios de Inteligência, foram realizados diversos "alertas" de inteligência. Encaminhou o Ofício n. 119/2023/GAB-DIVAP/GAB/DG/ABIN/CC/PR, com explicações sobre os fatos, relação de integrante dos grupos utilizados para difusão de alertas (CONSISBIN e CUSP – MANIFESTAÇÕES), bem como a relação dos alertas encaminhados1.
Quais foram os órgãos destinatários dos alertas emitidos desde o dia 6/1/2023 sobre o risco de ações violentas?
A tabela "Relação de alertas difundidos" (0855249) apresenta os Alertas enviados e os respectivos destinatários em anexo. Os alertas foram difundidos, via aplicativo de mensageria para os seguintes grupos: CONSISBIN, criado em 23 de novembro, de 2019 e administrado pela Agência Brasileira de Inteligência (ABIN), ;scom. "participação, no período, de representantes dos seguintes órgãos: Centro de Inteligência do Exército (CIE) - Centro de Inteligência da Marinha (CIM) - Assessoria de Inteligência de Defesa do Ministerio da Defesa (AID/MD) - Diretoria de- Inteligência da Secretaria de Operações Integradas do Ministério da Justiça e Segurança Pública (DINT/SEOPI) - Agência Nacional de Transportes Terrestres. (ANTT) Ministério da Infraestrutura (MINFRA) - Agência Nacional de Telecomunicações (ANATEL); CIISP-Manifestação, criado em 07 de janeiro de 2023 pela Subsecretaria de Inteligência da Secretaria de Segurança Pública do Distrito Federal (SI/SSP/DF), com participação de representantes dos seguintes órgãos: SI/SSP/DF, Polícia Civil do Distrito Federal. (PCDF), Comando de Policiamento Regional Metropolitano da Polícia Militar do Distrito Federal (CPRM/PMDF), Serviço de Análise Estratégica da Diretoria de Inteligência Policial do Departamento de Polícia Federal (SAE/DIP/DPF), Diretoria de Inteligência da Secretaria de Operações Integradas do Ministério da Justiça e Segurança Pública (DINT/SEOPI/M)), Unidade de Inteligência Operacional de Trânsito do Departamento de Trânsito do Distrito Federal (UninVDetran- DF), Supremo Tribunal Federal (STF), Tribunal Superior Eleitoral (TSE), Agenda Brasileira de Inteligência (ABIN), Comando de Operações Táticas da Polícia Federal (COT/DPF), Polícia Rodoviária Federal (PRF), Senado Federal, Câmara dos Deputados, Gabinete de Segurança Institucional (GSI), Centro de Inteligencia da Polícia Militar do

Distrito Federal (Q/PMDF), Corpo de Bombeiros Militar do Distrito Federal (CBMDF) e Centro de Produção, Analise, Difusão e Segurança da Informação do Ministério Publico do Distrito Federal e Territórios (CI/IMPDFT).

O grupo CIISP-Manifestação foi criado e administrado pela SI/SSP/DF, não pela ABIN.

Os dados apresentados na tabela "Relação de integrantes dos grupos" (0855251) foram recuperados por meio do histórico do grupo.

Quais órgãos compunham os destinatários dos grupos "CIE", "CIM", "AID/MD", "DINT/SEOPI", "MINFRA"? "CIE", "CIM", "AID/MD", "DINT/SEOPI", "'MINFRA" não eram grupos, mas, sim, representantes de órgãos que integravam, no período, o grupo de mensageria CONSISBIN: Centro de Inteligência do Exército (CIE), Centro de Inteligência da Marinha (CIM), Assessoria de Inteligência de Defesa do Ministerio da Defesa (AID/MD), Diretoria de Inteligência da Secretaria de Operações Integradas do Ministério da Justiça e Segurança Pública (DINT/SEOPI) e Ministério da Infraestrutura (MINFRA).

A tabela "Relação de integrantes dos grupos" (0855251) apresenta os órgãos e instituições que integram os grupos.

De que forma as informações chegavam a esses grupos?

Alertas são mensagens difundidas por aplicativos de mensageria para comunicar fatos e situações graves e urgentes, considerados de real ou potencial interesse imediato. São produzidos segundo os critérios de urgência e de relevância para informar sobre questão pontual, a qual, devido ao princípio da oportunidade, deve ser remetida de maneira célere.

Dessa forma, os Alertas foram difundidos via aplicativo-de mensageria WhatsApp.

Se há comprovação de recebimento dos alertas pelos integrantes desses grupos?

Em relação ao grupo CONSISBIN, o aplicativo de mensagerla possibilitava ao administrador visualizar o recebimento, das mensagens pelos integrantes, ainda que não tivesse sido estabelecido, à época, um" protocolo de confirmação de recebimento.

Em relação ao grupo CISP-Manifestação, a administração cabia à Subsecretaria de Inteligência da Secretaria de Segurança Pública do Distrito Federal (SI/SSP/DF).

Quem eram os agentes públicos responsáveis por receber o alerta sobre a violência dos atos desde 6/1/2023?

A tabela "Relação de Integrantes dos grupos (0855251) apresenta os órgãos e instituições que integram os grupos.

Quais órgãos compõem o Sistema Brasileiro de Inteligência (SISBIN), desde quando foram encaminhados alertas para esse sistema sobre o intuito violento dos atos, quais

Transportes Terrestres (ANTT)[263] sobre o crescente risco de violência.

---

foram os agentes que receberam esses alertas, se há comprovação do recebimento do alerta e se os responsáveis pelo recebimento foram acionados por outro modo mais célere acerca do envio e do teor do alerta enviado pela Abin.

O SISBIN é composto pelos órgãos elencados no art. 40 do Decreto n° 4,376, de 13 de setembro de 2002, alterado por meio do Decreto no 10.759, de 30 de julho de 2021.

A tabela "Relação de alertas difundidos" (0855249) indica que, a partir de 2 de janeiro de 2023, foram enviados Alertas sobre manifestações em capitais e rodovias. A tabela "Relação de integrantes dos grupos" (00855251), por sua vez, apresenta os membros dos grupos em que tais Alertas foram postados.

Os Alertas são produzidos pela ABIN para comunicar fatos e situações graves, com o objetivo de comunicação célere, tendo em vista exatamente a urgência e a relevância desses eventos.

Os Alertas foram difundidos, externamente, ao grupo de mensageria CONSISBIN e, parcialmente, ao grupo de mensageria CIISP-Manifestação (apenas quatro mensagens).

263 Conforme o documento 179 da CPMI, encaminhado pelo Ofício SEI n. 22258/2023/DG-ANTT1, a Agência Nacional de Transportes Terrestres emitiu 3 (três) alertas de inteligência sobre as manifestações do dia 8.1.2023, com destino aos seguintes órgãos: Agência Brasileira de Inteligencia (ABIN/DF), Secretaria Nacional de Trânsito, Ministério dos Transportes (MT), Polícia Rodoviária Federal (PRF/DF) e Polícia Militar do Distrito Federal (PMDF), conforme a seguir transcritos.

Informe: manifestações contra o resultado das eleições - AESINF 06/01/2023 – 17:00

Circulam nas mídias sociais, sem engajamento relevante, folders de convocação para protestos no país, supostamente ligadosao resultado da eleição presidencial. Muitas convocações citam protestos agendados para ocorrer em Brasília neste final de semana (07 e 08 jan).

Foram identificados, nos sistemas da ANTT, 43 ônibus fretados com um total de 1622 passageiros e com data de passagem por Brasília/DF no período descrito nas convocações, o que indica a possibilidade de chegada de caravanas de manifestantes na capital federal. Observa-se que os números de autorizações não estão fora da normalidade.

Informe: manifestações contra o resultado das eleições – AESINF 07/01/2023 – 12:00

Foram identificados, nos sistemas da ANTT, 105 ônibus fretados com um total de 3951 passageiros, com data de passagem por Brasília/DF no período descrito nas convocações (07 e 08 jan). Até o momento, 39 ônibus (aproximadamente 1300 pessoas) chegaram

A gravidade das informações que deixaram de ser compartilhadas confirma que houve omissão dolosa dos garantes da ordem pública, em prol do plano disruptivo da organização criminosa. Não cumpriram os deveres inerentes à responsabilidade de evitar os eventos danosos. Os denunciados tinham a obrigação de proteger a segurança coletiva, os poderes constitucionais e o patrimônio público, que deveria ter

---

na área do SMU. Próximo ao QGEx há aproximadamente 1800 pessoas dispersas. Nas rodovias federais, há cerca de 12 pontos de concentração de manifestantes pelo país e as recentes convocações indicam aumento do risco de conflitos entre manifestantes e o público que se deslocaria de outros estados.

Caminhões tanque que transportam combustível não acessam a distribuidora de combustíveis anexa à refinaria (REVAP) de São José dos Campos-SP e outros caminhões estão sendo proibidos de sair da refinaria por aproximadamente 20 manifestantes, que se intitulam "patriotas. A Polícia Militar está no local.

Em redes sociais, apoiadores do ex-presidente solicitam ajuda com mantimentos e convocam mais pessoas para o movimento, com o objetivo de interromper o abastecimento de combustíveis do país." Informe: manifestações contra o resultado das eleições - AESINF 08/01/2023 – 10:30

Foram identificados, nos sistemas da ANTT, 133 ônibus fretados com um total de 5021 passageiros, com data de passagem por Brasília/DF no período descrito nas convocações (07 e 08 jan). De acordo com a PMDF, já chegaram 114 ônibus(aproximadamente 3500 pessoas) na área do SMU. Próximo ao QGEx há aproximadamente 3800 pessoas dispersas. Apesar dessa quantidade de gente, as manifestações até o momento estão pacíficas e há intenção entre os manifestantes de descida para a Esplanada dos Ministérios.

Nas rodovias federais, há cerca de 13 pontos de concentração de manifestantes pelo país e as recentes convocações indicam aumento do risco de novas interdições e conflitos entre manifestantes e o público que se deslocaria de outros estados.

Situação normalizada na refinaria (REVAP) de São José dos Campos-SP, caminhões abastecendo normalmente. Ainda há convocações para manifestações no local e em outras refinarias do país.

A ANTT também informou sobre a existência de um painel gerencial com dados quantitativos das autorizações de fretamentos com passagem pelas capitais de Brasi1ia/DF, São Paulo/SP e Rio de Janeiro/RJ, eram passíveis de acesso pela Agência Brasileira de Inteligência (ABIN), Ministério da Justiça e Segurança Pública (MJSP) e Polícia Militar do DF (PMDF).

sido exercida com a máxima diligência, dada a sensibilidade dos bens jurídicos ameaçados. Mais do que isso, a inatividade da SSP/DF deve ser vista dentro de contexto mais amplo – como forma de viabilizar a convulsão social que justificasse ato de exceção.

A ausência de medidas efetivas frente a alertas explícitos não pode ser atribuída à falta de preparo e organização, mas ao intento de legitimar ato de exceção, como o Estado de Defesa, já idealizado por ANDERSON TORRES quando fora Ministro da Justiça.

A apreensão da minuta do golpe, intitulada "Minuta de Decreto, sem número, de Estado de Defesa" (Termo de Apreensão nº 104210/2023), no endereço de ANDERSON TORRES, afasta dúvida sobre a natureza dolosa da omissão dos denunciados.

É importante lembrar que os Comandantes do Exército e da Aeronáutica confirmaram à Polícia Federal que ANDERSON TORRES participou de reuniões sobre o Decreto golpista, onde sustentava justamente a possibilidade de decretação do Estado de Defesa. O fato de a minuta do Decreto ter permanecido na residência do denunciado, mesmo após a negativa dos Comandantes das Forças Armadas, reforça que ANDERSON TORRES permaneceu unido à organização criminosa, em comunhão de esforços com FERNANDO DE SOUSA OLIVEIRA e MARÍLIA FERREIRA DE ALENCAR, para concretizar o plano golpista.

A vontade do agente deve ser considerada na avaliação de suas ações e omissões, daí se poder afirmar que ANDERSON GUSTAVO TORRES, FERNANDO DE SOUSA OLIVEIRA e MARÍLIA FERREIRA DE ALENCAR, ao não cumprirem seus deveres, fizeram uma escolha consciente por agir em prol da ruptura institucional. Os atos omissivos não foram meramente falhas de execução, mas decisões voluntárias que impactaram diretamente a segurança e na integridade do processo democrático, a serviço dos interesses da organização criminosa com a qual estavam implicados.

Existem, portanto, elementos probatórios suficientes que demonstram que os denunciados, por meio de omissão imprópria e grave descumprimento de deveres funcionais, aderiram subjetivamente às ações delitivas cometidas por terceiros. Em circunstâncias nas quais deveriam e poderiam ter agido para prevenir os resultados, concorreram dolosamente para a prática das condutas criminosas realizadas por um expressivo grupo de executores dos atos antidemocráticos de 8 de janeiro de 2023. Com intuito insurrecionista se abstiveram de cumprir os deveres de proteção e vigilância a que estavam legalmente obrigados pelo artigo 144, caput e § 5º, da Constituição, assim como pelo Decreto GDF n. 40.079/2019, que regula o Regimento Interno da Secretaria de Segurança Pública do Distrito Federal.

O resultado trágico dos eventos de 8 de janeiro, cuja índole golpista já foi assentada pelo Supremo Tribunal Federal, por conseguinte, não pode ser dissociado das omissões dolosas desses personagens denunciados.

PEDIDO

Evidenciou-se que os denunciados integraram organização criminosa, cientes de seu propósito ilícito de permanência autoritária no Poder. Em unidade de desígnios, dividiram-se em tarefas e atuaram, de forma relevante, para obter a ruptura violenta da ordem democrática e a deposição do governo legitimamente eleito, dando causa, ainda, aos eventos criminosos de 8.1.2023 na Praça dos Três Poderes. O Ministério Público Federal, por isso, denuncia:

O SR. ALEXANDRE RAMAGEM RODRIGUES pelos crimes de organização criminosa armada (art. 2º, caput, §§2º e 4º, II, da Lei n. 12.850/2013), tentativa de abolição violenta do Estado Democrático de Direito (art. 359-L do CP), golpe de Estado (art. 359-M do CP), dano qualificado pela violência e grave ameaça, contra o patrimônio da União, e com considerável prejuízo para a vítima (art. 163, parágrafo único, I, III e IV, do CP), e deterioração de patrimônio tombado (art. 62, I, da Lei n. 9.605/1998), observadas as regras de concurso de pessoas (art. 29, *caput*, do CP) e concurso material (art. 69, *caput*, do CP).

O SR. ALMIR GARNIER SANTOS pelos crimes de organização criminosa armada (art. 2º, caput, §§2º e 4º, II, da Lei n. 12.850/2013), tentativa de abolição violenta do Estado Democrático de Direito (art. 359-L do CP), golpe de Estado (art. 359-M do CP), dano qualificado pela violência e grave ameaça, contra o patrimônio da União, e com considerável prejuízo para a vítima (art. 163, parágrafo único, I, III e IV, do CP), e deterioração de patrimônio tombado (art. 62, I, da Lei n. 9.605/1998), observadas as regras de concurso de pessoas (art. 29, *caput*, do CP) e concurso material (art. 69, *caput*, do CP).

O SR. ANDERSON GUSTAVO TORRES pelos crimes de organização criminosa armada (art. 2º, caput, §§2º, e 4º, II, da Lei n. 12.850/2013), tentativa de abolição violenta do Estado Democrático de Direito (art. 359-L do CP), golpe de Estado (art. 359-M do CP), dano qualificado pela violência e grave ameaça, contra o patrimônio da União, e com considerável prejuízo para a vítima (art. 163, parágrafo único, I, III e IV, do CP), e deterioração de patrimônio tombado (art. 62, I, da Lei n. 9.605/1998), observadas as regras de concurso de pessoas (art. 29, *caput*, do CP) e concurso material (art. 69, *caput*, do CP).

O SR. AUGUSTO HELENO RIBEIRO pelos crimes de organização criminosa armada (art. 2º, caput, §§2º, e 4º, II, da Lei n. 12.850/2013), tentativa de abolição violenta do Estado Democrático de Direito (art. 359-L do CP), golpe de Estado (art. 359-M do CP), dano qualificado pela violência e grave ameaça, contra o patrimônio da União, e com considerável prejuízo para a vítima (art. 163, parágrafo único, I, III e IV, do CP), e deterioração de patrimônio tombado (art. 62, I, da Lei n. 9.605/1998), observadas as regras de concurso de pessoas (art. 29, *caput*, do CP) e concurso material (art. 69, *caput*, do CP).

O SR. JAIR MESSIAS BOLSONARO pelos crimes de liderar organização criminosa armada (art. 2º, caput, §§2º, 3º e 4º, II, da Lei n. 12.850/2013), tentativa de abolição violenta do Estado Democrático de Direito (art. 359-L do CP), golpe de Estado (art. 359-M do CP), dano qualificado pela violência e grave ameaça, contra o patrimônio da União, e com considerável prejuízo para a vítima (art. 163, parágrafo único, I, III e IV, do CP), e deterioração de patrimônio tombado (art. 62, I, da Lei n. 9.605/1998), observadas as regras de concurso de pessoas (art. 29, *caput*, do CP) e concurso material (art. 69, *caput*, do CP).

O SR. MAURO CESAR BARBOSA CID pelos crimes de organização criminosa armada (art. 2º, caput, §§2º e 4º, II, da Lei n. 12.850/2013), tentativa de abolição violenta do Estado Democrático de Direito (art. 359-L do CP), golpe de Estado (art. 359-M do CP), dano qualificado pela violência e grave ameaça, contra o patrimônio da União, e com considerável prejuízo para a vítima (art. 163, parágrafo único, I, III e IV, do CP), e deterioração de patrimônio tombado (art. 62, I, da Lei n. 9.605/1998), observadas as regras de concurso de pessoas (art. 29, *caput*, do CP) e concurso material (art. 69, *caput*, do CP).

O SR. PAULO SÉRGIO NOGUEIRA DE OLIVEIRA pelos crimes de organização criminosa armada (art. 2º, caput, §§2º e 4º, II, da Lei n. 12.850/2013), tentativa de abolição violenta do Estado Democrático de Direito (art. 359-L do CP), golpe de Estado (art. 359-M do CP), dano qualificado pela violência e grave ameaça, contra o patrimônio da União, e com considerável prejuízo para a vítima (art. 163, parágrafo único, I, III e IV, do CP), e deterioração de patrimônio tombado (art. 62,

I, da Lei n. 9.605/1998), observadas as regras de concurso de pessoas (art. 29, *caput*, do CP) e concurso material (art. 69, *caput*, do CP).

O SR. WALTER SOUZA BRAGA NETTO pelos crimes de organização criminosa armada (art. 2º, caput, §§2º e 4º, II, da Lei n. 12.850/2013), tentativa de abolição violenta do Estado Democrático de Direito (art. 359-L do CP), golpe de Estado (art. 359-M do CP), dano qualificado pela violência e grave ameaça, contra o patrimônio da União, e com considerável prejuízo para a vítima (art. 163, parágrafo único, I, III e IV, do CP), e deterioração de patrimônio tombado (art. 62, I, da Lei n. 9.605/1998), observadas as regras de concurso de pessoas (art. 29, *caput*, do CP) e concurso material (art. 69, *caput*, do CP).

Requer a fixação do valor mínimo para reparação dos danos causados pelos crimes acima denunciados, nos termos do art. 387, IV, do CPP.

Aguarda que, cumpridos os procedimentos da lei, a procedência da denúncia.

Brasília, 18 de fevereiro de 2025.

Paulo Gonet Branco
Procurador-Geral da República

Rol de testemunhas

1 – Marco Antônio Freire Gomes
2 – Carlos de Almeida Baptista Junior
3 – Éder Lindsay Magalhães Balbino
4 – Ibaneis Rocha Barros Junior
5 – Clebson Ferreira de Paula Vieira
6 – Adiel Pereira Alcântara

DITADURA

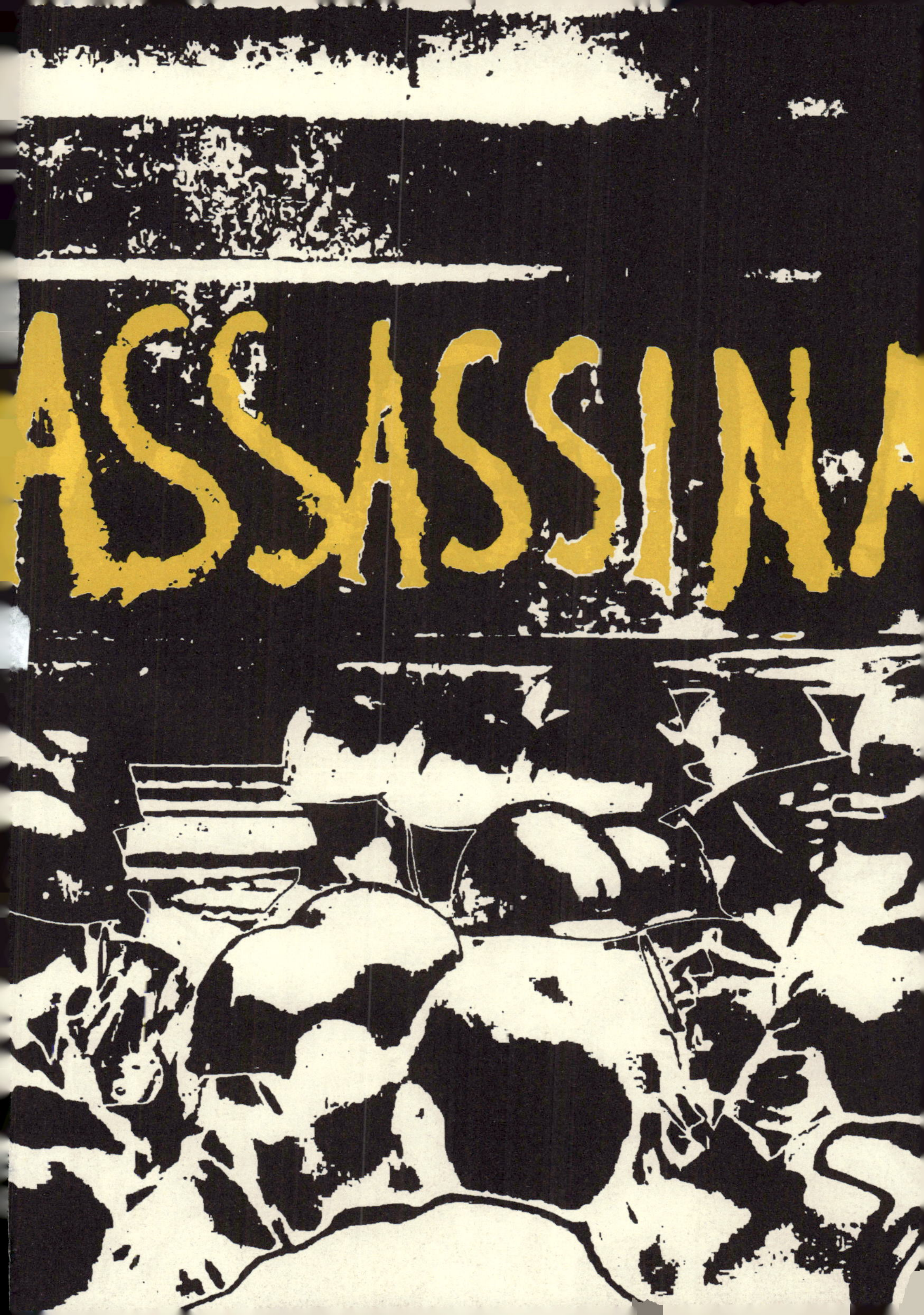
ASSASSINA

A Editora Contracorrente se preocupa com todos os detalhes de suas obras! Aos curiosos, informamos que este livro foi impresso no mês de maio de 2025, em papel Pólen Natural 80 g/m².